"十二五"职业教育国家规划教材
经全国职业教育教材审定委员会审定

普通高等教育"十一五"国家级规划教材
2007年度普通高等教育精品教材

高职高专
物流管理专业系列教材

配送中心运作与管理

Peisong Zhongxin Yunzuo Yu Guanli

主　编　黄世秀　徐修锋
副主编　范　珍　江　华
参　编（以姓氏拼音为序）
崔　蜜　姜晶晶　许玲玲
杨菁菁　曾小娇

重庆大学出版社

内容提要

本书的编写是以配送中心的工作任务为核心，以工作流程为主线。全书共八个学习项目，分别阐述了认知配送中心、配送中心规划、配送中心装卸搬运作业管理、配送中心作业管理、配送中心库存管理、配送中心流通加工与包装管理、配送中心配送作业管理、配送中心的绩效评价等内容。

本书在形式上采用了项目教学法的结构，注重课堂教、学、练的一体化设计，强化实训的趣味性和可操作性；并体现了“基本理论知识够用，注重实际运用与操作技能培养”的高职教育特征。

本书可作为高职高专院校物流管理专业的教材，也可作为相关从业人员和非从业人员了解配送中心管理知识的自学参考。

图书在版编目(CIP)数据

配送中心运作与管理/黄世秀，徐修锋主编．—2版．—重庆：重庆大学出版社，2014.8

高职高专物流管理专业系列教材

ISBN 978-7-5624-8107-2

Ⅰ．配…　Ⅱ．①黄…②徐…　Ⅲ．①物流配送中心—运营管理—高等职业教育—教材　Ⅳ．①F252.24

中国版本图书馆 CIP 数据核字(2014)第 065673 号

配送中心运作与管理
(第 2 版)

主编　黄世秀　徐修锋

策划编辑：梁　涛

责任编辑：袁文华　　版式设计：袁文华

责任校对：谢　芳　　责任印制：赵　晟

*

重庆大学出版社出版发行

出版人：邓晓益

社址：重庆市沙坪坝区大学城西路 21 号

邮编：401331

电话：(023) 88617190　88617185(中小学)

传真：(023) 88617186　88617166

网址：http://www.cqup.com.cn

邮箱：fxk@cqup.com.cn (营销中心)

全国新华书店经销

重庆川外印务有限公司印刷

*

开本：720×960　1/16　印张：15.25　字数：258千

2014 年 8 月第 2 版　2014 年 8 月第 5 次印刷

印数：11 501—14 500

ISBN 978-7-5624-8107-2　定价：30.00 元

QIANYAN

前 言

随着社会经济的发展，现代物流作为一种先进的组织方式和管理技术，是企业降低成本、提高经济效益的重要源泉，正在受到广泛的重视，并面临着前所未有的发展机遇。

配送中心是物流配送网络的枢纽，是集物流、信息流和资金流为一体的流通结点，在现代商品流通中的作用极大。它通过对商品的运输、保管、装卸、搬运、流通加工、配送、订单和信息处理等工作的统一管理，可以大大减轻作业强度，减少商品损耗，提高库存周转率，加速商品流通，降低流通成本，提高社会需求的满足程度，给消费者以更多的选择。配送中心是实现我国流通业现代化的组成部分，也是流通企业实施供应链管理的重要设施之一。

尽管配送中心在我国发展迅猛，管理经验也在不断丰富，但与发达国家相比，我国还停留在较低层次上，依然存在着诸多制约其发展的问题与瓶颈，如配送中心管理人才短缺，配送中心的配送规模、现代化程度、配送技巧等方面还需进一步完善和提高。

培养具有专业知识和实际操作技能的物流技术技能型人才，是高职高专院校的重要任务。编者按照高等职业教育培养目标和特点，立足于配送中心运作与管理实务性工作的需要，对《配送中心运作与管理》教材一书进行了修订。

修订前，本书是普通高等教育“十一五”国家级规划教材，也是2007年度普通高等教育精品教材。修订后本书编写内容更加具有科学性、实践性和先进性，编写体例也更加科学、规范和统一。总体来说，本书具有以下特点：

1. 理论体系更加科学合理。教材的内容充实、系统、合理，充分反映了本学科的最新研究成果。在本书的修订过程中，编者与物流行业、企业相关人员一起，将行业标准、企业管理规范、生产管理安全案例等融入课程开发的全过程，以岗位能力为核心重组教材，注重了新知识、新技术的介绍。

2. 更加突出高等职业教育的特色。高职教育培养目标突出高技能人才的培养，教育的重点就是一个“实”字。在教材修订的过程中，强调理论够用为度，配备大量的企业案例，将理论与实践有机结合，注重实际操作和应用性，以技术技能的主线带动理论的阐述，突出应用型人才培养的特点。在每个项目教学中设置了“项目结构图”“知识目标”“能力目标”“案例引入”“案例讨论”“技能实训”“习题训练”等内容，在培养学生学习、理解、表达、分析、综合应用等各方面能力的同时，增加本书的可读性。

3. 既利于教师的施教，又利于学生自学。在教材修订过程中，针对我国高职学生生源现状，结合其学习基础的实际情况，对基本概念、理论基础、基本方法的论述做到深入浅出、清楚明白，对内容的编排也做到由易到难、循序渐进，并注重教材的连贯性、衔接性。为了使学生能更好、更快地理解并掌握各知识点，在编排过程中插入大量的表格和作业流程图，对配送中心实际应用比较多的工具、设备等，也都配有图片，用图形简化了知识，做到了图文并茂。

4. 很好地处理了与其他相关专业课程内容方面的衔接问题。该教材自成体系，又能与本专业相关课程其他教材紧密配合，避免以往专业课教材之间知识点重复

QIANYAN

程度比较高的问题，有利于教师组织教学。

本书由黄世秀、徐修锋任主编，范珍、江华任副主编。具体编写分工如下：项目1由杨菁菁编写，项目2由曾小娇编写，项目3由徐修锋编写，项目4、项目7由黄世秀编写，项目5由崔蜜编写，项目6由范珍编写，项目8由姜晶晶编写，江华、许玲玲参与全书实践技能方面知识的编写，最后由黄世秀总纂定稿。

本书在编写和修订过程中参考了大量物流配送的研究文献，借鉴了国内外众多学者前辈的研究成果，特在参考文献中列出，在此向各位专家表示敬意和感谢；本书的编写还得到三峡大学黄昌富教授和戴发山教授的全力支持，在此一并表示衷心的感谢。

由于编者经验所限，编写时间仓促，书中难免存在不妥之处，敬请读者批评指正。

编　者
2014年1月

MULU

目 录

MULU

MULU

项目1
认知配送中心

【知识目标】

理解配送中心的定义；

了解配送中心的地位和作用；

掌握配送中心的功能；

掌握配送中心的主要类型；

了解国外配送中心的现状。

【能力目标】

掌握配送中心分类标准，并能对配送中心的类型进行准确判断。

【项目结构图】

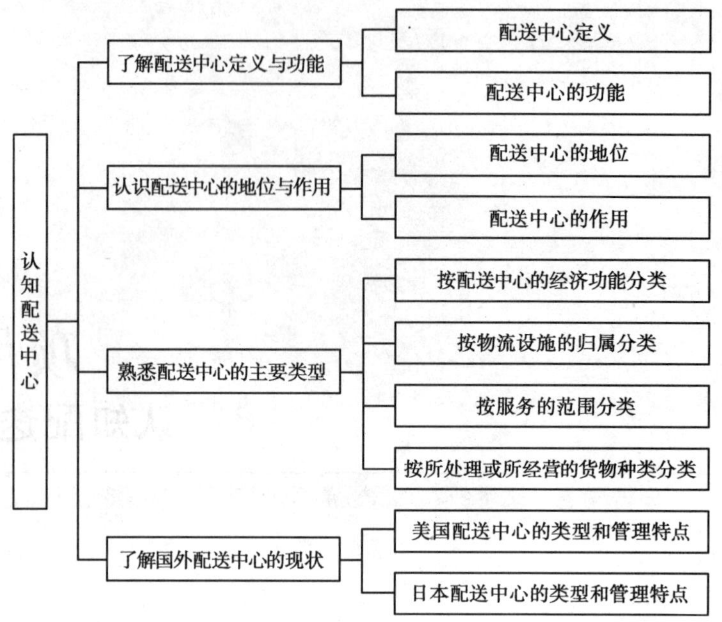

【案例引入】 联华超市的配送中心

联华超市创建于1991年5月，是上海首家以发展连锁经营为特色的超市公司。经过12年的发展，联华已成为现今中国最大的商业零售企业，形成了大型综合超市(大卖场)、超级市场、便利店等多元业态联动互补的竞争优势。在上海、北京、天津等20个省市和自治区的100多个城市建立了强大的连锁经营网络。

但与联华规模扩张的速度一同而来的也有不少深层次的矛盾和问题，首当其冲的就是传统的物流已经不能适应公司庞大的便利店销售网络中商品的顺畅流通。比如：从门店订货到总部配送完全靠手工操作，手续相当繁复，效率低下。这使公司认识到：必须建立现代化物流系统，而现代化物流的实现必须依靠配送中心来实现商品的集中储存和配送，以实现在企业内形成一个稳定运行、完全受控的物流系统，满足超市对于商品多品种、多批次、低数量的及时配送的要求。

联华超市结合国际的先进经验，充分考虑集团的实际情况，建成了利用现有的建筑物改成的配送中心，采用仓库管理系统(简称WMS)实现整个配送中心的全计算机控制和管理，而在具体操作中实现半自动化，以货架形式来保管,并配以无线数据终端进行实时物流操作,以自动化流水线来输送,以数字拣选系统来拣选,基本上实现了物流功能条码化与配送过程无线化,具有"穿过式配送"能力,利用"虚拟配送中心"功能协助完成"店铺直送",建立了"自动补货系统",还包括强大的退货管理、例外管理以及配送调度安排、线路优化和跟踪等功能,形成了一套完整的解决方案。同时,联华的门店计算机管理系统和智能化物流配送系统,通过网络与总部相连接,加快了商流、物流、信息流的传递,管理人员都能通过网络随时随地了解掌握企业的营运状况,成为目前国内连锁企业最先进的配送中心之一。

供应商送货到配送中心后,立即由WMS进行登记处理,能够入库的,在记录信息的同时生成人库指示单,之后工作人员用手动叉车将货物搬运至入库品运载装置处。由系统自动识别运输至相应位置存放并更新在库货位数。当门店的要货订单通过联华数据通信平台实时的传输到配送中心后,根据订单上各种商品的数量和相应的到货时间,开始进行商品配货拣选工作。当根据订单进行配货时,仓库管理系统会发出出库指示,各层平台上设置的激光打印机根据指示打印出库单。在出库单上,货物根据拣选路径依次打印。系统中的商店号码显示器显示出需要配送的商店号码,数据显示器显示出需要拣选的数量,工作人员在确认后,开始操作系统进行拣选工作。当全部区域拣选结束后,装有商品的笼车由笼车升降机送至一层。工作人员将不同商店分散在多台笼车上的商品归总分类,附上交货单,依照送货平台上显示器显示的商店号码将笼车送到等待中对应的运输车辆上。计算机配车系统将根据门店远近,合理安排配车路线。商品到门店后,由于数量的高度准确性,在门店验货时只要清点总的包装数量,完成交接手续即可,一般一个门店的配送商品交接只需要5 min。

联华原来的配送中心场地狭小,科技含量低,人力资源浪费。每天的折零商品在1万箱左右,单店商品折零配货时间约需4 min,人工分拣的折零差错率达0.6%,而且每天只能配送200多家门店。配送中心投入运行后,以其高效率、低差错率和人性化设计受到各界的好评。公司百货类配送,从门店发出要货指令到配货作业完毕,以前要4 h以上,现在只要40 min。生鲜类配送,从门店在网上发出要货指令后,配送中心会根据每个门店的要货时间和地点远近,自动安排生产次序,自动加工,自动包装。以一盒肉糜为例,从原料投入到包装完毕,整个过程不超过20 min。新配送中心库存商品可达10万箱,每天拆零商品可达3万箱,商品周转期从原来的14 d缩短到3.5 d,库存积压资金大幅度降低;采用计算机数字化方式取代人工拣选,使差错率减少到万分之一,配货时间从4 min/店压缩到1.5 min/店,每天可配送400多家门店,配送准确率、门店满意度等有了大幅提升,同时降低了物流成本在整个销售额中所占的比例。

物流配送信息化，使联华总部可以通过网络即时了解各门店的销售情况，供应商可以通过联华网络轻松地看到自己商品的销售、库存与周转，以便及时组织货源，门店实现了网上要货，所有账目自动生成，减轻了手工记账等劳动强度，使联华超市的总成本下降了10%，供应链上的结点企业生产效率提高了10%以上。联华先进的配送中心在保证店铺正常运营、降低物流成本和商品损耗、加速周转等方面显示出巨大优势，成为联华快速发展的重要保证。

【思考】

1. 什么是配送中心？联华超市为何要构建物流配送中心？
2. 联华超市的物流配送中心具有哪些功能？
3. 联华超市的物流配送中心属于哪种类型？

任务1.1　了解配送中心的定义与功能

1.1.1　配送中心的定义

从目前的情况来看，“配送中心”的词汇不断出现在各个领域，有一些国家已经用标准化方式给“配送中心”以明确定义，但是多数领域还是根据各人的理解使用“配送中心”一词。因此，搞清“配送中心”的含义，对于正确开展配送、正确进行配送中心的规划建设等方面是非常重要的。

国内外对配送中心的说法大体列举如下：

“配送中心是从事货物配备（集货、加工、分货、拣选、配货）和组织对用户的送货，以高水平实现销售或供应的现代流通设施。”（《现代物流学》，中国物质出版社）

“配送中心是从供应者手中接受多种大量货物，进行倒装、分类、保管、流通加工和情报处理等作业，然后按照众多需要者的订货要求备齐货物，以令人满意的服务水平进行配送的设施。”（日本《物流手册》）

以上是不同国家对于配送中心的不同认识和描述，反映了在“效率优先”的市场经济的经济环境之中，人们主要追求的是由配送中心带来的效率。

2001年8月1日颁布实施的中华人民共和国国家标准《物流术语》中，

关于配送中心是这样定义的，即从事配送业务的物流场所或组织，应基本符合下列要求：

①主要为特定的用户服务。

②配送功能健全。

③完善的信息网络。

④辐射范围小。

⑤多品种、小批量。

⑥以配送为主，储存为辅。

1.1.2　配送中心的功能

作为一个较为完善的配送中心，应该具备以下几项基本功能：

1）采购功能

配送中心只有采购到所需供应配送的商品，才能及时、准确无误地为其用户即生产企业或商业企业供应物质。为此，针对市场的供求变化情况制订和及时调整统一而周全的采购计划，并由专门的人员组织实施的采购活动是配送中心的首要功能。

2）储存功能

配送中心的服务对象是为数众多的生产企业和商业网点（如：超级市场和连锁店），配送中心的职能和作用是按照用户的需求及时将各种配装好的货物送交到用户手中，满足生产需要和消费需要。为了顺利而有序地完成任务及更好地发挥保障生产和消费需要的作用，通常，配送中心都要兴建现代化的仓库并配备一定数量的仓储设备，存储一定数量的商品。

3）分拣功能

作为物流结点的配送中心，其服务对象是为数众多的企业。在这些为数众多的客户中，彼此之间存在着很多差别：不仅各自的性质不尽相同，而且其经营规模也不一样。在订货与进货的时候，不同的客户对于商品的品种、规格、型号、数量、质量、送达时间和地点等会提出不同的要求。为了有效地同时向不同的用户配送多种货物，配送中心必须采取适当的方式对组织进来的或接收到的货物进行拣选,并在此基础上按照配送计划分装和配装货物。

4)分装功能

提供产品的企业常常通过大批量生产来降低生产成本,但使用产品的用户为了降低库存、加快资金周转、减少资金占用,往往要采用小批量进货的方法。配送中心为了满足双方用户的要求,在产品大量购进后需就地分装,然后实施配送。

5)加工功能

为了扩大经营范围和提高配送水平,目前,国内外许多配送中心都配备了加工设备,由此而形成了一定的流通加工能力。这些配送中心能够按照用户提出的要求和根据合理配送商品的原则,将组织进来的货物加工成一定规格、尺寸和形状。这不但大大方便了用户,省却了烦琐劳动,也大大提高了物质资源的利用率和配送效率,客观上强化了配送中心的整体功能。

6)配送功能

在物流实践中,配送中心凭借其特殊的地位和拥有的各种先进的设施和设备,能够将分散在各个生产企业的产品集中到一起,经过分拣、配装,向多家用户发运。配送中心也可以把各个用户所需要的多种货物有效地组合(或配装)在一起,形成经济、合理的货载批量。

7)信息处理功能

配送中心有相当完整的信息处理系统,能有效地为整个流通过程的控制、决策和运转提供依据。无论在集货、储存、拣选、流通加工、配送等环节的控制,还是在物流管理和成本、结算方面,均可实现信息共享。而且,配送中心与销售商店建立信息直接交流,可及时得到商店的销售信息,有利于合理组织货源,控制最佳库存。同时,还可将销售和库存信息迅速、及时地反馈给制造商,以指导商品生产计划的安排。因此,配送中心成了整个流通过程的信息中枢。

任务1.2　认识配送中心的地位与作用

1.2.1　配送中心的地位

配送中心是末端物流的结点设施与组织。它通过有效地组织配货和送货，使资源的最终端配置得以完成，在流通中的经济地位十分重要。

1)配送中心的衔接地位

在经济生活中，企业和用户始终存在着诸多差异：一是产品品种、数量差异。生产企业在生产中，其产品大都品种单一，单位批量较大；而各类零售企业在经营中则需品种丰富、单位批量较小、批次较多的产品。二是产销空间差异。生产企业的选址需要考虑交通、电力、水源及其他相关因素，故产品的生产地大都较为集中；而零售企业为了满足广大消费者的需要，则需遍布销售网点。三是产销时间差异。在人类生活中，生产和消费也非同步进行，有很多产品是长年生产、季节性消费的，如冬装；也有相当一部分产品是季节性生产、长年消费的，如农产品。

针对上述供需矛盾，配送中心利用自己的专门设施，集物流、商流、信息流为一体的完善功能，通过开展货物配送活动，把各种工业品和农产品直接运送到用户手中，客观上起到了生产和消费的媒介作用。同时，配送中心还可以集合产需双方多家用户的业务量，进行大量采购、大量配送、合理储存和合理运输，使供需企业的购货成本和销货成本得以大幅度降低。另外，通过集货和储存货物，配送中心又起到了平衡供求的作用，有效地解决了季节性货物的产需衔接问题。

2)配送中心的指导地位

由于配送中心在物流系统中处于直接面对顾客的地位，因而它不仅承担直接对用户服务的功能，还根据客户的要求起着指导全物流过程的作用。

现代流通中的配送中心，是顺应流通的需要产生并发展起来的。现代流通要求进入流通领域营销渠道中的企业按需生产和销售，以满足消费者的需要为企业经营宗旨。为此，处于营销渠道中的供应商、生产者和中间商，在从事市场营销活动时，需要不断进行市场信息的收集，以准确的市场需求，制订正确的经营方向。但由于社会分工的需要,各类企业在经济活动中的侧重点不尽相同。供应企业侧重于上游产品——原材料的供应工作,他们对下游最终消费品的市场情况了解得并不多;中游的生产企业侧重于提供质量上乘、数量大的产品,对最终产品的适销对路状况了解得也不深入;中间商中的零售商虽对市场情况比较熟悉,但力量较弱,无力承担引导生产的重任。而顺应大流通需要诞生的配送中心,特别是综合性的配送中心,则可利用其规模和物质上的优势以及在供需之间相互衔接上的特殊位置,为供应商和生产商提供相关的市场信息,帮助他们及时掌握市场需求的最新动态,指导其及时调整市场定位,按需供应,按需生产,按需经营。

1.2.2　配送中心的作用

配送中心是联结生产与生产、生产与消费的流通场所或组织,在现代物流活动中的作用是十分明显的,可以归纳为以下几个方面:

1)使供货适应市场需求的变化

配送中心不是以储存为目的,然而,配送中心保持一定的库存能起到了蓄水池的作用。各种商品的市场需求在时间、季节、需求量上都存在很大随机性,而工厂、车间在现代化生产、加工的条件下,无法满足和适应这种情况,必须依靠配送中心来调节、适应生产与消费之间的矛盾与变化。例如,国庆节、春节等节假日的销售量比平日成倍增加,配送中心的库存对确保销售起到了有力的支撑。

2)经济高效地组织储运

从工厂企业到销售市场之间需要复杂的储运环节,要依靠多种交通、运输、库存手段才能满足,传统的以产品或部门为单位的储运体系明显存在不经济和低效率的问题。故建立区域、城市的配送中心,能批量进发货物,能组织成组、成批、成列直达运输和集中储运,有利于降低物流系统成本,提高物流系统效率。例如,超市公司通过电子订货系统,把几百家门店的零星要货汇总,由供应商集中送到配送中心,并在那里集中配送到门店,可以实现储运的经济高效。

3)提供系统化和专业化的物流服务

当今世界上没有哪家企业不关注成本控制、经营效率、改善顾客服务,而这一切的基础是建立在一个高效率的物流系统上。配送中心在物流系统中占有重要地位,能提供专业化的保管、包装、加工、配送、信息等系统服务。由于现代物流活动中物质的物理、化学性质的复杂多样化,交通运输的多方式,长距离、长时间、多起点和多终点,地理与气候的多样性,对保管、包装、加工、配送、信息提出了很高的要求,因此只有建立配送中心,才有可能提供更加专业化、系统化的服务。

4)促进地区经济的快速增长

配送中心同交通运输设施一样,是连接国民经济各地区和沟通生产与消费、供给与需求的桥梁和纽带;是经济发展的保障,以及吸引投资环境条件之一;也是拉动经济增长的内部因素。配送中心的建设可以从多方面带动经济的健康发展。

5)完善连锁经营体系

配送中心可以帮助连锁店实现配送作业的经济规模,使流通费用降低;减少分店库存,加快商品周转,促进业务的发展和扩散。批发仓库通常需要零售商亲自上门采购,而配送中心解除了分店的后顾之忧,使其专心于店铺销售额和利润的增长,不断开发外部市场,拓展业务。例如,在连锁商业中,配送中心以集中库存的形式取代以往一家一户的库存结构方式,这种集中库存比传统的"前店后库"大大降低了库存总量。又如,配送中心的流通加工可减轻门店的工作量;拆零作业有利于商场丰富陈列样品,以增加销售商品的品种数。此外,还加强了连锁店与供货方的关系。

任务1.3　熟悉配送中心的主要类型

配送中心是专门从事货物配送活动的经济实体。随着商品流通规模日益扩大,配送中心的数量也在不断增加。在为数众多的配送组织中,由于各自的服务对象、组织形式和服务功能不尽一致,因此从理论上又可以把配送中心分成若干类型,具体如图1.1所示。

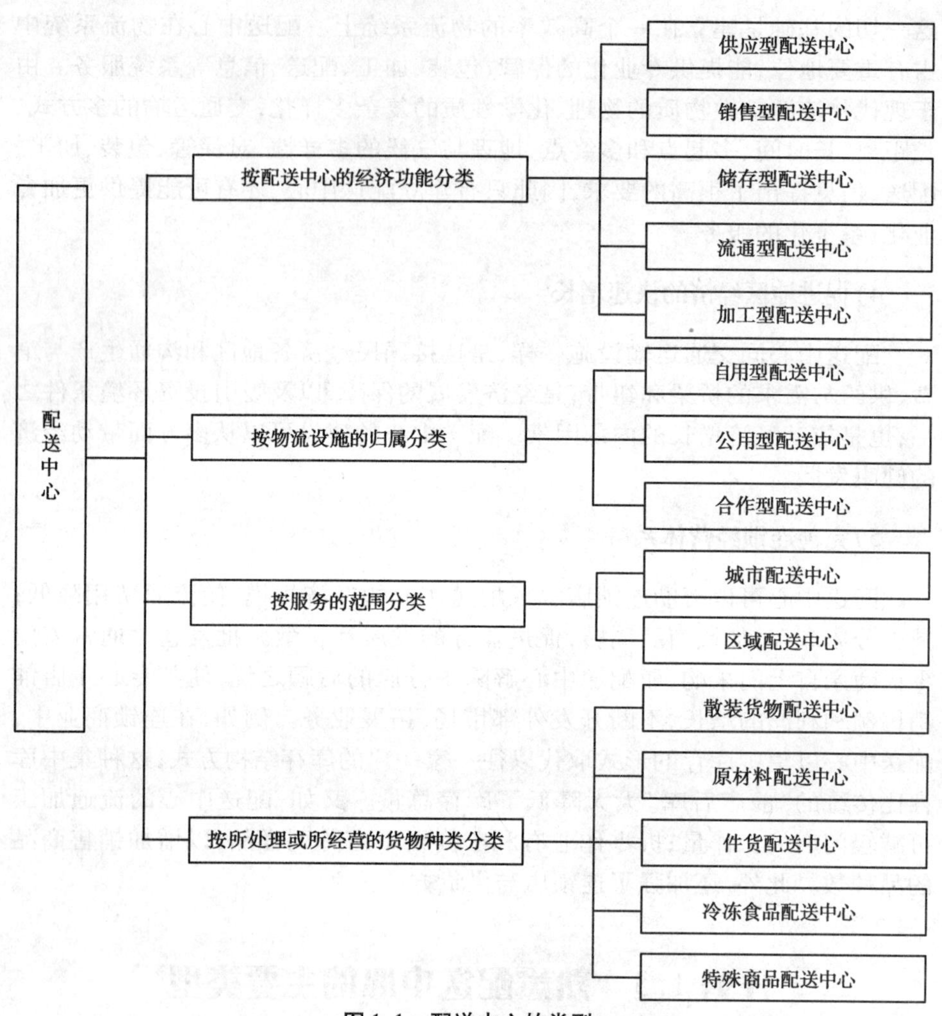

图 1.1　配送中心的类型

1.3.1　按配送中心的经济功能分类

1) 供应型配送中心

供应型配送中心即专门向某些用户供应货物,充当供应商角色的配送中心。其服务对象主要是生产企业和大型商业组织(超级市场或联营商店),所配送的货物以原材料、元器件和其他半成品为主,客观上起着供应商的作用。这些配送中心类似于用户的后勤部门，故属于供应型配送中心。在物流实践中，那些接受客户委托、专门为生产企业配送零件和部件以及专为大型商业组织供应商品的配送中心即属于供应型配送中心。我国上海地区6家造船厂共同组建的钢板配送中心和服务汽车制造业的英国HONDA斯温登配件中心等物流配送组织就是上述配送中心的典型代表。

由于供应型配送中心担负着向多家用户供应商品（其中包括原料、材料和零配件等）的任务，因此为了保证生产和经营活动能正常运行，这种类型的配送中心一般都建有大型的现代化仓库并存储一定数量的商品。据此，供应型配送中心的占地面积一般都比较大。如成立于1987年3月的英国斯温登HONDA汽车配件中心，其占地面积为150万m^2，总建筑面积7 000 m^2，经营的配件有6万种。该中心存储货物的能力，大型配件可达1 560间格，小型配件为5万箱左右。

2）销售型配送中心

以销售商品为主要目的，以开展配送为手段而组建的配送中心属销售型配送中心。

在竞争激烈的市场环境下，许多生产者和商品经营者为了扩大自己的市场份额，采取了种种降低流通成本和完善其服务的办法和措施，其中包括代客户理货、加工和送货等，为用户提供系列化、一体化的物流服务（商品售前和售后服务）。与此同时，改造和完善了物流设施（如改造老式仓库），组建了专门从事加工、分货、拣选、配货、送货等活动的配送组织。很明显，上述配送中心完全是围绕着市场营销（销售商品）而开展的配送业务。从本质上看，这类配送中心所从事的各种物流活动是服务于商品销售活动的。

因隶属单位不同，销售型配送中心又可细分为3种类型：

①生产企业（或称制造商）为了直接销售自己的产品及扩大自己的市场份额而建立的销售配送中心。在美国这种配送中心的数量很多，如美国KEEBLER芝加哥配送中心、美国MARYKAY COSMTICS公司所属的配送中心。

②专门从事商品销售活动的流通企业为了扩大销售而自建或合作建立起来的销售配送中心。

③流通企业和生产企业联合建立的销售型配送中心。这种配送中心类似于国外的“公共型”配送中心。

3）储存型配送中心

这是一种有很强储存功能的配送中心。实践证明，储存一定数量的物质乃是生产和流通得以正常进行的物质保障。从商品销售的角度来看,在买方市场条件下,由于企业在销售商品过程中不可避免地会出现迟滞现象,因此客观上需要有储存环节予以支持。再从物流运动本身来看,大范围、远距离、高水平地开展配送活动(如开展即时配送),客观上也要求配送组织储存一定数量的商品,在实际生活中,有一些大型的配送中心,为了满足上述要求,相继改造和扩建了仓库,并配置了各种先进的专用设备,随之形成了以储存和配送商品为主要功能的物流组织。不难看出,储存型配送中心是在发挥储存作用的基础上组织、开展配送活动的。这样的配送中心多起源于传统的仓库,如中国物质储运总公司天津物资储运公司唐家港仓库即是储存型配送中心的雏形,瑞士 GIBA-GEIGY 公司所属的配送中心以及美国福来明公司的食品配送中心则是储存型配送中心的典型。

4)流通型配送中心

流通型配送中心是指基本上没有长期储存功能,仅以商品暂存或随进随出的方式进行配货、送货的配送中心。这种配送中心的典型方式是大量货物整进并按一定批量零出,采用大型分货机,进货时直接进入分货机传送带,分送到各用户货位或直接分送到配送汽车上,货物在配送中心仅做少许停滞。如日本的"阪神配送中心"。

5)加工型配送中心

加工型配送中心是以加工产品为主,由于加工的多为单品种、大批量的产品,因此对于加工型的配送中心,虽然进货量比较大,但是分类、分拣工作量并不太大,一般都不单独设立拣选、配送等环节。

1.3.2 按物流设施的归属分类

1)自用型配送中心

这种类型的配送中心是指包括原材料仓库和成品仓库在内的各种物流设施和设备归一家企业或企业集团所有,作为一种物流组织,配送中心是企业或企业集团的一个有机组成部分。自然,这种隶属于某一个企业集团的配送中心只服务于集团内部各个企业,通常它是不对外提供配送业务的。如美国沃尔玛商品公司所属的配送中心即是公司独资建立、专门为本公司所属的连锁店提供商品服务的自用型配送中心。目前,随着经济的发展,大多数自用型配送中心均已转化成了公司型配送中心。

2)公用型配送中心

这种类型的配送中心是面向所有用户提供后勤服务的配送组织。只要支付服务费,任何用户都可以使用这种配送中心。从归属的角度说,这种配送中心一般是由若干家生产企业共同投资、共同持股和共同管理的经营实体。在国外,也有个别的公用型配送中心是由私人或某个企业投资建立和独自拥有的。

公用型配送中心的数量很多。在配送中心总量中,这种配送组织占有相当大的比例。

3)合作型配送中心

这种配送中心是由几家企业合作兴建、共同管理的物流设施,多为区域型配送中心。合作型配送中心可以是企业之间联合发展,如中小型零售企业联合投资兴建,实行配送共同化;也可以是系统或地区规划建设,达到本系统或本地区内企业的共同配送;或是多个企业、系统、地区联合共建,形成辐射全社会的配送网络。另外,还可以对原有不规范、无规模、无效率的配送中心进行联合重组,向规模化发展,赋予新的生命力。

1.3.3　按服务的范围分类

1)城市配送中心

城市配送中心是以城市范围为配送区域的配送中心。由于在城市范围内配送货物的运距比较短,这类配送中心在从事送货活动时,一般都使用载货汽车。由于使用汽车配送物质时机动性强、供应快、调度灵活,因此城市配送中心可以开展少批量、多批次、多用户的配送活动,也可以开展“门到门”式的送货业务。

城市配送中心的服务对象多为城市圈里的零售商、连锁店和生产企业,因此它的辐射能力不太强。在流通实践中,城市配送中心多是采取与区域配送中心联网的方式运作。如我国“北京食品配送中心”即属此类。

2)区域配送中心

区域配送中心是指以较强的辐射能力和库存储备,向省(州)际、全国乃至国际范围从事配送服务的配送中心。如美国的“沃尔玛配送中心”、日本的“阪神配送中心”。

区域型配送中心有 3 个基本特征:其一,经营规模比较大,设施和设备比较齐全,并且数量较多,活动能力强;其二,配送的货物批量比较大,而批次比较少;其三,在配送实践中,区域配送中心虽然也从事零星的配送活动,但这不是主要业务,很多配送中心常常向城市配送中心和大的工商企业配送商品,因而这种配送中心是配送网络或配送体系的支柱结构。

1.3.4 按所处理或所经营的货物种类分类

1)经营散装货物的配送中心

在国外,这类配送中心主要是合作型配送中心。其职能是向加工厂提供诸如石油、汽油原材料等物质。该配送中心多设在铁路沿线和沿海地区。如我国的煤炭配送中心即属上述类型。

2)经营原材料的配送中心

它的任务是向生产企业配送诸如钢材、木材、建材等物质。

3)经营件货的配送中心

通常指的是配送制成品的配送中心。实践中,上述货物多以集装箱和托盘来完成运送任务。

4)经营冷冻食品的配送中心

这类配送中心有加工、冷冻食品的功能。

5)特殊商品配送中心

这是一种专门处理和运送一些特殊商品(如有毒物品、易燃、易爆物品、特种药品等)的配送中心。这些物流组织通常都设置在人口稀少的地区,并且对所存放的商品须进行特殊的管理。

任务1.4　了解国外配送中心的现状

1.4.1　美国配送中心的类型和管理特点

1)美国配送中心的类型

(1)批发型

美国加州食品配送中心是全美第二大批发中心,建于1982年,建筑面积10万m^2,工作人员2 000人左右,共有全封闭型温控运输车600多辆,1995年该中心销售额为20亿美元。它经营的商品均为食品,共有43 000多个品种,其中98%的商品由该公司组织进货,另有2%的商品由该中心开发加工,主要是牛奶、面包、冰淇淋等新鲜食品。该中心实行会员制,各会员超市因店铺的规模大小不同、所需商品的配送量不同,而向中心交纳不同的会员费。会员店在日常交易中与其他店不一样,不享受中心的任何特殊的待遇,但可以参加该中心定期的利润分红。该配送中心本身不是盈利单位,可以不交营业税。因此,当该配送中心获得利润时,采取分红的方式,将部分利润分给会员店。会员店分得红利的多少,将视在配送中心的订货量和交易额的多少而定,多者多分红。

该配送中心主要靠计算机管理。业务部工作人员通过计算机获取会员店的订货信息,并及时向生产厂家或中心的储运部发出订货指示单;厂家和储运部再根据订货指示单的先后缓急安排配送的先后顺序,并将分装好的货物放在待配送口等待发运。配送中心24 h运转,配送半径一般为50 km。

配送中心与制造商、超市协商制定商品的价格。主要依据是:

①商品数量和质量。

②付款时间,如在10 d内付款可以享受2%的价格优惠。

③配送中心对各超市配送商品的加价率,根据商品的品种、档次不同以及进货量的多少而定,一般在2.9%~8.5%。

(2)零售型

美国沃尔玛商品公司的配送中心是典型零售型配送中心,是沃尔玛公司独资建立、专为本公司的连锁店按时提供商品、确保各店稳定经营。该中心的建筑面积12万m^2,总投资7 000万美元,有职工1 200多人;配送设备包括

200 辆车头、400 节车厢、13 条配送传送带，配送场内设有 170 个接货口。配送中心 24 h运转，每天为分布在纽约州、宾夕法尼亚州等 6 个州的 100 家沃尔玛公司的连锁店配送商品。

配送中心设在 100 家连锁店的中央位置，商圈为 320 km，服务对象店的平均规模为 1.2 万 m^2。该中心经营商品达 4 万种，主要是食品和日用品，通常库存为 4 000万美元，旺季为 7 000万美元，年周转库存24 次。库存商品中，畅销商品和滞销商品各占 50%，库存商品期限超过 180 d为滞销商品。各连锁店的库存量为销售量的 10% 左右。1995 年该中心的销售额为 20 亿美元。

(3) 仓储型

美国福来明公司的食品配送中心是典型的仓储式配送中心，其主要任务是接受美国独立杂货商联盟加州总部的委托业务，为该联盟在该地区的 350 家加盟店负责商品配送。

该配送中心建筑面积 7 万 m^2，其中有冷冻库、冷藏库 4 万 m^2，杂货库 3 万 m^2，经营 8.9 万个品种。其中，有 1 200 个品种是美国独立杂货商联盟开发的，必须集中配送。在服务对象店经营的商品中，有 70% 左右的商品由该中心集中配送，一般鲜活商品和怕碰撞的商品，如牛奶、面包、炸土豆片、瓶装饮料和啤酒等从当地厂家直接进货到店，蔬菜等商品从当地的批发市场直接进货。

2) 美国配送中心的经营特点

(1) 一流的服务

①观念上变革。美国的一些配送中心将供货方和购货方不但看作是服务对象，而且看作是经营伙伴。美国人用了一个新名词“高效率的销售回归”，由于观念的变革，一些配送中心在服务上有许多妙招。如 USCO 配送公司专门设立一个服务部门，为客户配备特定代表，签订业务合同包含以客户名义承接订单、咨询电话等，并制订了厚厚的一本服务手册，详尽地介绍了配送中心所提供的各项服务内容、达到的标准及各项承诺，既清清楚楚，又使人信服。他们把顾客满意度摆在公司指标和工作重心的首位，力争提供百分之百的可靠性服务，并在手册中要求必须满足客户的要求、符合客户的各项要求，毫无缺损。一旦出现问题，必须在 4 h之内解决。

②即时制。每个配送中心均向客户承诺，客户要求什么时间送到，配送中心就保证什么时候准时送到。每个配送中心有一个运输部，当运输部接到订货单的运输通知时，即由该部负责根据客户要求的时间，制订计划落实运

输队，无论是配送中心拥有自备卡车还是委托其他运输公司，都有责任对客户提供高效率的服务。例如Giant公司是以经营食品为主的连锁超市公司，该公司经营的商品品种有6 500种，其中98%有库存。配送中心非常重视商品的库存周转，70%的商品采用计算机控制的选货系统配货，每小时选货3 600箱，每天按预先规定的时间对165家连锁店分别配送5次，从而把库存周期由3周压缩到5 d，使资金周转大大加快，原先使用的仓库面积相应地得到缩减，物流成本大幅度下降。特别值得一提的是，目前美国许多配送中心正在试行与生产商结成伙伴关系，尤其是在节日大减价促销活动中，由各生产厂家按照超市公司提供的订单花色包装，配送中心不点数直接送零售店，这种做法称作"诚实"销售，减少了环节，节约了费用。

③千方百计地提高配送正确率，以取得客户的信赖。在配送中心作业过程中，一般要经过10个环节：收货、验货、输入收货记录、归档、发货、编制装运单、调整库存记录、装车、配送（或运输）、交货。每个环节的人员必须将外包装上的条形码与货架条形码同计算机储存的信息核对，同时每半个月部门经理要对其所管辖区域的存货做一次全面盘点，以提高配送的正确率。大的配送中心的配送精确率一般为99.04%，运输精确率为99.94%，按时送到率为99.42%。

(2)确定合理的配送价格

美国的配送中心具有良好的服务之外，价格也是一个很重要的因素。由于美国配送中心追求规模经营、集约经营、专业细分，社会化配送中心日益壮大。

美国公共配送的收费价格是按配送商品的服务项目、难易程度和商品销售金额来确定的，一般按配送货物销售额的3%～5%来收取。

(3)千方百计地降低作业成本

美国的配送中心十分重视降低成本，认为企业只有最大程度地把成本降下来才能以更优异的服务和低廉的价格参与市场竞争，才能获得更多的利润。美国的配送中心主要从以下3个途径来降低成本：

①管理的电脑化、条形码技术在配送中广为应用。美国的配送中心广泛使用了电脑、条形码和激光扫描技术。他们将这些技术运用于配送的全过程，安装在每台叉车、牵引车、托盘车上，从而大大减少了人员的开支，提高了工作效率和准确率，保证了配送的速度；一些大型的配送中心甚至使用卫星通信、射频识别装置（BF）来指挥调度在公路上运行的车辆。由于使用完善的计算机管理系统，企业降低了费用，提高了经济效益，库存量减少了35%，交货期拖延减少了80%，采购期缩短50%，管理人员减少10%，经营作业能

力提高了10% ~15%。

②合理选择和使用机械设备。美国配送中心的管理十分讲究实效,不是一味地追求机械化、自动化。如在Giant配送中心,一条20世纪70年代安装的自动化分拣系统被撤除,而替代的是采用人工分拣,原因是这些设备比较陈旧,目前尚未有更先进的设备替代,维修它需要一批工程师,与人工分拣相比成本更高,故采取了后者。在使用的各种机械中,叉车、托盘车、手推车、牵引车、辊柱式、胶带式、悬挂式运输机、立体货架等各尽其能,达到资产的最优配置。如叉车只用于货位的堆高,平面运输则交给托盘车或牵引车完成;配送商品放在立体货架上,而储存性商品则直接用托盘堆高。这样做可以节约资金,最大程度地利用设备的功能,决不让机械设备闲置和浪费。

③选择合理的配送路线。在美国,一个较大的配送中心往往在国内外拥有几十个分公司,分布在全美及周边国家的交通枢纽、经济中心城市的周转就要利用这些分散的配送中心来确定合理的配送线路。

1.4.2 日本配送中心的类型和管理特点

1)日本配送中心的类型

(1)大型商业企业自有的配送中心

一般由资金雄厚的商业销售公司或连锁超市公司投资建设,主要为本系统内的零售店铺配送,同时也受理社会中小零售店的配送业务。配送商品主要有食品、酒类、生鲜食品、香烟、衣物、日用品等。

(2)批发商投资、小型零售商加盟组建的配送中心

为了与大型连锁超市公司竞争,由一些小型零售企业和连锁超市加盟合作,自愿组合,接受批发商投资建设配送中心的进货与配送。这种以批发商为龙头,由零售商加盟配送中心,实际上是商品的社会化配送。这样的配送形式既可解决小型零售商因规模小、资金少而难以实现低成本经营问题,也提高了批发商自身在市场的占有率,同时实现了物流设施充分利用的社会效益。

(3)接受委托、为其他企业服务的配送中心

在完成对本系统的配送外,接受其他企业的委托进行配送服务。其主要配送大量小型化便利店或超市,以合同作为双方约束手段,开展稳定的业务合作。

上述3种类型的配送中心,实际上不同程度地承担社会配送功能,并且

还有进一步扩大配送范围的发展趋势。

2）配送中心的管理特点

日本的配送中心由于实现了较为成熟的计算机管理，建立严格的规章制度和配备比较先进的物流资源，因此确保了商品配送过程的准确及时到位，真正起到了降低流通费用、加速流转速度、提高经济效益的作用。其管理特点如下：

（1）普遍实现计算机网络管理，使商品配送及时准确、保证物流经营正常进行

由于采用计算机联网订货、记账、分拣、配货等，使得整个物流过程衔接紧密、准确、合理，零售店的货架存量压缩到最小程度，直接为零售店服务的配送中心基本上做到零库存，大大降低了缺货率，缩短了要货周期，加速了商品周转，给企业带来可观的经济效益。

（2）严格的规章制度使商品配送作业准确有序地进行，真正体现了优质服务

配送中心设立了一整套的严格的规章制度，使配送中心的各个环节作业安排周密，按规定时间完成，并且都有详细的作业记录。如配送冷藏食品的食物配送中心，对送货时间和冷藏车的温度要求很严格，在送货冷藏车上都安装了检测器，冷藏车司机送货到每个点都必须按照电脑排定的计划执行。配送中心对门店订货到送达之间的时间都有严格的规定，一般是：保鲜程度要求高的食品，今天订货明天到；其他如香烟、可乐、百货等，今天订货后天到。如果送货途中因意外不能准时送达，必须立刻向总部联系，总部采取紧急补救措施，确保履行合同。

（3）先进物流设施，节约了劳动力成本，并保证提供优质的商品

日本配送中心的物流设施都比较先进。一是自动化程度高，节约人力；二是对冷藏保鲜控制温度要求高，保证商品新鲜。收货发货，按相应电钮，电脑会自动记录，并将信息分别送至统计、结算、配车等有关部门。温控高架仓库的冷冻库和冷藏库设计科学合理，钢货架底座设有可移动的轨道，使用方便，大大提高了冷库的面积利用率和高度利用率。此外，在送货冷藏车上可同时容纳3种温度的商品，确保各类商品的不同温度要求，并在整个物流过程中都能控制温度。

【案例分析】　沃尔玛公司的成功之道

沃尔玛公司作为世界上最大的商业零售企业，2003年全球销售额达到2 500多亿美元，在世界500强中排名第一。一家属于传统的商业零售企业，

如何取得这样的销售业绩呢？沃尔玛公司前任总裁大卫·格拉斯这样总结："配送建设是沃尔玛成功的关键之一，如果说我们有什么比别人干得好的话，那就是配送中心。"

沃尔玛公司1962年建立第一个连锁店。随着连锁店数量的增加和销售额的增长，物流配送逐渐成为企业发展的瓶颈。于是，1970年沃尔玛公司在总部所在地建立起第一个配送中心，集中处理公司所销商品的40%。随着公司的不断发展壮大，配送中心的数量也不断增加。到现在该公司已建立62个配送中心，为全球提供配送服务。整个公司销售商品的85%由这些配送中心供应，而其竞争对手只有50%～60%的商品集中配送。

其配送中心的基本流程是：供应商将商品送到配送中心后，经过核对采购计划，进行商品检验等程序，分别送到货架的不同位置存放。提出要货计划后，电脑系统将所需商品的存放位置查出，并打印有商店代号的标签。整包装商品直接由货架上送往传送带，零散的商品由工作台人员取出后也送到传送带上。一般情况下，商店要货的当天就可以将商品送出。

沃尔玛公司共有6种形式的配送中心：第一种是"干货"配送中心，主要用于生鲜食品以外的日用商品进货、分装、储存和配送，该公司目前这种形式的配送中心数量很多。第二种是食品中心，包括不易变质的饮料食品，以及易变质的生鲜食品等，需要有专门的冷藏仓储和运输设施，直接送货到店。第三种是山姆会员店配送中心，这种业态批零结合，有1/3的会员是小零售商，配送商品的内容和方式与其他业态不同，使用独立的配送中心。由于这种商店1983年才开始建立，数量不多，有些商店使用第三方配送中心的服务。考虑到第三方配送中心的服务费用较高，沃尔玛公司已决定在合同期满后，用自行建立的山姆会员店配送中心取代。第四种是服装配送中心，不直接送货到店，而是分送到其他配送中心。第五种是进口商品的配送中心，为整个公司服务，主要作用是大量进口以降低进价，再根据要货情况送往其他配送中心。第六种是退货配送中心，接收店铺因各种原因退回的商品，其中一部分退给供应商，一部分送往折扣商店，一部分就地处理，其收益主要来自出售包装箱的收入和供应商支付的手续费。

如今，沃尔玛公司在美国拥有100%的物流系统，配送中心只是其中一小部分。公司完整的物流系统不仅包括配送中心，还有更为复杂的资料输入采购系统、自动补货系统等。

为了满足美国国内3 400多个连锁店的配送需要，沃尔玛公司在国内共有3万个大型集装箱挂车，5 500辆大型货运卡车，24 h昼夜不停地工作。每年的运输总量达到77.5亿箱，总行程6.5亿km。合理调度如此规模的商品采购、库存、物流和销售管理，离不开高科技手段。为此，沃尔玛公司建立了专门的电脑管理系统、卫星定位系统，拥有世界一流的先进技术。

沃尔玛公司总部只是一座普通的平房，但与其相连的计算机控制中心却是一座外貌如同体育馆的庞然大物，公司的计算机系统规模在美国仅次于五角大楼（美国的国防部），甚至超过了联邦航天局。全球4 000多个店铺的销售、订货、库存情况随时调出查询。公司同休斯公司合作，发射了专用卫星，用于全球店铺的信息传递与运输车辆的定位及联络。公司5 500辆运输卡车全部装备了卫星定位系统，每辆车在什么位置、装载什么货物、目的地是什么地方，总部一目了然。可以合理安排运量和路程，最大程度地发挥运输潜力，避免浪费，降低成本，提高效率。

沃尔玛公司正是通过对物流、信息流的有效控制，使公司从采购原材料开始到制成最终产品，最后由销售网络把产品送到消费者手中的过程变得高效有序，实现了商业活动的标准化、专业化、统一化、单纯化，从而达到实现规模效益的目的，使其在零售业界所向披靡。

【讨论题】

1. 沃尔玛公司运用什么手段来贯彻其"天天平价"的经营理念？
2. 配送中心在沃尔玛公司的地位和作用是什么？
3. 沃尔玛公司的配送中心有哪些特征？其具体的类型有哪些？

技能实训　配送中心功能分析

一、技能实训目标

1. 通过对配送中心作业流程的观察，深化对配送中心功能的认识。
2. 提高学生分析问题、解决问题的能力，以及学生实际操作技能。

二、技能实训的方式

实地参观当地的配送中心。

三、技能实训的内容

1. 分组：6～8个人一组。

2. 教师带领学生到配送中心参观，了解配送中心的作业流程，并让学生进行记录，以便资料的整理。

3. 根据所参观的配送中心的作业流程，归纳配送中心具有哪些功能，并指出这些功能在配送中心作业流程中的作用。

四、技能实训成绩评定

每小组学生讨论后撰写实训报告，然后小组之间进行交流并进行评分。

习题 1

一、填空题

1. 配送中心在流通中的经济地位十分重要，具有衔接地位和(　　　　)。

2. 配送中心按物流设施的归属和服务范围可以分为自用型配送中心、(　　)和(　　　)。

3. 配送中心按服务的范围和服务对象可以分为(　　　　)和(　　　　)。

4. 美国沃尔玛商品公司的配送中心属于(　　　　　)配送中心。

二、选择题(把正确的答案填在题后的括号内)

1. 有关配送中心说法正确的是(　　)。
   A. 配送中心是从事货物配备的场所
   B. 配送中心是一种物流节点，它以贮藏仓库这种单一形式出现
   C. 配送中心以储存为主，配送为辅
   D. 配送中心是从事货物配备和组织对用户的送货，以高水平实现销售或供应的现代流通设施

2. 配送中心的主要功能有(　　)。
   A. 采购功能　　B. 储存功能
   C. 分拣功能　　D. 分装功能

3. 配送中心按配送中心的经济功能分类可以分为(　　)。
   A. 供应型配送中心　　B. 销售型配送中心
   C. 储存型配送中心　　D. 区域型配送中心

4. 美国配送中心的类型主要有(　　)。
   A. 批发型　　B. 零售型
   C. 仓储型　　D. 加工型

5. 美国配送中心经营特点主要是(　　)。
   A. 一流的服务　　B. 确定合理的配送价格
   C. 合理的分工　　D. 千方百计降低作业成本

三、判断题(正确的在题后的括号内打"√"，错误的打"×")

1. 配送中心是末端物流的结点设施与组织。(　　)

2. 配送中心可以经济高效地组织储运。 (　　)

3. 配送中心有助于完善连锁经营体系。 (　　)

4. 美国福来明公司的食品配送中心属于销售型的配送中心。 (　　)

5. 城市配送中心配送区域比区域配送中心要大。 (　　)

四、简答题

1. 简述配送中心的作用。

2. 简述配送中心的功能。

项目2
配送中心规划

【知识目标】

理解配送中心规划的基本概念；
了解配送中心规划原则和考虑的因素；
熟悉配送中心系统规划的内容；
掌握配送中心系统规划的程序和步骤；
理解配送中心系统方案评估方法。

【能力目标】

针对不同类别的物流配送中心的功能需求和典型的作业流程，设计适合该物流配送中心的作业流程；

根据拟建配送中心的背景条件解决该配送中心的选址问题；

掌握配送中心系统规划的程序，并能根据建设配送中心有关的背景条件对配送中心进行总体规划。

【项目结构图】

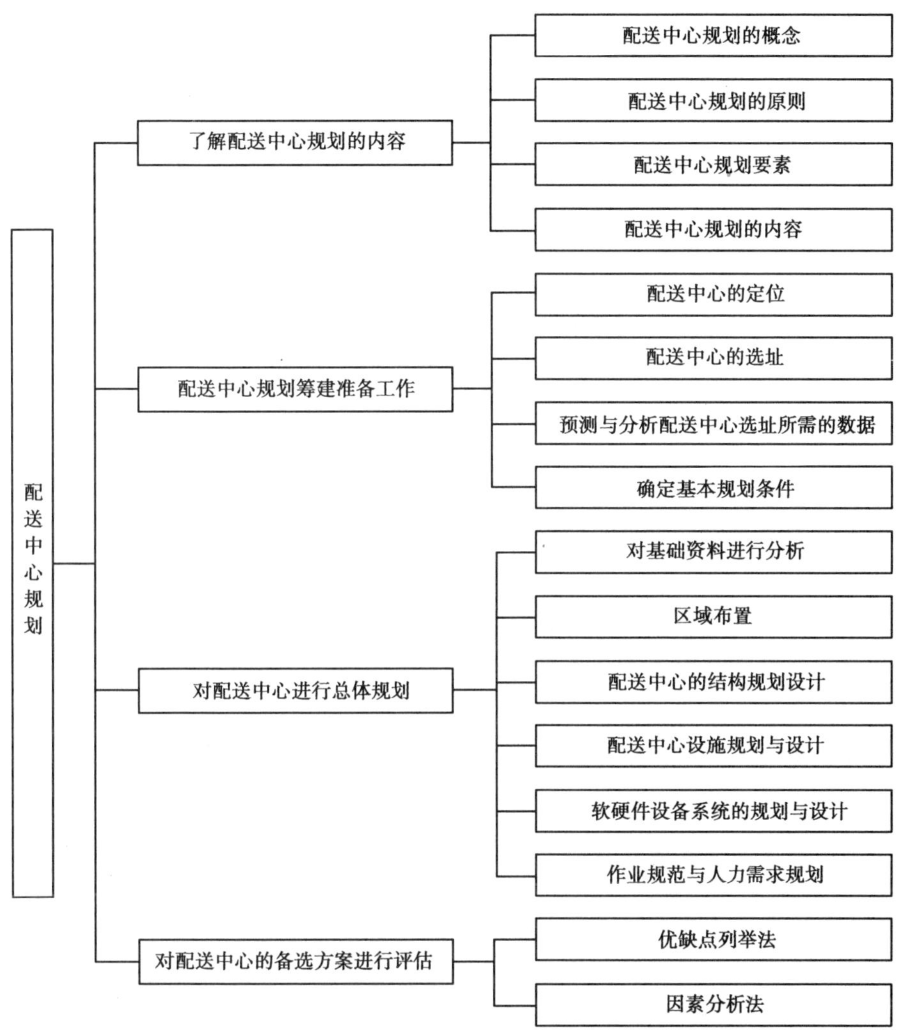

【案例引入】　自动化立体仓库为何被拆除

21世纪初，北京某物流公司建造了一座高层货架仓库（自动化立体库）作为中间仓库，存放装配汽车的各种零件。该公司所配送的汽车零配件大多数是由其协作单位生产，然后运至配送中心自动化立体库。该公司是我国第一批发展自动化立体库仓库的企业之一。该配送中心仓库的结构分高库和整理室两部分，高库是采用固定式高层货架与巷道堆垛机结构，从整理室到高库之间设有辊式输送机。当入库的货物包装规格不符合托盘或标准货箱时，则需要对货物的包装进行重新整理，这项工作在整理室进行。由于当时各种备品的包装没有规格化，因此整理工作的工作量非常大。

配送货物的出入库是运用电脑控制和人工操作相结合的人机系统。这套设备在当时是相当先进的。改库建在配送中心的东南角，距离分拣中心较远。因此，在仓库与分拣中心之间需要进行二次运输，即将所需的零配件先整单位出库，装车运输到分拣中心，然后才能进行分拣配送。自动化立体库建成后，这个先进设施在企业的配送效率中所起的作用并不理想。因此其利用率也逐年下降，最后不得不拆除。

【思考】

1. 该自动化立体库为什么没有发挥应有作用？
2. 从该案例中得到哪些启示用于提高配送效率？

任务2.1　了解配送中心规划的内容

2.1.1　配送中心规划的概念

配送中心规划是对拟建配送中心的长远的、总体的发展计划。它对配送中心作业的运营和维护、配送中心作业的质量和安全，甚至所处地区的物流合理化产生深远的影响。因此，应重视配送中心的规划。

2.1.2　配送中心规划的原则

由于配送中心是集约化、多功能的物流据点，系统极为复杂，各子系统间的协调尤为重要；此外，配送中心的建设是一项规模大、投资额高、涉及面广的系统工程，一旦建成就很难再改变性质和用途，因此在规划设计时必须切实掌握以下几项原则：

1）系统工程原则

配送中心的工作包括验货、搬运、储存、装卸、分拣、配货、送货、信息处理以及与供应商、客户的衔接，如何做到内部及彼此之间均衡、协调地运转是非常重要的。

2）价值工程原则

在激烈的市场竞争中，配送的及时性、一致性和可靠性、低缺货率、差损率等方面的要求越来越高，而在满足服务高质量的同时，又必须考虑物流成本。特别是建造配送中心耗资不菲，必须对建设项目进行可行性研究，并做多方案的技术、经济比较，以求最大的企业效益和社会效益。

3）因地制宜原则

在我国建设配送中心，应特别重视因地制宜原则，必须考虑自身的财力规模、土地成本、建筑成本和设备成本等条件，应尽量结合现有基础设施、仓储设施、人力资源等条件，从而大大减少建设成本，并且采用适合本地区、本企业特点的设施设备，而不应一味贪大求全。

4）交通便利原则

配送中心的主要活动，一方面，在配送中心内部，这有赖于配送中心的设计及工艺装备；另一方面，配送中心的配送活动领域远在中心之外的一个辐射地区，这一活动则需依赖交通条件。

5）发展的原则（动态原则）

规划配送中心时，无论是建筑物、信息系统的设计，还是机械设备的选择，都要考虑到有较强的灵活性，以适应物流量扩大、经营范围拓展的需要。在规划设计第一期工程时，应将第二期工程纳入总体规划，并充分考虑到扩建时的业务需要。

6）尽量实现流程、设备、管理科学化的原则

近年来，配送中心均广泛采用计算机进行物流管理和信息管理，大大加速了商品的流转，提高了经济效益和现代化管理水平。同时，要合理地选择、组织、使用各种先进的机械化、自动化物流设备，以充分发挥配送中心多功能、高效益的特点。

2.1.3　配送中心规划要素

配送中心的规划要素就是影响配送中心系统规划的基础数据和背景资

料,主要包括7个方面,具体内容如下:

E——Entry:指配送的对象或客户,有时也指订单;

I——Item:指配送的货品种类;

Q——Quantity:指配送中心的出货数量或库存量;

R——Route:指物流通路;

S——Service:指物流服务水平;

T——Time:指物流的交货时间;

C——Cost:指配送货品的价值或建造的预算。

1)配送的对象或客户——E

配送中心的服务对象或客户不同,订单形态和出货形态也会有很大不同。例如,为生产线提供JIT配送服务的配送中心和为分销商提供服务的配送中心,其分拣作业的计划、订单传输方式、配送过程的组织将会有很大的区别;而同是销售领域的配送中心,面向批发商的配送和面向零售商的配送,其出货量的多少和出货的形态也有很大不同。因此,我们在规划前首先应该分析配送客户的情况,以便决定配送中心的出货形态和特征。

2)配送的货品种类——I

在配送中心所处理的货品品项数差异性非常大,多则上万种以上,如书籍、医药及汽车零件等配送中心;少则数十种到数百种,如制造商型配送中心。由于品项数的不同,其复杂性与困难性也有所不同,其货品储位安排也就完全不同。

在配送中心所处理的货品种类不同,其特性也完全不同,因而配送中心的厂房硬件及物流设备的选择也完全不同。

3)配送中心的出货数量或库存量——Q

这里Q包含两个方面的含义:一是配送中心的出货数量,二是配送中心的库存量。

货品的出货数量的多少和随时间的变化趋势会直接影响到配送中心的作业能力和设备的配置。例如一些季节性波动、年节的高峰等问题,都会引起出货量的变动。

配送中心的库存量和库存周期将影响到配送中心对面积和空间的需求,因此应对库存量和库存周期进行详细的分析。一般进口商型配送中心因为进口周期的原因,必须拥有较长的库存量(约2个月以上);而流通型配送中心,则完全不需要考虑库存量,但必须注意分货的空间及效率。

4）物流通路——R

物流通路与配送中心的规划也有很大的关系。常见的几种通路模式如下：

①工厂→配送中心→经销商→零售商→消费者；

②工厂→经销商→配送中心→零售商→消费者；

③工厂→配送中心→零售商→消费者；

④工厂→配送中心→消费者。

因此，规划配送中心之前首先必须了解物流通路的类型，然后根据配送中心在物流通路中的位置和上下游客户的特点进行规划才不会出现失败的案例。

5）物流服务水平——S

一般企业建设配送中心的一个重要的目的就是提高企业的物流服务水平，但物流服务水平的高低恰恰与物流成本成正比，也就是物流服务品质愈高其成本也愈高。但是站在客户的立场而言，希望以最经济的成本得到最佳的服务，因此原则上物流的服务水准，应该是合理的物流成本下的服务品质，也就是物流成本不会比竞争对手高，而物流的服务水准比对手高一点即可。

物流服务水平的主要指标包括订货交货时间、货品缺货率、增值服务能力等。应该针对客户的需求，制订一个合理的服务水准。

6）物流的交货时间——T

在物流服务品质中物流的交货时间非常重要，因为交货时间太长或不准时都会严重影响零售商的业务，因此交货时间的长短与是否守时成为物流业的重要评估项目。

所谓物流的交货时间是指从客户下订单开始，经过订单处理、库存检查、理货、流通加工、装车及卡车配送到达客户手上的这一段时间；物流的交货时间依厂商的服务水准的不同，可分为2 h、12 h、24 h、2 d、3 d、7 d 送达等几种。同样，物流的交货时间愈短其成本也会愈高，因此最好的水准为 12 ~ 24 h，稍微比竞争对手好一点，但又不会增加成本。

7）配送货品的价值或建造的预算——C

在配送中心规划时，除了考虑以上的基本要素外，还应该注意研究配送货品的价值和建造的预算。

首先，配送货品的价值与物流成本有很密切的关系，因为在物流的成本计算方法中，往往会计算它所占货品的比例，因此如果货品的单价高其百分比相对会比较低,则客户比较能够负担得起;如果货品的单价低其百分比相对会比较高,客户就会感觉负担困难。另外,配送中心的建造费用预算也会直接影响到配送中心的规模和自动化水准,没有足够的建设投资,所有理想的规划都是无法实现的。

2.1.4 配送中心规划的内容

物流配送中心的规划设计是一项系统工程,是一种长远的、总体的发展计划。它主要包括作业功能规划、选址规划、结构规划、物流设施规划和信息系统规划等多方面的内容,如图 2.1 所示。

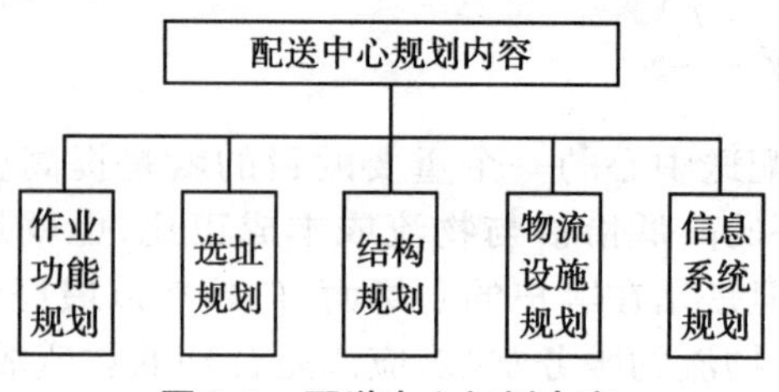

图 2.1 配送中心规划内容

1)作业功能规划设计

物流配送中心作业功能的规划设计包括 3 个方面:一是作业流程的规划;二是作业区域的功能规划;三是作业区的能力规划。通常的步骤是:针对不同类别的物流配送中心的功能需求和典型的作业流程,设计适合该物流配送中心的作业流程;然后根据确定的作业流程规划不同功能的作业区域;最后确定各作业区的具体作业内容和作业能力。

(1)作业流程的规划

物流配送中心的基本作业流程可以综合归纳为 7 项作业活动:

①客户及订单管理。

②入库作业。

③理货作业。

④装卸搬运作业。

⑤流通加工作业。

⑥出库作业。

⑦配送作业。

具体表现为订货、进货、发货、库存管理、订单处理、拣货和配送等内容,一般配送中心的作业流程如图 2.2 所示。

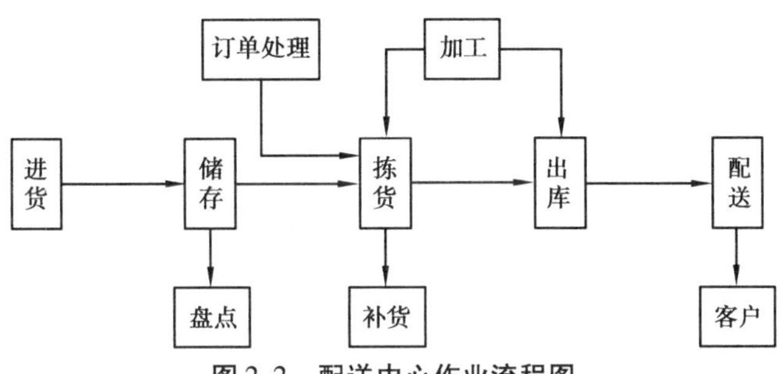

图2.2　配送中心作业流程图

(2)作业区域的功能规划

在作业流程规划后,可根据物流配送中心运营特性进行作业区域的规划,主要包括物流作业区和外围辅助活动区两大部分。

(3)作业区的能力规划

在确定作业区之后,根据其功能设定,进行作业能力的规划,特别是仓储区和拣货区。一般在规划物流配送中心各区域时,应以物流作业区为主,再延伸到相关外围区域。对物流作业区的规划,可根据流程进出顺序逐区规划。当缺乏有关资料而无法逐区规划时,可对仓储区和拣货区进行详细分析,再根据仓储和拣货区的规划进行前后相关作业的规划。

2)选址规划

物流配送中心位置的选择将显著影响其实际营运的效率与成本以及日后仓储规模的扩充与发展。因此,在决定物流配送中心设置的位置方案时,必须谨慎参考相关因素,并按适当步骤进行。

3)结构规划与设计

在完成作业功能的规划设计并确定主要物流设备与外围设施的基本要求后,就可以进行物流配送中心的结构规划设计。物流配送中心的结构规划由区域布置规划、库房设计、装卸货平台设计、货场及道路设计和其他建筑公用设施规划等组成。

配送中心的结构规划布局的一般要求是:

①应能保证安全、迅速的进行配送中心内的各项作业,尽量缩短货物在配送中心的搬运距离,使配送中心的货物流通顺畅、方便、迅速。

②要有足够的场地布置各项设备,并适应装卸作业机械化和远期发展的要求。

③要有良好的供水、排水条件,以及良好的供电条件。

④应与城市规划密切配合,各项设备的布置应力求紧凑合理,并考虑作业的流水性,充分利用场地面积。

⑤要充分利用配送中心所处的交通优势。

结构规划是作业功能规划的具体落实,规划的成果是产生作业区域的布置图,设定各作业区域的面积和界限范围,完成库房、装卸货平台、货场及道路等建筑与环境的结构规划与设计。

4)设施规划与设备选用

物流配送中心的设施内容广泛,包括物流作业区域设施、辅助作业区域设施和厂房建筑周边设施3类。设施规划与设备选用就是对以上3个区域的设施设备进行规划,并根据作业功能的规划,结合区域布置的面积限制等因素选用适合的设备。

(1)物流作业区域设施

物流配送中心的主要作业活动基本上均与库房、搬运和拣取等作业有关。因此,在物流配送中心的规划与设计中,对物流设施设备的规划设计和选用成为规划的重要内容。不同功能的物流配送中心需要不同的设施设备,不同的设施设备使厂房布置和面积需求发生变化,因此必须按照实际需求选取合适的设施设备。在规划阶段,厂房布置尚未完成,物流设施设备的规划主要以需求的功能、数量和选用型号等内容为主。在详细规划设计阶段,必须进行设备的详细规格、设施配置等内容的设计。

一般地讲,物流配送中心中的主要系统设备包括储存设备、装卸搬运设备、输送设备、分拣设备、包装设备、流通加工设备、集装单元器具、外围配合设备等,如图2.3所示。

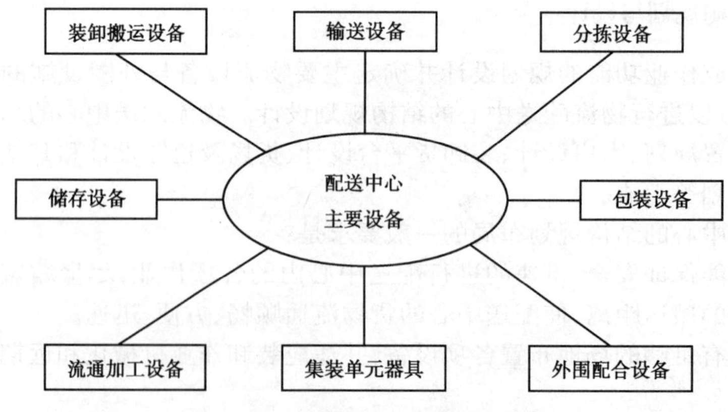

图2.3　物流配送中心主要系统设备

(2)辅助作业区域设施

在物流配送中心的运营过程中,除了主要的物流设备之外,还需要有辅助作业区域的设施设备。物流配送中心辅助作业区域的主要设施如下:

①办公设备。如办公桌椅、文件保管设备等。

②劳务设施。如洗手间、娱乐室、休息室、餐厅、医务室等所需的设施。

(3)厂房建筑周边设施

在规划物流配送中心时,必须考虑到交通、水电、动力、土建、空调、安全和消防等与厂房建筑相关的周边设施条件。

5)信息系统规划

在物流配送中心的运营中,伴随着各项物流活动以及其他行政支持活动,信息流始终存在。当物流配送中心的作业功能、结构、设施规划初步完成后,便可以对物流配送中心的信息系统进行规划,在对配送中心信息系统规划时应遵循以下原则:

(1)可用性

信息系统所储存的信息必须具有可用性,也就是信息系统应能够在第一时间内向其供应商和客户提供最新的电子信息,应能向信息需求方提供简易、快捷获取信息的方式,而不受时空限制。

(2)精确性

信息系统提供的信息应能精确地反映物流配送中心处理货物的当前状况,衡量物流配送中心的整体业务运作水平。精确性可以解释为信息系统的报告与物流配送中心的实际业务运作状况吻合的程度。

(3)及时性

信息系统必须提供及时、快速的信息反馈。

(4)处理异常情况的能动性和主动性

信息系统应能针对异常情况及时做出预警,帮助物流配送中心的管理者识别需要引起注意的决策,使得管理人员能够把精力集中在最需要引起注意的问题上,或者能提供最佳机会来改善配送服务或降低运营成本。

(5)灵活性

信息系统必须有能力提供符合特定客户需求的数据,如有的客户需要把订货发票跨地理或部门界限进行汇总,有的客户需要每一种商品的发票,而有的客户需要所有商品的总发票。这就要求信息系统能够根据客户的不同需要具有定制功能，并有持续不断地快速更新和升级能力。

(6)易操作性

信息系统必须容易操作，提供的信息要有正确的结构和顺序，能有效地向管理人员和客户提供相关信息。

任务2.2　配送中心规划筹建准备工作

在配送中心的筹建准备阶段，首先应该明确建设配送中心的任务、目标以及有关的背景条件。当然，一个配送中心的成立可能有多方面目标，但需分清主次以便设计时更好地体现既定方针。在对配送中心建设的必要性和可性行有了初步结论后，就应该建立筹建小组(或委员会)进行具体规划，为了避免片面性，筹建小组应该吸收多方面成员参加，包括本公司、物流设备制造厂、土建部门的人员以及一些经验丰富的物流专家或顾问等。

筹建准备一般分为配送中心的定位和选址、预测与分析配送中心选址所需数据、确定基本规划条件。

2.2.1　配送中心的定位

配送中心的经营定位一般包括配送中心的功能定位、配送商品定位和配送区域的定位。

1)配送中心的功能定位

配送中心的功能定位是根据其开展的配送服务的内容和相应的配送作业环节为基础进行的，根据配送作业的基本环节和作业流程，配送中心一般具有采购、储存、加工、分拣、配货、配送运输等功能。但不同类型的配送中心其核心功能有所不同，因此在配送中心的建设和规划中，从设施建设到平面布局，以及组织管理等方面也会产生差异。

对于储存性配送中心来说，其功能以储存为主，以尽可能降低其服务对象的库存为主要目标，须具有较强的库存调节能力，因此在建设中应规划较大规模的仓储空间和设施；流通型配送中心则以快速转运为核心，大批进货，快速分装或组配，并及时地分发到各客户指定的地点，因此在建设中应以配备适应货物高速流转的设施；加工型配送中心以对商品进行如拆包、分解、整理、再包装等流通加工为主，在规划建设中应适应加工的需要，配备必要的加工设施、场地、引进相应的加工技术。

总的来说，在进行配送中心系统规划前，应根据市场物流服务的需求不同，科学决策配送中心的类型，做好配送中心建设前的功能定位工作，以便今后配送业务的正常开展。可以说，配送中心的功能定位基本上确定了配送中心的业务市场范围。

2）配送商品定位

一般配送中心能处理的商品种类是有一定限制的。比如，目前有专门的服装配送中心、电器配送中心、食品配送中心、干货配送中心、生鲜商品配送中心等。由于不同的商品配送所需的配送作业场地、设施设备是不一样的，作业流程也有很大区别，因此试图建立一个满足所有商品物流需要的配送中心是不实际的。一个配送中心没有必要也不可能配备能处理所有商品的物流设施和设备。设施设备的配置除了要考虑要求外，还要考虑物流的平均价格及作业批量等因素。

大多数情况下，配送商品定位主要是根据企业使命、市场需求来确定的。对于一般商业连锁体系来说，通常经营一般消费品为主，其配送中心主要是负责连锁体系内大部分商品的内部供应配送，并以统一采购、统一库存、统一配送形成规模效应，获得规模经济效益，最终形成销售商品的低价优势；一些由传统批发机构改组而形成的配送中心，通常以其批发经营的传统商品为主，开展专业配送业务，其品种较为单一，批量较大。

3）配送区域的定位

配送区域是指配送中心辐射的范围，即以某一点为核心建立配中心，其配送的距离和区域的大小不仅关系到配送中心的投资规模，也影响到配送中心的运作方式。

通常对于连锁商业体系来说，配送中心的辐射区域和配送能力取决于其零售店铺的分布范围和数量的多少。连锁商业体系组建配送中心的方法，可以按照适当的比例，即根据商圈范围内顾客分布、分店数量与配送中心的适当比例，来确定配送中心的位置、规模与数量。对于生产企业的自营供应配送，则配送中心数量有限，一般配送区域也主要在生产厂区，生产企业的销售配送首先要根据客户分布的远近、销售量的大小及其运行成本来综合考虑是自营还是外包，如是自营的配送中心，然后再考虑配送服务区域的大小，分别决策配送中心的级别与规模。

配送中心的服务对象所形成的区域是选择任一种配送中心区位的前提和基础。一般配送中心建设规模越大，经营能力越强，其辐射范围越广，服务的范围也就越大。在配送中心的区位选择中,除了考虑配送商品种类与数量外,交通运输条件、用地条件等问题也应详细分析和论证,以确定配送的区域和范围。

2.2.2 配送中心的选址

配送中心位置的选择,将直接影响到实际营运的效率与成本,以及日后仓储规模的扩充与发展。因此,企业在决定配送中心设置的位置方案时,必须谨慎参考相关因素,并按适当的步骤进行。一般来说,如果有预定地点或区位方案,可在系统规划进行之前提出,并作为规划过程的限制因素;如果事先没有预定的地点,则可在系统规划方案成形后进行位置方案的选择,必要时得修正系统规划方案,以配合实际土地及区域面积的限制。

1)选址的内容

配送中心的选址包括两个方面的含义:地理区域的选择和具体地址的选择。配送中心的选址首先要选择合适的地理区域。对各地理区域进行慎重评估,选择一个适当范围为考虑的区域,如华南地区、华北地区等,同时还需配合配送中心物品特性、服务范围及企业的运营策略而定。配送中心的地理区域确定后,还需确定具体的建置地点,如果是日常消费品的配送,则宜接近居民生活社区。一般,应根据进货与出货产品类型特征以及交通运输的复杂度来选择接近上游点或下游点的选址策略。

2)选址主要考虑的因素

配送中心选址时应该考虑的主要因素有客户的分布、供应商分布、交通条件、土地条件、自然条件、政策条件等。

(1)客户的分布

配送中心选址时首先考虑的就是所服务客户的分布。对于零售商型配送中心,其主要客户是超市和零售店,这些客户大部分是分布在人口密集的地方或大城市,为了提高服务水平及降低配送成本,配送中心多建在城市边缘接近客户分布的地区。

(2)供应商的分布

供应商的分布地区也是配送中心选址时不可忽略的一个因素。因为物流的商品全部是由供应商所供应的,如果配送中心越接近供应商,则其商品的安全库存可以控制在较低的水平。

(3)交通条件

交通条件是影响配送成本及效率的重要因素之一。交通运输的不便将直接影响车辆配送的进行,因此必须考虑对外交通的运输渠道,以及未来交通与邻近地区的发展状况等因素。为了确保配送运输作业的顺利进行,地址的选择宜紧临重要的运输渠道。考核交通方便程度的条件有高速公路、国道、铁路、快速道路、港口、交通限制规定等几种。一般配送中心应尽量选择在交通方便的高速公路、国道及快速道路附近,如果以铁路及轮船来当运输工具,则要考虑靠近火车编组站、港口等。

(4)自然条件

在配送选址的过程中,自然条件也是必须考虑的,事先了解当地自然环境有助于降低建构风险。例如,在自然环境中有湿度、盐分、降雨量、台风、地震、河川等几种自然现象,有的地方靠近山边湿度比较高,有的地方温度比较低,有的地方靠近海边盐分比较高,这些都会影响商品的储存品质,尤其是服饰或电子产品等对湿度及盐分都非常敏感。另外,降雨量、台风、地震及河川等自然灾害,对于配送中心的影响也非常大,必须特别留意并且避免被侵害。

(5)土地条件

土地与地形的限制。对于土地的使用,必须符合相关法令规章及都市计划的限制,尽量选在物流园区或经济开发区。用地的形状、长宽、面积与未来扩充的可能性,则与规划内容及实际建置的问题有密切的关系。因此,在选择地址时有必要参考规划方案中仓库的设计内容,在无法完全配合的情形下,必要时得修改规划方案中的内容。

另外,还要考虑土地大小与地价,在考虑现有地价及未来增值的情况下,配合未来可能扩充的需求程度,决定最合适的面积大小。

(6)人力资源条件

在配送作业中,最主要的资源需求为人力资源。由于一般物流作业仍属于劳动密集的作业形态,在配送中心内部必须要有足够的作业人力,因此在决定配送中心位置时必须考虑工人的来源、技术水平、工作习惯,工资水平等因素。

人力资源的评估条件有附近人口、交通条件、工资水平等几项。如果物流的选址位置附近人口不多且交通又不方便时,则基层的作业人员不容易招募。因为一般物流的作业属于服务行业,工资水平比工厂低且辛苦,所以如果附近地区的工资水平太高,也会影响到基层作业人员的招募。因此,在进行系统规划前,必须调查该地区的人力、交通及工资水平。

(7)政策条件

政策条件方面也是配送中心选址评估的重点之一。目前,取得物流用地较为困难,如果能够得到政府政策的支持,将有助于物流经营者的发展。政策的条件包括企业优待措施(土地提供、减税)、城市计划(土地开发、道路建设计划)、地区产业政策等。近几年来,在许多交通枢纽城市如深圳、武汉等地都在规划设置现代物流园区,其中除了提供物流用地外,也有关于赋税方面的减免,有助于降低物流经营者的营运成本。

2.2.3 预测与分析配送中心选址所需数据

配送中心建在什么地方、选用哪些设施、成本如何,一般需要通过计算求得。其方法是,将运输费、物流设施费模型化,利用约束条件及目标函数建立数学公式,求出其中费用最小解,由此可得出最佳方案。计算前必须准确预测和分析计算公式中的作业量和成本这两个数据。

1)作业量

①工厂到配送中心之间的运输量。
②向顾客配送的货物数量。
③配送中心保管货物的数量。
④配送路线上的作业量。

2)费用

①工厂到配送中心之间的运输费。
②配送中心到顾客之间的运输费。
③与设施、土地有关的费用及人工费、业务费等。

2.2.4 确定基本规划条件

基本规划条件是指进行配送中心规划的基本参数或要求,主要包括以下几个方面:

1)基本储运单位的规划

经过一定的物性分析,可以决定配送中心内基本储运的单元负载单位,其目标使储运单位易于量化及转换,并且使不同的作业阶段的装载单位逐一确认。通常各区域的储运单位不尽相同,如进货时托盘进货、储存时以箱储存、出货时则以箱或单品出货等。在此需强调,在进行后续分析及配送中心各项设备规划时,必须先确定基本储运单位的规划。

2)基本运转能力规划

基本运转能力规划包括进货区、仓储区、拣货区的基本运转能力的估计及规划。除需考虑基本作业需求量以外,也需配合作业弹性及未来成长的趋势,而在此处所估计的运转能力为一个初估的参考值,当进入各区域的详细规划时,则将逐步修正至一个比较实际的数值。

3)自动化程度规划

在对自动化需求、作业时序及基本运转能力分析的基础上,确定配送中心各类设备的自动化策略。应根据实际需求及改善效益而引入自动化设备,才可发挥自动化整合的效果。因此,在制订未来设置配送中心的自动化水平时,规划者仍应慎重考虑。

任务2.3 对配送中心进行总体规划

配送中心的总体规划是在对配送中心的基础资料进行详细的分析,并确定配送中心规划条件的基础上进行的。由于配送中心具有收货验货、库存保管、拣选、流通加工、信息处理以及采购组织货源等多种功能,故一般占地多,建筑规模大。配送中心的总体规划有以下的几个步骤。

2.3.1 对基础资料进行分析

1)物品特性分析

物品特性是货物分类的参考因素,如按储存保管特性可分为干货区、冷冻区及冷藏区;按货物重量可分为重物区、轻物区;按货物价值可分为贵重物品区及一般物品区等。因此,配送中心规划时首先需要对货物进行物品特性分析,以划分不同的储存和作业区域。

2)EIQ 分析

EIQ 分析就是利用“E”“I”“Q”这 3 个物流关键要素来研究配送中心的

需求特性,为配送中心提供规划数据。日本铃木震先生积极倡导以订单品项数量分析方法来进行配送中心的系统规划,即是从客户订单的品项、数量与订购次数等出发,进行出货特性的分析。

(1)订单量(EQ)分析

单张订单订货数量的分析。通过EQ分析主要可了解单张订购量的分布情形,可用于决定订单处理的原则、拣货系统的规划。

(2)品项数量(IQ)分析

每个单品的订货数量分析。通过IQ分析主要了解各类货品出货量的分布状况,分析货品的重要程度与运量规模,可用于仓储系统的规划选用、储位空间的估算。

(3)订货品项数(EN)分析

单张订单订货品项数的分析。通过EN分析主要了解订单订购品项数的分布,对订单处理的原则及拣货系统的规划有很大的影响。通常配合总出货品项数、订单出货品项累计数及总品项数3项指标综合考虑。

(4)品项受订次数(IK)分析

每单一品项订货次数的分析。通过分析各类货品出货次数的分布,可配合IQ分析决定仓储和拣货系统的选择。

3)储运单位分析

储运单位分析就是考察配送中心各个主要作业(进货、拣货、出货)环节的基本储运单位。一般配送中心的储运单位包括P—托盘、C—箱子和B—单品,而不同的储运单位,其配备的储存和搬运设备也不同。因此,掌握物流过程中的单位转换相当重要,需要将这些包装单位(P,C,B)进行分析,即所谓的PCB分析。

配送中心物流系统的储运单位组合形式如表2.1所示。

表2.1　配送中心包装单位分析表

入库单位	储存单位	拣货单位
P	P	P
P	P,C	P,C
P	P,C,B	P,C,B
P,C	P,C	C
P,C	P,C,B	C,B
C,B	C,B	B

4)关联性分析

配送中心不同活动区域之间在作业程序、组织结构、业务管理、环境影响等方面存在一定的依存关系,对这些关系进行关联性分析对设施规划的区域布置、物料搬运系统设计至关重要。

2.3.2　区域布置

配送中心的区域布置方法有两种,即流程性布置法和活动相关性布置法。流程性布置法是根据物流移动路线和物流相关表作为布置的主要依据,适用于物流作业区域的布置;活动相关性布置法是根据各区域的综合相关表进行区域布置,一般用于整个厂区或辅助性区域的布置。

1)物流作业区域的布置

①决定配送中心对外的联外道路型式。确定配送中心联外道路、进出口方位及厂区配置型式。

②决定配送中心厂房空间范围、大小及长宽比例。

③决定配送中心内由进货到出货的主要物流路线形式。决定其物流模式,如U形、双排形等。

④按物流相关表和物流路线配置各区域位置。首先将面积较大且长宽比例不易变动的区域先置入建筑平面内,如自动仓库、分类输送机等作业区;再按物流相关表中物流相关强度的大小安排其他区域的布置。

2)行政活动区域的配置

一般配送中心行政办公区均采用集中式布置,并与物流仓储区分隔,但也应进行合理的配置。由于目前一般配送中心仓储区采用立体化设施较多,其高度需求与办公区不同,故办公区布置应进一步考虑空间的有效利用,如采用多楼层办公室、单独利用某一楼层、利用进出货区上层的空间等方式。

行政活动区域内的配置方法是:首先选择与各部门活动相关性最高的部门区域先行置入规划范围内,再按活动相关表,将与已置入区域关系的重要程度依次置入布置的范围内。

3)确定各种布置组合

根据物流活动相关性,探讨各种可能的区域布置组合。根据以上方法,可以逐步完成各区域的概略配置。然后再将各区域的面积置入各区相对位置,并作适当调整,减少区域重叠或空隙,即可得到面积相关配置图。最后经由调整部分作业区域的面积或长宽比例后,即得到作业区域配置图,如图2.4所示。

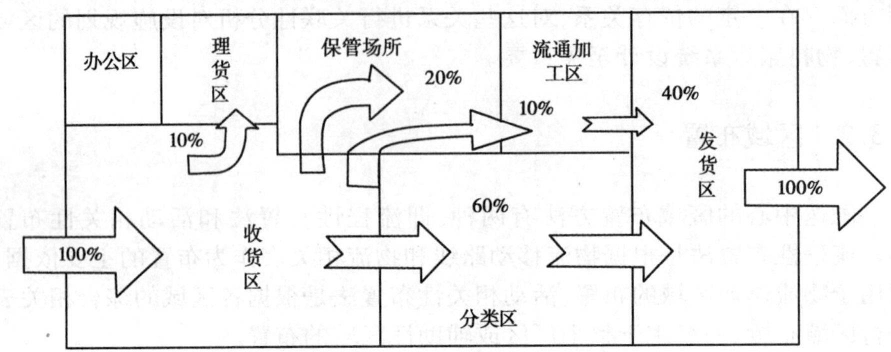

图 2.4　配送中心区域布置图

2.3.3　配送中心的结构规划设计

一般配送中心的内部工作区域结构配置包括接货区、储存区、理货及备货区、分放及配装区等。

1)管理区

管理区是中心内部行政事务管理、信息处理、业务洽谈、订单处理以及指令发布的场所。一般位于配送中心的出入口。

2)进货区

进货区是收货、验货、卸货、搬运及货物暂停的场所。

3)理货区

理货区是对进货进行简单处理的场所。在这里,货物被区分为直接分拣配送、待加工、入库储存和不合理需清退的货物,分别送往不同的功能区。在实行条形码管理的中心里,还要为货物贴条形码。

4)储存区

储存区是对暂时不必配送或作为安全储备的货物进行保管和养护的场所。通常配有多层货架和用于集装单元化的托盘。

5）加工区

加工区是进行必要的生产性和流通性加工（如分割，剪裁、改包装等）的场所。

6）分拣配货区

分拣配货区是进行发货前的分拣、拣选和按订单配货的场所。

7）发货区

发货区是对物品进行检验、发货、待运的场所。

8）退货处理区

退货处理区是对存放进货时残损或不合格或需要重新确认等待处理货物的场所。

9）废弃物处理区

废弃物处理区是对废弃包装物（塑料袋、纸袋、纸箱等）、破碎货物、变质货物、加工残屑等废料进行清理或回收复用的场所。

2.3.4　配送中心的设施规划与设计

配送中心设施规划与设计应根据系统的概念，运用系统分析的方法求得整体优化；以流动的观点作为设施规划的出发点，并贯穿在设施规划的始终；减少和消除不必要的作业流程，在时间上缩短作业周期，空间上少占用面积，物料上减少停留、搬运和库存，才能保证投入的资金最少，生产成本最低；要考虑创造一个良好、舒适的工作环境。

2.3.5　软硬件设备系统的规划与设计

一般来说，软硬件设备系统的水平常常被看成是配送中心先进性的标志，有些配送中心为了追求先进性就配备高度机械化、自动化的设备，在投资方面带来很大的负担。但是，欧洲物流界认为“先进性”就是合理配备，能以较简单的设备、较少的投资，实现预定的功能，也就是强调先进的思想、先进的方法。从功能方面来看，设备的机械化、自动化程度不是衡量先进性的最主要的因素。

根据我国实际情况，对于配送中心的建设，比较一致的认识是贯彻软件先行、硬件适度的原则。也就是说，计算机管理信息系统、管理与控制软件的开发，要瞄准国际先进水平；而机械设备等硬件设施则要根据我国资金不足、人工费用便宜、空间利用要求不严格等特点，在满足作业要求的前提下，更多选用一般机械化、半机械化的设备。

2.3.6 作业规范和人力需求规划

1）作业时序的安排

需依照配送中心作业形态、配送点范围、接单处理周期及配送出车时段等因素，规划配送中心的作业时序安排。

2）作业规范

以组织架构为依据，配合事务流程分析、作业制度的规划及作业时序的安排，即可针对各项作业项目规范作业内容及所需人员，并依相关作业量及设备数估计操作执行人力。

3）人力配置计划

需考虑人力来源及编制，部分工作项目考虑是否全部以自有人力方式取得，是否可以部分外包或以聘请兼职人员方式作业，以降低人事成本。完成组织编制与人力配置的分析结果。

任务2.4 对配送中心的备选方案进行评估

配送中心各种设施规划经过周详的系统规划程序后，通常会产生几个可行的布置方案，规划设计者应本着对各方案特性的了解，提供完整客观的方案评估报告，用以辅助决策者进行方案的选择。

2.4.1 优缺点列举法

优缺点列举法只是将每个方案的配置图、物流动线、搬运距离、扩充弹性等相关优缺点分别列举互相比较。这种方法简单且不太费时，常用于概略方案初步选择阶段，主要目的是为了淘汰那些有明显缺陷的规划方案。为了确保优缺点列举法的说服力，应首先确定影响规划方案的各种因素，特别是有关人员所考虑和关心的主导因素，这一点对决策者尤其重要。一般做法是编制一个内容齐全的常用的系统规划评价因素点检表，供系统规划人员结合实际选择出最可靠的规划方案。如表2.2就是一个评价因素点检表。

表2.2　评价因素点检表

序号	因　素	点检记号	重要性	序号	因　素	点检记号	重要性
1	投资金额			5	发展的可能性		
2	年营业费用			6	工艺过程的合理性		
3	投资收益率			7	物料搬运的合理性		
4	回收期			8	机械自动化水平		

2.4.2　因素分析法

因素分析法是将规划方案所要完成的重要事项—目标因素，由规划者与决策者共同讨论列出，并设定各因素的重要程度，权重可采用百分比值或分数数值（如1～10），其他每个因素再与这个因素作比较，而分别决定其权重数值。接着，再逐一用每一个因素来评估比较各个方案，并决定每一方案各因素的评分数值（如4、3、2、1、0等），当其他各评估因素逐一评估完成后，再将因素权重与评估数值相乘合计后，总计分值最高的方案为最优方案。如表2.3所示的案例中，方案C为最优方案。

表2.3　方案评估表

评估因素	权　重	A	B	C
服务方便性	10	U	I	E
可控制性	6	O	A	E
扩充性	5	O	I	O
投资成本	8	O	E	I
弹性	7	A	O	E
搬运经济性	10	O	I	E
合　计		57	105	120

注：A＝4很好，E＝3较好，I＝2好，O＝1一般，U＝0不好

A 方案得分 $=0\times10+1\times6+1\times5+1\times8+7\times4+1\times10=57$；

B 方案得分 $=2\times10+4\times6+2\times5+3\times8+1\times7+2\times10=105$；

C 方案得分 $=3\times10+3\times6+1\times5+2\times8+3\times7+3\times10=120$。

【案例分析】 家乐福（物流选址实例）

速度+规模=家乐福模式

一个"空降兵"。"每次家乐福进入一个新的地方，都只派 1 个人来开拓市场。进台湾家乐福只派了 1 个人，到中国内地也只派了 1 个人。"9 月 11 日，家乐福的企划行销部总监罗定中用这句令记者吃惊不已的话做他的开场白。

罗解释说，这第一个人就是这个地区的总经理，他所做的第一件事就是招一位本地人做他的助理。然后，这位"空投"到市场上的光杆总经理和他唯一的员工做的第一件事就是开始市场调查。他们会仔细地去调查当地其他商店里有哪些本地的商品出售，哪些商品的流通量很大，然后再去与各类供应商谈判，决定哪些商品将来会在家乐福店里出现。一个庞大无比的采购链，完完全全从零开始搭建。这种进入市场的方式粗看难以理解，但却是家乐福在世界各地开店的标准操作手法。这样做的背后逻辑是：一个国家的生活习惯与另一个国家的生活习惯经常是大大不同的。在法国超市到处可见的奶酪，在中国很难找到供应商；在台湾十分热销的槟榔，可能在上海一个都卖不掉。所以，国外家乐福成熟有效的供应链，对于以食品为主的本地家乐福来说其实意义不大。最简单有效的方法，就是了解当地，从当地组织采购本地人熟悉的产品。

1995 年进入中国市场后，家乐福在短时间内便在相距甚远的北京、上海和深圳三地开设了大卖场，就是因为他们各自独立地发展出自己的供应商网络。根据家乐福自己的统计，从中国本地购买的商品占了商场里所有商品的 95% 以上，仅 2000 年采购金额就达 15 亿美元。除了已有的上海、广东、浙江、福建及胶东半岛等各地的采购网络，家乐福还会在今年年底分别在北京、天津、大连、青岛、武汉、宁波、厦门、广州及深圳开设区域化采购网络。

十字路口的商圈。这个"空降兵"的落点注定是十字路口，因为 Carrefour 的法文意思就是十字路口，而家乐福的选址也不折不扣地体现这一个标准——所有的店都开在了路口，巨大的招牌 500 m 开外都可以看得一清二楚。而一个投资几千万元的店，当然不会是拍脑袋想出的店址，其背后精密和复杂的计算，常令行业外的人士大吃一惊。

根据经典的零售学理论，一个大卖场的选址需要经过几个方面的详细测算：

第一就是商圈内的人口消费能力。中国目前并没有现有的资料(GIS人口地理系统)可资利用,所以店家不得不借助市场调研公司的力量来收集这方面的数据。有一种做法是以某个原点出发,测算5 min的步行距离会到什么地方,然后是10 min步行会到什么地方,最后是15 min会到什么地方。根据中国的本地特色,还需要测算以自行车出发的小片、中片和大片半径,最后是以车行速度来测算小片、中片和大片各覆盖了什么区域。如果有自然的分隔线,如一条铁路线,或是另一个街区有一个竞争对手,商圈的覆盖就需要依据这种边界进行调整。然后,需要对这些区域进行进一步的细化,计算这片区域内各个居住小区的详尽的人口规模和特征,计算不同区域内人口的数量和密度、年龄分布、文化水平、职业分布、人均可支配收入等许多指标。家乐福的做法还会更细致一些,根据这些小区的远近程度和居民可支配收入,再划定重要销售区域和普通销售区域。

第二就是需要研究这片区域内的城市交通和周边的商圈的竞争情况。如果一个未来的店址周围有许多的公交车,或是道路宽敞,交通方便,那么销售辐射的半径就可以大为放大。上海的大卖场都非常聪明,例如家乐福古北店周围的公交线路不多,家乐福就干脆自己租用公交车定点在一些固定的小区间穿行,方便这些离得较远的小区居民上门一次性购齐一周的生活用品。

当然未来潜在销售区域会受到很多竞争对手的挤压,所以家乐福也会将未来所有的竞争对手计算进去。传统的商圈分析中,需要计算所有竞争对手的销售情况、商品线组成和单位面积销售额等情况,然后将这些估计的数字从总的区域潜力中减去,未来的销售潜力就产生了。但是这样做并没有考虑到不同对手的竞争实力,所以有些商店在开业前索性把其他商店的短板摸个透彻,以打分的方法发现他们的不足之处,比如环境是否清洁,哪类产品的价格比较高,生鲜产品的新鲜程度如何等,然后依据这种精确制导的调研结果进行具有杀伤力的打击。

当然一个商圈的调查并不会随着一个门店的开张大吉而结束。家乐福自己的一份资料指出,顾客中有60%的顾客在34岁以下,70%是女性,然后有28%的人走路,45%通过公共汽车而来。所以很明显,大卖场可以依据这些目标顾客的信息来微调自己的商品线。能体现家乐福用心的是,家乐福在上海的每家店都有小小的不同。在虹桥门店,因为周围的高收入群体和外国侨民比较多,其中外国侨民占到了家乐福消费群体的40%,所以虹桥店里的外国商品特别多,如各类葡萄酒、泥肠、奶酪和橄榄油等,而这都是家乐福为了这些特殊的消费群体特意从国外进口的。南方商场的家乐福因为周围的居住小区比较分散,干脆开了一个迷你SHOPPINGMALL,在商场里开了一家电影院和麦当劳，增加自己吸引较远处的人群的力度。青岛的家乐福做得更到位，因为有15%的顾客是韩国人，干脆就做了许多韩文招牌。

高流转率与大采购。超市零售业的一个误区是，总以为大批量采购压低成本是大卖场修理其他小超市的法宝，但是这其实只是“果”而非“因”。商品的高流通性才是大卖场真正的法宝。相对而言，大卖场的净利润率非常低，一般来说只有2% ~4%，但是大卖场获利不是靠毛利高而是靠周转快，而大批量采购只是所有商场商品高速流转的集中体现而已。体现高流转率的具体支撑手段，就是实行品类管理（Category Management），优化商品结构。根据沃尔玛与宝洁的一次合作，品类管理的效果使销售额上升32.5%，库存下降46%，周转速度提高11%。

而家乐福也完全有同样的管理哲学。据罗介绍，家乐福选择商品的第一项要求就是要有高流转性。比如，如果一个商品上了货架卖得不好，家乐福就会把它30 cm的货架展示缩小到20 cm。如果销售数字还是上不去，陈列空间再缩小10 cm。如果没有任何起色，那么宝贵的货架就会让出来给其他的商品。家乐福这些方面的管理工作全部由电脑来完成，由POS机实时对收集上来的数据进行统一的汇总和分析，对每一个产品的实际销售情况，单位销售量和毛利率进行严密的监控。这样做，使得家乐福的商品结构得到充分的优化，完全面向顾客的需求，减少了很多资金的搁置和占用。

涉及具体营运的管理，罗特意用“Retail is Detail”这句简洁无比的英语来解释。举生鲜食品为例，流运的每一个过程点都要加一个控制点，从农田里采摘上来，放在车上，放在冷库里，放到商场货架上，全都要加以整理剔除和品质控制。然后生鲜食品放在货架上被第一批顾客采购了以后，还要进一步的整理。所有的这一切，都需要对一些细节进行特别的关注。家乐福在这方面发展出一套非常复杂的程序和规则。例如说食品进油锅的时候油温是多少度，切开后肉类保鲜的温度是多少度，多少时间必须要进行一次清理货架，商品的贴标签和商品新鲜度的管理，全都有详详细细的规定，用制度以确保自己“新鲜和质量”的卖点不会走样变形。为了使制度能够被不折不扣的执行，员工的培训也完全是从顾客的角度出发的，让他们把自己当成消费者来进行采购，结果当他们看到乱成一团的蔬菜，自己也不愿意买，终于对管理制度有了深刻的理解。

这个从一个空降兵开始出发的事业，现在已经变成了15个城市里27个商场，转眼间将家乐福的旗帜插上中国各个消费中心城市的制高点。沃尔玛经典的“以速度抢占市场”哲学（SPEEDTOMAR KET），被家乐福抢了先机。

【讨论题】

家乐福物流选址对我们有什么启示？

技能实训　模拟配送中心规划

一、技能实训目标

1. 检查学生对配送中心规划掌握情况。

2. 通过对配送中心功能、选址、类型规模等情况的调查，了解物流配送中心规划的内容。

3. 提高学生分析问题、解决问题的能力，以及学生实际操作技能。

二、技能实训的方式

深入本地区配送中心企业参观和调研。

三、技能实训的内容

1. 分组：6～8个人一组。

2. 教师带领学生到配送中心参观，了解配送中心选址、作业功能规划、物流设备、信息系统、经营定位、组织机构、类型选择和规模等确定的根据，并让学生进行记录，以便资料的整理。

3. 根据所参观的配送中心的实际情况，在了解该配送中心规划设计的内容及方法的基础上，各小组对该企业配送中心进行诊断，指出该企业物流系统的优点和存在的不足，做出分析报告。

四、技能实训成绩评定

每小组学生讨论后将分析报告做成PPT的形式，各小组派一人课堂汇报。指导老师为各小组进行考核评分，并进行总结评价。

习题2

一、名词解释

1. 配送中心规划

2. 订单量（EQ）分析

3. 品项数量（IQ）分析

4. 订货品项数（EN）分析

5. 品项受订次数(IK)分析

二、填空题

1. 配送中心作业功能规划设计包括作业流程规划、(　　　　)和(　　　　)。

2. 物流配送中心的设施规划包括物流作业区域设施规划、(　　　　)和厂房建筑周边设施规划。

3. 配送中心的经营定位一般包括(　　　　)、(　　　　)和配送区域的定位。

4. 配送中心的选址(　　　　)和具体地址的选择。

5. 一般配送中心的储运单位包括(　　　　)、C—箱子和 B—单品。

6. 配送中心方案评估的方法主要优缺点列举法和(　　　　)。

7. 配送中心的区域布置方法主要(　　　　)和活动相关性布置法。

三、选择题(把正确的答案填在题后的括号内)

1. 配送中心规划需要考虑哪些因素?(　　)

A. 配送的对象或客户　　B. 配送的货品种类

C. 物流通路　　D. 物流的服务水平

2. 在规划和设计配送中心时应遵循的原则主要有(　　)。

A. 竞争原则　　B. 低运费原则

C. 交通便利原则　　D. 动态原则

3. 配送中心规划的内容主要包括(　　)。

A. 作业功能规划　　B. 选址规划

C. 结构规划　　D. 物流设施和信息系统规划

4. 基本规划条件是指进行配送中心规划的基本参数或要求,主要包括(　　)。

A. 基本储运单位的规划　　B. 基本运转能力规划

C. 自动化程度规划　　D. 人力资源规划

5. 反映物流服务水平的主要指标有(　　)。

A. 订货交货时间　　B. 货品缺货率

C. 增值服务能力　　D. 货损率

四、判断题(正确的在题后的括号内打"√",错误的打"×")

1. 优缺点列举法简单但较不具有说服力,常用于概略方案初步选择阶段。　　(　　)

2. 根据我国实际情况,对于配送中心的建设,比较一致的认识是贯彻硬件先行、软件适度的原则。　　(　　)

3. 配送中心内部结构和布局与一般大型仓库大同小异。　　(　　)

4. 配送中心的管理区一般位于配送中心的出入口。（　）

5. 流程性布置法是根据物流移动路线和物流相关表作为布置的主要依据，适用于物流作业区域的布置。（　）

6. 配送中心的服务对象所形成的区域是选择任一种配送中心区位的前提和基础。（　）

五、简答题

1. 简述配送中心规划的原则。

2. 简述配送中心选址的影响因素。

3. 简述配送中心规划的基本内容。

4. 简述配送中心规划的要素。

项目 3
配送中心装卸搬运作业管理

【知识目标】

掌握装卸搬运的特点和分类；
熟悉装卸搬运的设备与设施；
掌握装卸搬运的作业方法；
掌握装卸搬运合理化的原则；
掌握装卸搬运合理化的具体方法。

【能力目标】

根据配送中心实际情况合理设计搬运路线；
根据配送中心实际情况选择合理的装卸搬运设备和搬运方法；
在实际进行装卸搬运时能做到装卸搬运合理化。

【项目结构图】

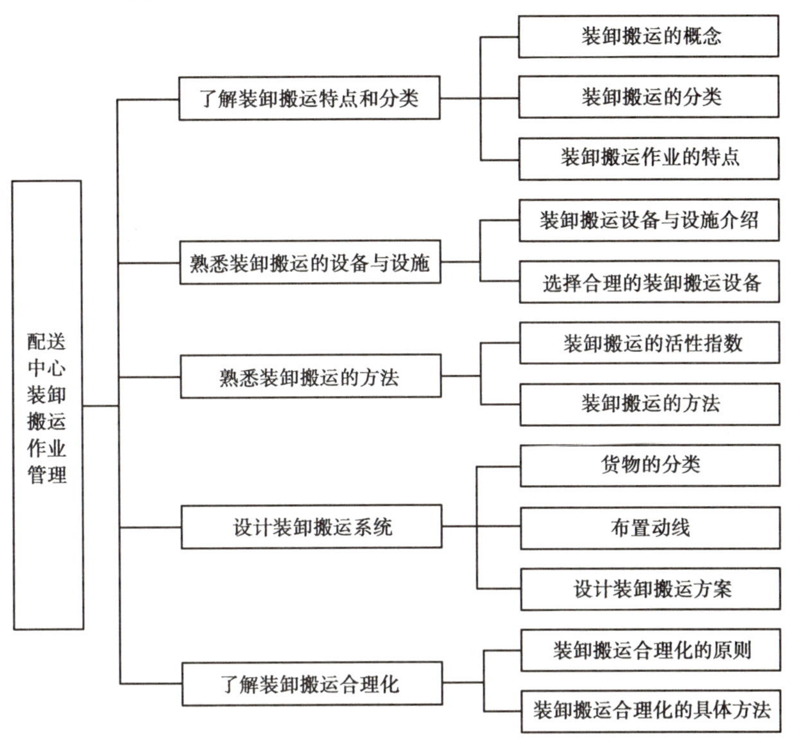

【案例引入】　联华便利物流中心装卸搬运系统

联华公司创建于1991年5月，是上海首家发展连锁经营的商业公司。经过11年的发展，已成为中国最大的连锁商业企业。2001年销售额突破140亿元，连续3年位居全国零售业第一。联华公司的快速发展，离不开高效便捷的物流配送中心的大力支持。目前，联华共有4个配送中心，分别是2个常温配送中心、1个便利物流中心、1个生鲜加工配送中心，总面积7万m^2以上。

联华便利物流中心总面积8 000 m^2，由4层楼的复式结构组成。为了实现货物的装卸搬运，配置的主要装卸搬运机械设备为：电动叉车8辆、手动托盘搬运车20辆、垂直升降机2台、笼车1 000辆、辊道输送机5条、数字拣选设备2 400套。

在装卸搬运时，操作过程如下：来货卸下将其装在托盘上，由手动叉车将货物搬运至入库运载处，入库运载装置上升，将货物送上入库输送带。当接到向第一层搬送指示的托盘在经过升降机平台时，不再需要上下搬运，将直接从当前位置经过一层的入库输送带自动分配到一层入库区等待入库；接到向二至四层搬送指示的托盘，将由托盘垂直升降机自动传输到所需楼层。当升降机到达指定楼层时，由各层的入库输送带自动搬送货物至入库区。货物下平台时，由叉车从输送带上取下托盘入库。出库时，根据订单进行拣选配货，拣选后的出库货物用笼车装载，由各层平台通过笼车垂直输送机送至一层的出货区，装入相应的运输车上。先进实用的装卸搬运系统，为联华便利店的发展提供了强大的支持，使联华便利物流运作能力和效率大大提高。

【思考】

1. 试分析该物流中心装卸搬运系统装卸搬运作业的具体内容，并说明如何实现装卸搬运作业。

2. 该物流中心装卸搬运系统设计对各平台间的搬送自动化作了哪方面的考虑？

3. 你认为该物流中心装卸搬运系统有改进的余地吗？假如有，如何改进？

任务 3.1　了解装卸搬运特点和分类

3.1.1　装卸搬运的概念

装卸搬运是指在同一地域范围内（如车站、工厂、仓库内部等）改变“物”的存放、支撑状态和空间位置的活动。其中，改变“物”的存放、支撑状态的活动称为装卸，改变“物”的空间位置的活动称为搬运，两者统称装卸搬运。

3.1.2　装卸搬运的分类

装卸搬运的方法有多种，通常可按服务对象、作业区域、货物形态等进行分类。

1）按作业的方法手段分类

（1）人力装卸搬运

用人工进行装卸（手抬肩扛）。

（2）机械装卸搬运

利用机械进行装卸搬运（起重机械、叉车等）。

2）按装卸物品的性质分类

（1）普通物品的装卸搬运

（2）危险货物装卸搬运

3）按货物包装形式与形状分类

（1）单件搬运

将包装货物一个个地单个搬运。

（2）单元装卸搬运

将货物装上托盘或装进集装箱搬运。

（3）散货搬运

对块状、粒状、粉末状或液体等物品直接向运输设备、物品装运设备或储存设备的装取与出入库的装卸。

3.1.3　装卸搬运作业特点

1）作业对象复杂

在物流过程中的物品品种繁多，其形态、形状、体积、重量、性质、包装等各不相同，而且车辆的类型、托运方式也各不相同。因此，在选用装卸设备、作业方式时必须根据物品品种多变的特点，按物品的不同属性，尽可能使用专用设备进行。

2）作业不均衡

物品运输的到货时间不定，且批量大小不等，而且各运输仓储部门收发物品的时间经常变化，因而造成装卸作业在时间上不连续，在作业量上表现为时忙时闲。因此,必须加强货运、中转、储存、装卸之间的协调配合,提高装卸机械的使用效率。

3)作业地点分散

在物流过程中,除了车站、码头,各物流中心、仓库等外,很多地方特别是用户单位都可能发生装卸作业,这给装卸机械化带来一定困难。因此,合理组织物流,尽量使装卸机械集中化,才能充分利用装卸机械。

4)作业时间要求

为了使物流顺利进行,各环节的装卸作业必须在规定的时间内完成。

任务3.2 熟悉装卸搬运的设备与设施

3.2.1 装卸搬运的设备与设施介绍

配送中心常用的装卸搬运设备与设施主要有叉车、托盘、输送机、起重机、装卸平台、汽车尾板、可移动式楔块等。

1)叉车

叉车是一种用途广泛的装卸搬运设备,具有操作灵活、机动性强、转弯半径小等特点,目前叉车已逐步达到系列化、标准化和通用化的水平。在配送中心,叉车一般配合托盘使用,用于货物的装卸、堆垛和短距离运输,如图3.1所示。

图3.1 叉车

2)托盘

托盘是用于装载、堆放、搬运货物的装置。托盘是配送中心作业中必不可少的装载工具,也是配送中心实现机械化和现代化的基础设备。托盘的类型很多,主要有平托盘、箱式托盘、轮式托盘、柱式托盘等,如图3.2所示。

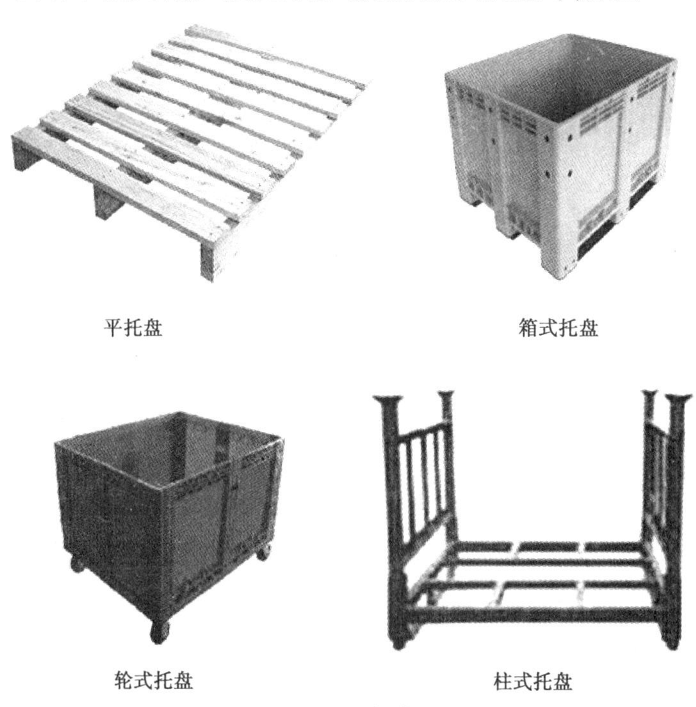

图3.2　托盘

托盘一般用木材、金属、纤维板、塑料等制作,其规格尺寸在国家标准、国际标准中都有明确的规定,我国国家标准GB/T 16470—1996给出4种托盘规格,即1 200 mm×1 000 mm、1 200 mm×800 mm、1 140 mm×1 140 mm、1 219 mm×1 016 mm,根据中国物流与采购联合会托盘专业委员会的调查,我国目前流通中的托盘规格比较多,有几十种,其中1 100 mm×1 100 m、1 200 mm×1 000 mm两种规格比较多。

3)输送机

输送机是以搬运为主要功能的载运设备。输送机能够沿同一方向连续搬运材料或重量不大的单件物品,输送线路确定,作业效率高。配送中心搬运系统常用的连续输送设备主要有带式输送机、链条式输送机和机械手自动搬运机等设备,如图 3.3 所示。

图 3.3 皮带输送机

图 3.4 门式起重机

4)起重机

起重机是指用于垂直升降或者垂直升降并水平移动重物的机电设备。起重机的类型很多,按不同的标准和用途可分为通用起重机和专用起重机;按其结构特点可分为桥式类型起重机和臂架类型起重机。在一些专业配送中心,如配送木材、建材等,起重机是必需的装卸搬运设备,如图 3.4 所示。

5)装卸平台

装卸平台是用于调节月台与货车之间高度差的液压、气动或机械装置。使用时,装卸平台搭接在货车尾部,在月台与运输车辆之间搭起一座桥,使得搬运叉车得以从月台进入货车装卸货物,如图 3.5 所示。

装卸平台可以帮助用户安全、高效地实现各种高度和大小的货车的装卸作业。该设备还能根据不同的车型及装车过程中车厢的变化自动调整高度;或者根据用户的不同需要,在外形尺寸、承载负荷等方面作特殊设计。

图 3.5 装卸平台

图 3.6 汽车尾板

6)汽车尾板

汽车尾板是装置在车辆尾部的特殊平台,如图3.6所示。装卸货物时,可应用此平台将货物装上卡车或卸至月台。汽车尾板可延伸至月台,也可以倾斜放至地面,适用于无月台设施的配送中心。

7)可移动式楔块

可移动式楔块又称竖板,是一种可搬移的楔形块。装卸货物时,可将其放置在卡车或拖车的车轮旁固定,以免装卸货过程中因车轮意外滚动而造成危险。

3.2.2　选择合理的装卸搬运设备

配送中心选择装卸搬运设备时,应本着经济合理的总要求,遵循以下几项基本原则:

1)适应货物的原则

各种货物的单件规格、物理化学性质、包装情况、装卸搬运的难易程度等,都是影响装卸搬运设备选择的因素。因此,配送中心应从作业安全和效率出发,选择合适的装卸搬运设备。

2)适应作业原则

配送中心应根据运输和储存作业的特点,合理选择装卸搬运设备。不同的运输方式具有不同的作业特点,因此应根据不同运输方式的作业特点选择与之相适应的装卸搬运设备。同样,货物储存作业也有其相应的特点,会因储存货物种类、进出数量、装卸搬运次数等有所不同。

3)提高效率原则

配送中心在选择设备时一定要进行技术经济的可行性分析,以达到充分利用设备和提高作业效率的目的。

任务 3.3 熟悉装卸搬运的方法

3.3.1 装卸搬运的活性指数

装卸搬运活性是指将物体从静止状态转变为装卸搬运运动状态的难易程度。如果很容易转变为下一步的装卸搬运而不需做过多准备工作,则活性高;如果难于转变为下一步的装卸,则活性低。为了对活性加以区分,可以制订不同的活性指数。活性指数是指用来表示各种状态下的货物的装卸搬运活性的指数。

装卸搬运货物或物品的流程一般为散放(集中)、装箱(搬起)、支垫(升起)、装车(运走)、移动。从这一流程中可以看出,散放在地上的物品要运走,需要集中、搬起、升起、运走四次作业,作业次数最多,最不方便,即它的活性水平最低,活性指数定为0;集装在箱中的物品,只要进行后面三次作业即可运走,物料搬运作业较为方便,活性水平高一等级,活性指数为1;以此类推,活性指数最高的处于运行状态的物品,因为不需要再进行其他作业就能运走。物品处于不同状态的活性指数关系如表3.1所示。

表3.1 物品的活性指数

物品所处状态	作业种类				还需要的作业项目	活性指数
	集中	搬起	升起	运走		
散放在地上	是	是	是	是	4	0
在集装箱中	否	是	是	是	3	1
放在托盘上	否	否	是	是	2	2
已放在车中	否	否	否	是	1	3
运动的输送机上	否	否	否	否	0	4

3.3.2 装卸搬运的方法

按装卸搬运作业对象的特征,可以将配送中心装卸搬运方法划分为3类:单件作业法、单元作业法和散装作业法。

1)单件作业法

单件作业是指逐件装卸搬运货物,主要采用人工方法,并依作业环境和条件适当辅以机械化和半机械化的作业方法。适用于以下情况:

①出于安全因素,某些货物由于自身特有的属性,如贵重、易碎等,采用单件作业法有利于安全。

②在某些特定场合,没有或难以使用装卸搬运机械。

③一些体积过大、形状特殊、不宜集装或难以行包的货物等多采用单件作业法。

2)单元作业法

单元装卸是把许多单件货物集中起来作为一个运送单位(集装单位),然后再进行装卸搬运的方法,包括托盘作业法、集装箱作业法、货捆作业法。单元作业法可以提高装卸效率,减少装卸损失,节省包装费用。

(1)托盘作业法

托盘作业法是将多个单件物品集中在托盘上作为运送单位的单元装卸搬运方式。托盘作业的优势是便于采用叉车、起重机等设备实现装卸搬运作业机械化和自动化。托盘物品装卸搬运方式按使用的托盘形态来分,有平板托盘和箱式托盘两种类型,平板托盘一般由叉车进行装卸,箱式托盘一般由托盘卡车进行装卸。配送中心为提高运行效率,缩短装卸时间,防止物品的破损,降低物流成本,其装卸搬运必须实行托盘化。

(2)集装箱作业法

集装箱作业法是把一定数量的单件物品集装在一个特定的箱子内,作为一个运送单元进行装卸搬运。与托盘物品装载方式相比,集装箱物品装载方式可以使各种形状的物品实现集装化。现代物流配送中心正向区域配送发展,集装箱物品装载将是一种重要的装卸方式。集装箱的装卸搬运作业通常采用垂直装卸和水平装卸法进行,有的集装箱采用集装箱叉车装卸搬运。

(3)货捆作业法

货捆作业法是指用捆装工具将散件货物组成一个货物单元,使其在整个物流配送过程中保持不变,从而能与配送中心及配送各环节装卸搬运机械设备配合。实现装卸搬运作业机械化是配送中心经常使用的一种装卸搬运方式,最适合于采用货捆作业法的货物有木材、建材和金属等。配有与各种货捆配套的专用吊具的门式起重机和悬臂式起重机是货捆作业法的主要装卸机械,叉车、跨车等是配套的搬运机械。

3)散装作业法

散装作业是指大批量粉粒状货物进行无包装、散装的装卸方法。散装货物装卸作业方法通常采用重力法、气力输送法、机械法等,有些专业配送中心如燃料、水泥配送中心常采用散装作业法。

(1)重力法

重力法是利用货物的位能来完成装卸作业的方法。利用散货本身重量进行装卸,首先将散货提升到一定高度,具备一定势能之后,才能利用其本身重力进行下一步装卸。

(2)气力输送法

气力输送法主要设备是管道扩气力输送设备,以气流运动裹携粉状、粒状物沿管道运动而达到装、搬、卸目的的方法。

(3)机械法

机械作业法是采用各种机械,采用专门的工作机构,比如吊车、叉车、皮带、刮板等,通过舀、抓、铲等作业方式装卸货物的方法。

任务 3.4 设计装卸搬运系统

配送中心装卸搬运系统的设计,应根据其服务的对象、作业场所、设备使用情况以及配送业务量的多少,综合考虑装卸搬运系统硬件、软件及工艺流程。

货物搬运的基本内容有货物、移动及方法,这 3 项内容是进行任何装卸搬运分析的基础。

3.4.1 货物的分类

货物是装卸搬运的对象,也是选择装卸搬运方法时最有影响力的因素。

1)货物的主要特征

(1)物理特征

①尺寸:长、宽、高。

②重量:每运输单元重量或单位体积重量(密度)。

③形状:扁平的、弯曲的、紧密的、可叠套的、不规则的等。

④损伤的可能性:易碎、易爆、易污染、有毒、有腐蚀性等。

⑤状态:不稳定的、粘的、热的、湿的、脏的、配对的等。

(2)其他特征

①数量:较常用的数量或产量(总产量或批量)。

②时间性:经常性、紧迫性、季节性。

③特殊控制:政府法规、工厂标准、操作规程。

2)货物分类的程序

根据货物的分类原则、方式等,就可以着手对货物进行具体分类,一般配送中心的分类程序大致有如下步骤:

①列表标明配送中心所有货物并分组归类。

②统计各类货物的物理特征及其其他特征。

③分析每类货物的各项特征,确定其主导特征。

④确定货物类别,把具有相似主导特征的货物归为大类。

⑤对每类货物写出分类说明。

对货物进行分类后,可编制出货物特征表,如表3.2所示。

表3.2　货物特征表

货物名称	货物实际最小单元	单位物品的物理特征							其他特征			类别
		尺　寸			重量	形状	损伤的可能性	状态(湿度、稳定性、刚度)	产量或批量	时间性	特殊控制	
		长	宽	高								

3.4.2　布置动线

动线是指货物移动过程中的运动路线。

1)动线布置的内容

动线通常用能确切表明每条路线起讫点的布置图来表示。该图上的起点和终点一般用符号、字母或数字来标注,其内容包括以下几方面。

(1)距离

从起点到终点的距离就是每条动线长度,常用单位是米、千米。距离往往是指两点间的直线距离、垂直距离(如楼层之间)等,布置动线时应在图中一一标明。

(2)动线的具体情况

①直接程度和直线程度:水平、倾斜、垂直、直线、曲线、曲折等。

②拥挤程度:有无临时或长期的阻碍、良好铺砌的路面、需要维修的路面、泥泞道路等。

③气候与环境:室内、室外、冷库、空调区、清洁卫生区、洁净房间、易爆区等。

④起讫点的工作情况和组织情况:取货和卸货地点的数量及其分布、组织管理情况等。

(3)装卸搬运活动

①物流量:是指单位时间内在一条动线上移动的货物数量,一般用"每小时多少吨"或"每天多少吨"来表示。

②物流条件:包括数量、管理、时间条件等。

a. 数量:是指每次搬运的件数、批量大小、搬运的频繁性、每个时期的数量,以及这些情况的规律性。

b. 管理:是指控制各项搬运活动的规章制度,以及其稳定性等。

c. 时间条件:是指对搬运活动快慢或缓急程度的要求以及规律等。

2)常见的动线布置类型

常见的动线布置类型有直线形(或直通形)、"L"形和"U"形 3 种,如图 3.7所示。

直线形的模式是货物一端进,另一端出,这种布置最简单,搬运也最简单。"L"形和"U"形是比较常见的模式,通常,由于受外界搬运设备及搬运方法、面积利用、运转管理费用等因素的影响而应用较少。实际上,大多数布置都是采用上述 3 种动线的组合形式。

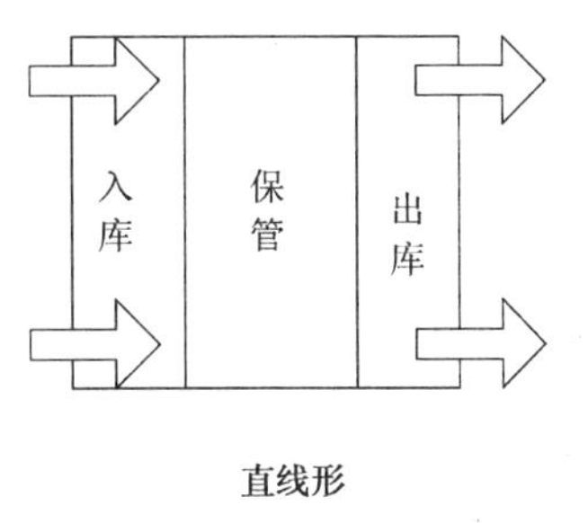

直线形

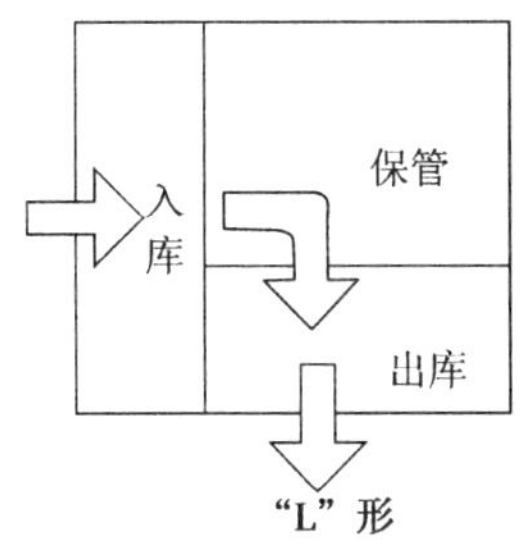

"L"形

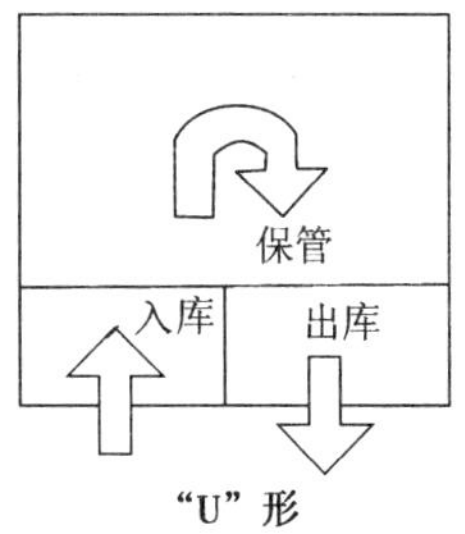

"U"形

图 3.7　常见动线布置类型

3.4.3　设计装卸搬运方案

装卸搬运方案应以搬运活性理论为依据，在设计时，主要根据货物分类和动线布置情况选择合适的装卸搬运设备及设备之间的组合方式。

1)装卸搬运方案设计的原则

(1)单元负荷原则

根据产品或物料尺寸大小和负荷形式决定搬运单位。物品不能直接放在地面上，而应用单元负载容器作为基本搬运单位。

(2)标准化原则

尽量使搬运方法、容器、托盘和设备标准化。

(3)机械化原则

尽量使搬运机械化，节省人力，提高效率。

(4)准时原则

按时按量把货物搬运到指定地点。

(5)搬运距离原则

缩短货物的搬运距离，避免货物倒流和回流。

(6)信息化原则

对搬运系统采取信息管理，实现对物流进行信息控制。

(7)成本原则

精心计算每一搬运单位所耗成本，比较每个设备的经济性。

2)初步方案的设计

(1)收集历史数据

主要收集货物的类型、流量、动线、机械设备的选用、时间要求、环境条件等资料。

(2)拟订初步方案

根据历史数据及装卸搬运活性理论，遵循方案设计的基本原则，拟订出几个初步搬运方案，各种备选方案必须具备以下条件：

①详尽、完整、成套。

②具有可操作性。

③具有技术上的可行性与经济上的合理性。

④排他性。

(3)调整方案

根据各种可能性，对几个初步方案进行改进和调整，进行各项要求的计算，并进行评价。

(4)选择方案

针对方案评价、配送中心的经营范围、成本，以及其他无形因素的比较，确定比较满意的方案。

3)详细方案的设计

方案初步设计阶段确定了搬运系统的路线、搬运设备、运输单元等总体方案，搬运详细方案的设计在方案初步设计的基础上完成。只是在实际应用中，两个阶段的设计区域范围不同、详细程度不同而已。详细设计阶段需要大量的资料、更具体的指标和更多的实际条件。

任务 3.5　了解装卸搬运合理化

3.5.1　装卸搬运合理化的原则

1)省力化原则

能往下则不往上、能直行则不拐弯、能用机械而不用人力、能水平则不要上斜、能滑动则不摩擦、能连续则不间断、能集装则不分散。

2)活性化原则

在物流过程中,应使物品的活性指数逐步提高。

3)顺畅化原则

货物装卸搬运的顺畅化是保证作业安全、提高作业效率的重要方面。确保作业场所无障碍、作业不间断、作业通道畅通。

4)短距化原则

以最短距离完成装卸搬运作业,缩短装卸搬运距离,不仅省力、省能,又能使作业快速、高效。

5)单元化原则

单元化装卸搬运是提高装卸搬运效率的有效方法。如集装箱、托盘等单元化设备的利用都是单元化的例证。

6)连续化原则

连续搬运流程是最经济的流程。

7)机械化原则

装卸搬运是高强度、大负荷的作业,采用人力作业不仅效率低下,而且容易产生货损和货差。因此,配送中心装卸搬运作业应采用机械作业,以降低劳动强度,提高作业效率。

3.5.2　装卸搬运合理化的具体方法

1)减少和消除无效装卸作业

所谓无效作业是指在装卸作业活动中超出必要的装卸、搬运量的作业。显然,防止和消除无效作业对装卸作业的经济效益有重要作用。为了有效地防止和消除无效作业,可以从以下几个方面入手:

(1)尽量减少装卸次数

商品进入流通领域之后,常常要经过多次的装卸作业。物流过程中,货损发生的主要环节是在装卸环节,过多的装卸次数必然导致货物损失增加。从发生的费用来讲,一次装卸费用相当于几十公里的运输费用,因此每增加一次装卸,费用就会有较大比例增加。此外,装卸又会大大阻缓整个物流的速度。因此,要使装卸次数降低到最小,尤其是避免没有物流效果的装卸作业。

(2)包装要适宜

包装过大过重,在装卸时实际上是反复在包装上消耗较大的劳动,因而形成无效劳动。包装的轻型化、简单化、实用化会不同程度地减少作用于包装上的无效劳动。

(3)缩短搬运作业的距离

物品在装卸、搬运当中,要实现水平和垂直两个方面的位移,选择最短的路线完成这一活动,就可避免超过这一最短路线以上的无效劳动。

(4)提高被装卸物品的纯度

商品的纯度指商品中含有水分、杂质与商品本身使用无关的物质的多少。对于配送中心而言,物品的纯度可以理解为除商品本身外尽量减少附加物品。物流活动中物品的纯度越高或有效商品的比率越大,装卸作业的有效程度越高,反之则无效作业就会增多。

2)提高装卸活性

货物存放状态和运输状态是各式各样的,可以是散装在车上,也可以是整箱、整托盘放在车上。由于货品在运输中摆放状态不同,货品的装卸难易程度也不一样。人们把物品和货物的存放状态对装卸搬运作业的难易程度称为装卸活性。将那些装卸较方便、费工时少的货物堆放法视为装卸活性高,从经济角度看,这种装卸活性高的搬运方法是一种好方法。

由于装卸搬运是在物流过程中反复进行活动,因而其速度可能决定整个物流速度,每次装卸搬运的时间缩短,多次装卸搬运的累计效果就十分可观。因此,提高装卸搬运活性对合理化是很重要的因素。

3)实现装卸作业的省力化

装卸搬运使物品通过做功实现垂直或水平位移,在这一过程中,要尽可能实现装卸作业的省力化。在装卸作业中应尽可能地消除重力的不利影响。在有条件的情况下利用重力进行装卸,可减轻劳动强度和能量的消耗。将设有动力的小型运输带斜放在货车、卡车或站台上进行装卸,使物品在倾斜的输送带上移动。这种装卸是靠重力的水平分力完成的。在搬运作业中,不用手搬，而是把货品放在台车上由器具承担物体的重力，人们只要克服滚动阻力，使物品水平移动是十分省力的。

4）装卸作业的机械化

装卸机械化程度一般可分为3个阶段，即简单装卸器具阶段、专用高效的装卸机具阶段和依靠电子计算机实现全自动化阶段。对于劳动强度大、工作条件差、搬运装卸频繁、动作重复的环节，应尽可能采用有效的机械化作业方式。

5）推广组合化装卸

在装卸搬运作业过程中，根据不同物品的种类、性质、形状、重量的不同来确定不同的装卸作业方式。处理物品装卸搬运的方法有3种形式：普通包装的物品逐个进行装卸，叫作"分块处理"；将颗粒状商品不加小包装而原样装卸，叫作"散装处理"；将物品以托盘、集装箱、集装袋为单位进行组合后进行装卸，叫作"集装处理"。对于包装的物品，尽可能进行"集装处理"，实现单元化装卸搬运，可以充分利用机械进行操作。

组合化装卸具有很多优点：

①能提高物品装卸搬运的灵活性。

②操作单元大小一致，易于实现标准化。

③装卸单位大、作业效率高、可大量节约装卸作业时间。

④不用手去触及各种物品，可达到保护物品的效果。

【案例分析】　云南烟叶装卸搬运系统

云南烟叶为了降低物流成本、真正实现物流系统管理思路，对公司现有的生产物流系统进行了一系列的改进：

取消合并装卸搬运环节和次数。装卸搬运不仅不增加烟叶的价值和使用价值，相反，随着流通环节的增加和流程的繁杂，烟叶的"综合碎耗"和生产成本随之增加，因而公司在生产物流系统设计中研究了各项装卸搬运作业的必要性，千方百计地取消、合并装卸搬运环节和降低装卸搬运次数。

实现生产物流作业的集中和集散分工。集中作业才能使生产作业量达到一定水平，为保证实行机械化、自动化作业，公司在安排存储保管物流系统的卸载点和装载点时就尽量集中。在货场内部，同一等级、产地的烟叶应尽可能集中在同一区域进行物流作业，如建立专业货区、专业卸载平台等。

进行托架单元化组合，充分利用机械进行物流作业。公司在实施物流系统作业过程中要充分利用和发挥机械作业，如叉车、平板货车等，增大操作单位，提高作业效率和生产物流“活性”，实现物流作业标准化。

合理分解装卸搬运程序，改进装卸搬运各项作业，提高装卸搬运效率，力争在最短时间内完成烟叶加工的所有工艺流程。

提高生产物流的快速反应能力。公司通过烟叶数据库的建设，促进网络信息的发展，将物流的各个环节连成一个整体，按照统一的生产计划准时地实现烟叶物资的流动。

通过物流体系管理的建立，公司逐渐加强了现场管理，减少简化生产工艺流程，从而达到降低综合损耗以及物流相关成本的目的。

一是公司完成了“加湿降尘”和“加湿降碎”系统的技术改造，完善了加湿系统上的皮带加湿改造，改进和调整初烟解包投料方法，充分利用新建成使用的加湿系统，做到计划投料、加湿保湿。

二是改进了烟叶的传统堆码方法，改变了过去初烟解包码板后再进行挑选容易形成二次三次造碎的方法，采用整包保湿，在挑选工序完成烟叶解包的方式，有效地减少了解包挑选工序的烟叶损耗，同时降低了在该环节的搬运成本。

三是对挑选生产的主要物流载体如烟笼、托盘等进行技术改造。公司在烟笼原结构基础上加装“斜三角支撑”，堆码高度由原来的3层增加到4层，实现了挑选生产系统和存储保管系统烟叶物流的“托架一体化运输”，有效地降低了烟叶生产的“综合碎耗”和生产成本投入。

完成了挑选设备的各项技改及技术创新项目，实现了挑选设备良好的“人机配合”。这项管理不但增加了输送皮带的表面湿润度和车间内的环境湿度，降低了室内空气中的扬尘，使烟叶在解包挑选分级过程中的水分保持在16% ~18%，不易破碎，缓解了打叶车间“回潮”工序的压力，大大降低了烟叶的综合损耗，而且极大地改善了职工的工作环境，促进了现场管理水平的提高。

通过实施物流管理系统，活化了各生产物流子系统及其相互间的作业关系。从根本上简化了生产作业流程，实现了标准化物流模式，有效地降低了烟叶的综合碎耗和生产成本。

【讨论题】

1. 云南烟叶在改进生产物流系统时，对企业的装卸搬运系统进行了哪些方面的改进？

2. 云南烟叶对企业的装卸搬运系统的改进有哪些好处？

技能实训　模拟配送中心装卸搬运作业

一、技能实训目标

1. 检查学生对配送中心装卸搬运知识掌握情况。

2. 提高学生分析问题、解决问题的能力,以及学生实际操作技能。

3. 通过对配送中心装卸搬运作业的观察,了解装卸搬运作业的重要性。

二、技能实训的方式

实地参观当地的配送中心。

三、技能实训的内容

1. 分组:6~8 个人一组。

2. 教师带领学生到配送中心参观,了解配送中心装卸搬运系统设计,搬运路线、搬运设备设施,并让学生进行记录,以便资料的整理。

3. 根据所参观的配送中心的实际情况,分析该配送中心装卸搬运系统有哪些地方做得比较好,哪些地方应该改进,如何改进?

四、技能实训成绩评定

每小组学生讨论后写出实训报告,然后小组之间进行交流并评分。

习题 3

一、名词解释

1. 单件作业法

2. 单元作业法

3. 装卸搬运活性指数

4. 装卸搬运

二、填空题

1. (　　　　　)是指在物品空间上发生的以垂直方向为主的位移,而(　　　　　)则是指物品在区域内所发生的以短距离水平方向为主的位移。

2. 装卸按作业方法手段可分为(　　　　　)和(　　　　　)。

3. 起重机可分为桥式类型起重机和(　　　　　)。

4. 常见动线布置类型通常分为直线形、(　　　　　)和 U 形。

三、选择题(把正确的答案填在题后的括号内)

1. 根据装卸搬运作业对象的特征,可以将配送中心的装卸搬运方法分为(　　)。

A. 单件作业法　　B. 单元作业法

C. 散装作业法　　D. 机械装卸搬运

2. 单元作业法主要有(　　)。

A. 托盘作业法　　B. 集装箱作业法

C. 货捆作业法　　D. 重力法

3. 散装作业法主要有(　　)。

A. 倾翻法　　B. 集装箱作业法

C. 机械法　　D. 重力法

4. 下列不属于装卸搬运的特点是(　　)。

A. 附属性、伴生性　　B. 支持性、保障性

C. 衔接性　　D. 独立性

5. 下列装卸搬运设备中,不是用于衔接月台与车辆的是(　　)。

A. 装卸平台　　B. 可移动式楔块

C. 托盘　　D. 汽车尾板

6. 配送中心选择装卸搬运设备时,应本着经济合理的总要求,遵循(　　)3 项基本原则。

A. 适应货物原则　　B. 适应作业原则

C. 提高效率原则　　D. 加快速度原则

四、判断题(正确的在题后的括号内打"√",错误的打"×")

1. 贵重的、易碎的物品采用单件作业法有利于安全。　(　　)

2. 当物流量大、距离短或中等时易采用渠道型的搬运路线。　(　　)

3. 组合化装卸,作业效率高,可大量节约装卸作业时间。　(　　)

4. 在实际操作中,装卸与搬运密不可分,两者是相伴发生的。　(　　)

5. 装卸搬运活性指数越高,搬运越不容易。　(　　)

五、简答题

1. 简述装卸搬运合理化的具体方法。

2. 简述装卸搬运合理化的原则。

3. 简述搬运方案设计的原则。

项目 4
配送中心作业管理

【知识目标】

掌握配送中心进货作业的基本流程；
掌握配送中心储位策略和储位的分配原则；
掌握配送中心盘点作业的步骤和方法；
掌握订单处理的流程；
掌握拣选作业的方法；
掌握补货的方式和补货时机；
了解退货的原因。

【能力目标】

根据配送中心实际情况合理选择储位策略，合理规划商品的储位；

掌握订单处理的流程，并能对客户的订单进行有效性分析；

根据配送中心实际情况合理选择合适的拣选方法和合理确定拣货路径；

根据配送中心实际情况合理选择补货方法和补货时机。

【项目结构图】

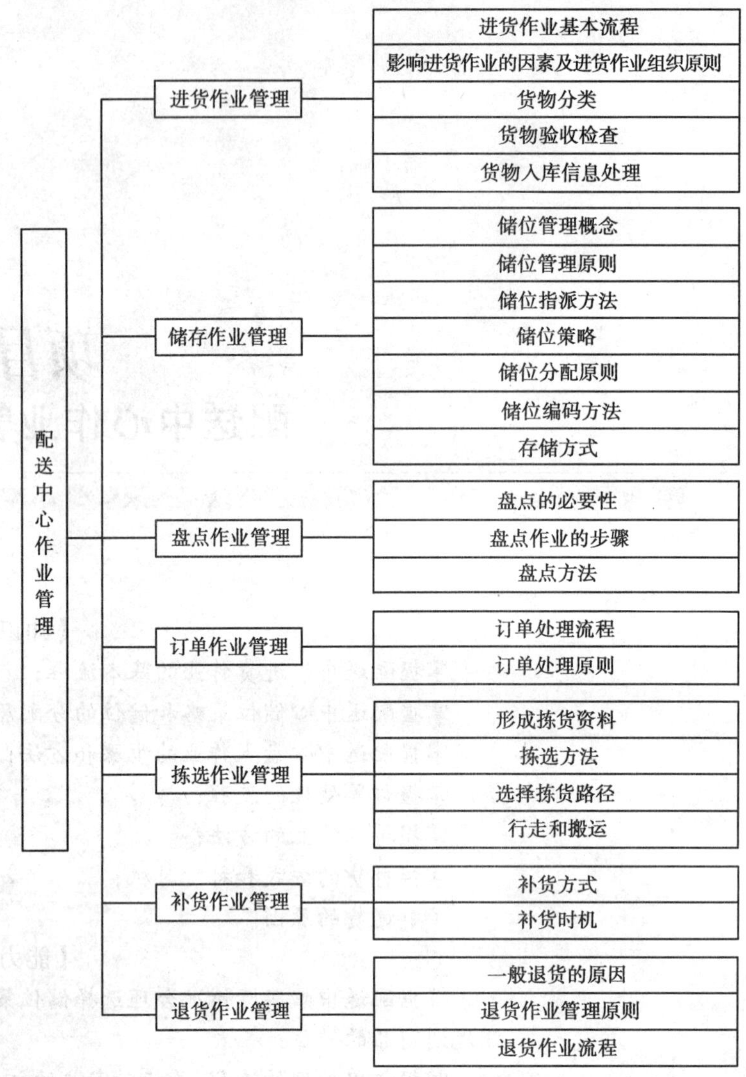

【案例引入】　南京苏宁配送中心作业流程

南京苏宁物流配送中心采用普通货架与自动化立体仓库相结合的建设方式，仓库面积4 600 m^2，引入了先进的存储、搬运、输送、分拣设备和信息管理系统，可实现物流的机械化、自动化、信息化操作和管理，日吞吐能力可达最大入库 17 000台、最大出库 24 000台。物流配送中心使用 WMS 仓库管理系统,可以有效支持不同用户有不同信息需求,更加合理地平衡工作负载,减少级别错误,提高库存准确性和仓储空间利用率,降低作业成本。物流配送中心的另一个重要核心软件 TMS 运输管理系统能够针对订单的零售配送和长途配送,优化路线排程计划,有效减少配送里程和工作时间,彻底转变人工排程的传统作业方式。配送中心作业流程大致如下:

向供应商采购货物,供应商将货物送到配送中心,配送中心经进货作业确认后,便依次将货品入库,为确保在库货品受到良好的保护管理,需要进行定期或不定期的盘点检查。当接到客户订单后,先将订单依其性质作订单处理,之后即可按处理后的订单信息将客户订购的货品从仓库中拣出来,等到一切出货作业完成后,司机便可将出货的货品装上配送车,配送到各个客户点交货。

【思考】

1. 南京苏宁配送中心作业流程是怎样的?
2. 南京苏宁配送中心采用哪些盘点方法?其盘点流程是否合理?
3. 南京苏宁配送中心订单处理流程是怎样的?是否合理?
4. 南京苏宁配送中心采用什么样的拣货策略?

任务 4.1　进货作业管理

4.1.1　进货作业的基本流程

进货作业又称备货作业,是指配送中心准备货物的一系列活动,是货物进入配送中心的第一步。主要内容包括核验单据、装卸、搬运、分类、验收、确认商品后,将商品按预定的货位储存入库的整个过程。商品进货作业是后续作业的基础和前提,进货工作的质量直接影响到后续作业的质量。进货作业基本流程图如图 4.1 所示。

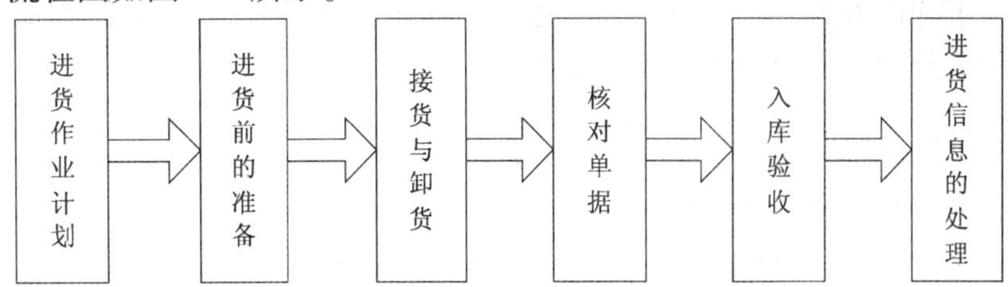

图 4.1　进货作业基本流程图

1)进货作业计划

配送中心的进货作业计划是根据采购计划与实际的进货单据,以及供应商的送货规律、送货的方式来制订的。制订进货作业计划的目的是依据订单所反应的信息,掌握商品到达的时间、品类、数量及到货方式,尽可能准确预测出到货时间,以尽早做出卸货、储位、人力、物力等方面的计划和安排,保证整个进货流程的顺利进行,同时提高作业效率,降低作业成本。

2)进货前的准备

在商品到达配送中心之前,必须根据进货作业计划,在掌握入库商品的品种、数量和到库日期等具体情况的基础上做好进货准备。做好入库前的准备,是保证商品入库稳中有序的重要条件。准备工作的主要内容有:

(1)储位准备

根据预计到货的商品特性、体积、质量、数量和到货时间等信息,结合商品分区、分类和储位管理的要求,预计储位,预先确定商品的理货场所和储存位置。

(2)人员准备

依照到货时间和数量,预先计划并安排好接运、卸货、检验、搬运货物的作业人员。

(3)设备器材的准备

根据到货商品的性能及包装、单位重量、单位体积、到货数量等信息,确定检验、计量、卸货与搬运方法,准备好相应的检验设备、度量衡、卸货及码货工具与设备,并安排好卸货站台空间,以确保到达的货物能够及时卸车、堆放。此外,对一些储存于室外的货物,还需准备相应的苫垫用品等。

(4)文件准备

根据到货计划,准备到货的单证核查相关文件,准备相关验收标准。

由于配送方式、货物性质不同,进货前准备工作会有所差别,需要根据具体实际情况和管理流程做好充分准备。

3)接运与卸货

有些商品通过铁路、水路等公共运输方式转运到达,需要配送中心从相应站港接运商品,对直接送达配送中心的商品,必须及时组织卸货入库。

接货是商品入库前的重要环节。当物品到达后,接货人员及验收人员应直接与送货人员办理接收工作，当面验收并办理交接手续。若接收工作正常，接货人员在送货回单上盖章表示货物收讫。如果发现异常，应会同送货人员查实，必须在送货单上详细注明并由送货人员签字，或由送货人员出具差错、异常情况记录等书面材料，作为事后处理的依据。

在接货过程中，有可能会遇到错发、漏装、混装、丢失、损坏、受潮和污损等差错。面对这些情况，接货人员要先确定差错产生的原因，并要求责任单位做出合理的赔偿。

4）分类与标示

在对商品进行初步清点的基础上，需按储放地点、唛头标志进行分类并做出标记。在这一阶段，要注意根据有关单据和信息，对商品进行初步清理验收，以便及时发现问题，查清原因，明确责任。

5）核对单据

进货商品通常会具备下列单据或相关信息：送货单、采购订单、采购进货通知、供应方开具的出仓单、发票、磅码单、发货明细表等；除此之外，有些商品还有随货同行的商品质量保证说明书、检疫合格证、装箱单等；对由承运企业转运的货物，接运时还需审核运单，核对货物与单据反映的信息是否相符。

6）入库验收

入库验收是对即将入库的商品按规定的程序和手续进行数量和质量的检验，也是保证库存质量的第一个重要的工作环节。商品的检验方式有全检和抽检两种。全检，主要是数量的全检，主要针对重要的商品在批量到货或抽检发现问题时进行。抽检，配送中心对大批量到货商品、规格尺寸和包装整齐商品，多数采用抽检的方式，进行抽样检查。商品检验方式，一般由供货方和接货方双方通过签订协议或在合同中明确规定。

7）进货信息的处理

商品清点，验收完毕，即通过搬运码放过程进入指定储位储存，进入储存阶段。与此同时，必须进行进货过程中相关信息的处理，进货作业信息是指示后续作业的基础，因此掌握并处理好进货信息非常重要。在这一阶段，首先必须将所有进货入库单据进行归纳整理，并详细记录验收情况，登记入库商品的储位。然后依据验收记录和其他到货信息，对库存商品保管账进行账务处理，商品验收入库，库存账面数量与库存实物数量同时增加。有些到货信息还必须及时通过单据或库存数据，反馈给供应商和本公司采购、财务等部门，为制订采购计划和财务货款结算提供依据。

4.1.2　影响进货作业的因素及作业组织原则

1)影响进货作业的因素

在组织与计划进货作业时，我们首先必须对影响进货作业的主要因素进行分析，这些影响因素主要来自供应商及其运货方式、商品种类、特性、商品数量、进货作业与其他作业的相互配合等方面。

(1)进货供应商及其送货方式

每天送货供应商的数量、供应商所采用的送货方式、送货工具、送货时间等因素都会直接影响到进货作业的组织和计划，在具体分析时，我们应该主要掌握以下几个方面的数据：

①每天前来送货的供应商的平均数和最大数。

②送货的车型及车辆数目。

③每辆车平均所需的卸货时间。

④货车到达的高峰时间。

⑤中转运输的接运方式。

⑥货物装载形式。

⑦货物到达时间。

(2)商品种类、特性与数量

不同商品具有不同的特性，需要采用不同的作业方式，因此每种商品的包装形态、规格、质量特性以及每天运到的批量大小，都会影响配送中心的进货作业方式。在具体操作时，应掌握以下数据：

①每天入库商品的平均及最多品种数。

②商品的单元尺寸及重量。

③商品的包装。

④商品的特殊属性。

⑤商品的保存期限。

⑥装卸搬运方式。

(3)进货作业人员

在安排进货作业时，要考虑现有的工作人员以及人力的合理利用，尽可能缩短进货作业时间，避免车辆等待装卸的时间过长。

(4)与仓储作业的配合方式

一般配送中心出货,储存有托盘、箱、单品 3 种方式,同样进货也有这 3 种方式。因此,在进货时必须通过拆箱、整合等方式将进货摆放方式转换成储存摆放方式,到货方式应尽量与储存方式统一,否则将增加作业环节,造成不必要的浪费。

2)进货作业组织原则

进货作业是配送中心后续作业的基础,及时、安全、准确、快速地组织货物入库就成为其作业目标,因此在安排进货作业时必须遵循以下几个原则:

①尽量使进货地点靠近商品存放点,避免商品进库过程的交叉、倒流。

②尽量将各项作业集中在同一个工作场所进行,即在进货作业过程中,将卸货、分类、标志、验货等理货作业环节集中在一个场所完成,这样既可减少空间的占用,也可以节省货物搬运所消耗的人力和物力,降低作业成本,提高作业效率。

③依据各作业环节的相关性安排活动,即按照各作业环节的相关顺序安排作业,避免倒装、倒流而引起搬运货物的麻烦,提高作业效率。

④将作业人员集中安排在进货高峰期,保证人力的合理安排与进货作业的顺利进行。

⑤合理使用可流通的容器,尽量避免更换。在对小件商品或可以使用托盘集合包装的货物,尽量固定在可流通的容器内进行理货与储存作业,以减少货物倒装的次数。

⑥详细认真地处理进货资料和信息,便于后续作业及信息的查询与管理。

4.1.3　货物分类

货物分类是将多品种货物按其性质或其他条件逐次区别,分别归纳不同的货物类别,并进行有系统的排列,以提高作业效率。

1)货物分类的原则

对货物进行分类是为了让繁杂的配送作业变得简单、有规律,分类时应遵循下列原则:

①从大类至小类,按统一标准、同一原则区分。

②分类应根据企业自身的需要来选择适用的分类形式。

③分类应明确且相互排斥，不能相互交叉。

④分类应具有普遍性，即覆盖所有参加分类的货物。

⑤分类应具有不变性，一经确定后不可随意更改，以免造成货物管理混乱。

⑥分类应具有伸缩性，以便随时增加新增产品或新货物。

2）货物分类的方式

(1)按货物特性进行分类

这种分类方式主要是为了适应货物储存保管的需要，如将需要冷藏的货物归为一类，贵重货物归为一类等。

(2)按交易的行业进行分类

这种分类方式是为了货物采购更加便利，如将日用品归为一类，家电归为一类等。

(3)按会计科目进行分类

这种分类方式主要是为了适应货物的账务处理。

(4)按商品的使用目的、方法及程序进行分类

这种分类方式主要是为了配合货物的使用，如把需要流通加工的分为一类，直接原材料分为一类，间接性原料分为一类等。

(5)按货物状态进行分类

这种分类方式是为了适应货物码放及人工拣选的需要，如按货物的内容、形状、尺寸、颜色、重量等对货物进行归类。

(6)按信息方面进行分类

这种分类方式是为了适应管理及信息处理的需要，如将相同目的地的货物归为一类，相同供应商的货物归为一类。

4.1.4　货物验收检查

货物验收是货物进入配送中心的关键环节，主要任务是保证完好的货物收进配送中心，以方便开展后续工作。同时，供需双方应当面查点交接，以便分清责任。

1）货物验收的标准

为了准确及时的验收货物，首先必须明确验收标准。在实际进货作业过

程中，通常依据以下标准验收货物：

①采购合同或订单所规定的具体要求和条件。

②以议价时的合格样品为准据。

③采购合约中的规格或者图解。

④各类产品的国家品质标准或国际标准。

2）确定抽检比例的依据

配送中心的验收工作繁忙，商品连续到货，而且品种、规格较为复杂，在有限的时间内不可能逐件检查。因此，需要确定一定的抽查比例。抽查比例的大小可以根据商品的特性、价值、供应商信誉和物流环境等因素决定。

（1）商品的物理化学性能

对物理化学性能不稳定的商品应加大抽检比例。

（2）商品价值的大小

对贵重商品应加大抽检比例。

（3）生产技术和品牌信誉

品牌信誉好的商品抽检比例较小。

（4）物流环境

物流环境包括储运过程的气候、地理环境和运输包装条件等。

（5）散装商品的验收

散装称重商品必须全部通过计量，计件商品必须全部检查质量和核查数量。

3）货物验收的作业内容

（1）条码验收

通过条码验收货物时要抓住两个关键：一是检验该货物是否有送货预报的货物，二是查看货物条码与数据库内已保存的资料是否相符。

（2）质量验收

配送中心对入库商品进行质量检验的目的是查明入库商品的质量情况，发现问题，分清责任，确保入库商品符合订货要求。质量检验有感官检验和仪器检验等方法。

①感官检查：利用视觉、听觉、触觉、嗅觉和味觉对商品质量进行检验，主要受作业员的经验、作业环境和生理状态等因素的影响。

对于一般的商品来说,由于交接时间短促和现场码盘等条件的限制,在收货点验时,一般只能用“看”“闻”“听”“摇”“拍”“摸”等感官检验方法,检查范围也只能是包装外表。在进行感官检验时要注意以下几点:

a. 在验收流汁商品时,应检查包装箱外表有无污渍(包括干渍和湿渍),若有污渍,必须拆箱检查并调换包装。

b. 在验收玻璃制品(包括部分是玻璃制作的制品)时,要件件摇动或倾倒细听声响,这种验收方法是使用“听”的方法,经摇动发现破碎声响,应当场拆箱检查破碎细数和程度,以明确交接责任。

c. 在验收香水、花露水等商品时,除了“听声响”外,还可以在箱子封口处“闻”一下,如果闻到香气严重刺鼻,可以判定内部商品必定有异状,即使开箱检查内部没有破碎,也至少是瓶盖密封不严,若经过较长时间储存或运输中的震动,香水、花露水等流汁商品肯定会外溢损耗。

d. 在验收棉织品等怕湿商品时,要注意包装外表有无水渍。

e. 在验收标明有效期商品时,必须严格注意商品的出厂日期,并按照连锁超市公司的规定把关,防止商品失效和变质。

②仪器检查:利用试剂、仪器和设备对商品规格、成分、技术标准等进行物理和生化分析。

对于一些特殊的商品,比如生鲜类商品,在进行上述方法进行质量验收外,有时还需要进行物理和化学性质的检验。这类物理和化学性质的检验必须有专业人员、专业设备根据相关的标准进行。另外还涉及抽样的问题。具体的内容这里就不作进一步的阐述了。

(3)包装验收

货物包装具有保护商品、便利物流等功能,因此包装检验是货物验收的重要内容。包装检验的主要标准有:国家颁布的包装标准,购销合同和订单对包装规格的要求。具体作业内容如下:

①包装是否安全牢靠。要从包装材料、包装外形、包装技术等方面进行检验。如检验箱板的厚度、卡具和索具的牢固程度、纸箱的钉距、内衬底和外封口的严密性等。此外,还需检验商品包装有无变形、水湿、油污、生霉和商品外露等情况。

②包装的标志和标识是否符合标准。商品包装标记、标识主要用于识别商品、方便转运及指示堆垛。包装标志、标记要符合规定的制作要求,起到识别和指示商品的作用。

③包装材料的质量状况。主要检查包装材料的质量对商品保护和商品质量在理化方面的影响。

(4)数量验收

①点件查数法。按件、只、台等计量商品检验方法,即逐件、逐只、逐台进行点数加总求值。

②抽验查数法。按一定比例开箱验件的方法,一般适合批量大、定量包装的商品。

③检斤换算法。通过重量过磅换算该商品的数量,适合商品标准和包装标准的情况。

④重量验收商品的重量一般有毛重、皮重、净重之分。通常所说的商品重量是指商品的净重。重量验收是否合格,是根据验收的磅差率与允许磅差率的比较判断的。若验收的磅差率未超出允许磅差率范围,说明该批商品合格;若验收的磅差率超出允许磅差率范围,说明该批商品不合格。磅差是由于不同地区的地心引力差异、磅秤精度差异及运输装卸损耗的因素造成重量过磅数值的差异。

另外,数量验收,从"数量"两字的含义来说,除了验收大件外,还需验收"细数"以及散装、畸形、零星等各种商品。

细数是指商品包装内部的数量,即商品价格计算的单位,如"双""条""支""瓶""根"等数量统称为细数。

此外,配送中心在验收货物时,还要进行规格验收,包括核对货物包装上的品名、规格、数量等。例如,验收洗衣粉时要核对牌名,同牌名不同规格的还要核对每小包的克数,以及包装的区别。

4)货物验收的方法

收货前的验收核对是一项细致复杂的工作,一定要仔细核对才能做到准确无误。目前,常用的核对方式主要有三核对和全核对两种。

(1)三核对

三核对是指验收货物时,主要对货物的商品条码(或物流条码)、件数、包装3项内容进行核对。只有做到这3项无误,才能达到货物品类相符、件数准确。有些货物是用托盘装载的,验收时进行三核对会有一定的难度,可以在收货时采取边收边验的方法,以保证三核对的顺利进行。

(2)全核对

对于品种繁多的小货物,即使验收时进行三核对,也会产生一些规格和等级上的差错,因此要采取全核对的方式。全核对即以单对货,核对所有项目,主要包括数量、品名、规格、颜色、等级和标准等,以确保单货相符。

4.1.5　货物入库的信息处理

商品验收完毕，必须对进货信息进行处理。

1)登录货物信息

商品经验收确认后，必须填写“验收单”，并将有关入库信息及时准确地登入库存商品信息管理系统，以便及时更新库存商品的有关数据。验货单样本如表4.1所示。

表4.1　验收入库单

<table>
<tr><td colspan="9">验收单</td></tr>
<tr><td colspan="2">供应商</td><td colspan="2"></td><td colspan="2">采购订单号</td><td></td><td>验收员</td><td></td></tr>
<tr><td colspan="2">运单号</td><td colspan="5"></td><td>验收日期</td><td></td></tr>
<tr><td colspan="2">运货日期</td><td colspan="2"></td><td colspan="2">到货日期</td><td></td><td>复核员(日期)</td><td></td></tr>
<tr><td>序号</td><td>储位编码</td><td>商品名称</td><td>规格型号</td><td>商品名称</td><td>包装单位</td><td>应收数量</td><td>实收数量</td><td>备注</td></tr>
<tr><td>1</td><td></td><td></td><td></td><td></td><td></td><td></td><td></td><td></td></tr>
<tr><td>2</td><td></td><td></td><td></td><td></td><td></td><td></td><td></td><td></td></tr>
<tr><td>⋮</td><td></td><td></td><td></td><td></td><td></td><td></td><td></td><td></td></tr>
</table>

入库货物信息通常需要录入以下内容：

①商品的一般特征，通常包括商品名称、规格、型号、商品的包装单位、包装尺寸、包装容器及单位重量。

②商品的原始条码、内部编号、进货入库单据号码，以及商品的储位。

③商品的入库数量、入库时间、进货批次、生产日期、质量状况、商品单价等。

④供应商信息，包括供应商名称、编号、合同号等。

2)收集和处理辅助信息

进货辅助信息主要来自于进货作业过程中发生的相关信息，因此必须注意收集与整理，以便为管理决策者提供重要的参考依据。

任务4.2　储存作业管理

4.2.1　储位管理的概念

在配送中心商品由入库到最后出库，其中最重要的环节就是商品在库时的管理。也就是说，当商品进入配送中心后，应该如何放置、放置何处，这些都属于储位管理的内容。储位管理的好坏，影响到整个作业的顺畅与否。

1）储位管理的概念

储位管理，就是在把将来要使用或者要出货的商品保管好的前提下，经常对库存进行检查、控制与管理。

2）储位管理中注意的问题

①依照货品特性来分类存储。

②按批量大小使用储区，大批量使用大储区，小批量使用小储区。

③确保对高储区货品能安全有效地进行储存和作业。

④存储重、体积大的货品应该存放在坚固的层架底层并接近出货区。

⑤将相同或相似的商品尽可能存放在相邻位置。

⑥滞销的货品或小、轻及容易处理的商品使用较远的储区。

⑦周转率低的货品远离进货、出货区，或存放于位置较高的区域；周转率高的货品存储于接近出货区及位置较低的区域。

4.2.2　储位管理原则

1）明确标识储位

先将储存区域经过详细规划区分，并加以编号，让每一种预储存的商品都有位置可以存放。储位的具体地点必须是明确的，而且是经过储位编码的，不可以是边界含糊不清的位置，如走道、楼上、角落或某某商品旁等。很多配送中心常把走道当成储区来使用，虽然短期之内得到了一些方便，但长此以往就会影响库内的作业，违背了储位管理的基本要求。

2)有效定位商品

根据商品特性、保管方式的不同,把商品合理放置在预先准备的储位上。例如,冷藏货物就该放冷藏库,流通速度较快的商品应该放在靠近出口处,洗衣粉不应该和饼干放在一起等。

3)及时更新记录

当商品被有效地配置在规划好的储位上之后,接下来的工作就是储位维护。无论是因为出货、淘汰,还是受其他因素的影响,使得商品的位置或数量发生改变时,必须及时、准确地记录变动前后的情况,使库存记录与实际数量能够完全吻合。由于记录更新工作非常烦琐,因此它是储位管理工作中最困难的部分,也是目前各配送中心储位管理作业效率高低的关键所在。

4.2.3 储位指派方法

1)人工指派法

人工指派法是指商品的存放位置由人工进行指定,其优点是计算机等设备投入费用少,缺点是指派效率低、出错率高。

人工指派管理要点如下:

①要求配送中心管理人员必须熟记储位指派原则,并能灵活应用。

②配送中心管理人员必须按指派单证把商品放在指定储位上,并做好详细记录。

③实施动态管理,在补货或拣货作业时,配送中心管理人员必须做好登记消除工作,保证账物相符。

2)计算机辅助指派法

计算机辅助指派法是利用图形监控系统收集储位信息,并显示储位的使用情况,把这作为人工指派储位依据而进行储位指派作业。采用此法需要投入计算机、扫描仪等硬件设备及储位管理软件系统支持。

3)计算机全自动指派法

计算机全自动指派法是利用图形监控储位管理系统和各种现代化信息技术,如条码自动阅读机、无线电通信设备、网络技术、计算机系统等,收集储位有关信息,通过计算机分析后直接完成储位指派工作。

4.2.4　储位策略

1)定位储存

每一项存储货品都有固定储位,物品之间不能互用储位,因此必须规定好每一项货品的储位容量,而且这个量不能小于其可能最大库存量。定位储放通常适应以下一些情况:

①不同物理、化学性质的货物须控制不同的保管条件,或防止不同性质的货物互相影响;

②重要物品须重点保管;

③多品种小批量货物的存储。

(1)定位储放的优点

①每种货品都有固定储放位置,拣货人员容易熟悉货品储位。

②货品的储位可按周转率的大小或出货频率来安排,以缩短出入库搬运距离。

③可针对各种货品的特性调整储位,将不同物品特性间的相互影响减至最小。

(2)定位储放的缺点

储位必须按各项货品的最大在库量设计,因此储区空间平时的使用效率较低。定位储放策略适用于厂房空间大、库存商品数量少、品种较多的情况。

2)随机储存

随机储存是根据库存货物及储位使用情况,随机安排和使用储位,各种商品的储位是随机产生的。该随机原则一般是由储存人员按习惯来存放,并且通常与靠近出口原则综合使用,按商品入库时间顺序存放在靠近出入口的储位。根据模拟研究的结果,随机储存系统与定位储存比较,可节省35%的移动存储时间及增加30%的存储空间,但较不利于货品的拣取作业。

(1)随机储存的优点

随机储存由于储位共用,因此只需按所有库存货品最大在库量设计即可,储区空间的使用效率较高。

(2)随机储存的缺点

①货品的出入库管理及盘点工作的难度较高。

②周转率高的货品可能被储放在离出入口较远的位置,增加了出入库的搬运距离。

③具有相互影响特性的货品可能相邻储放,造成货品损坏变质或发生危险。

随机储放适用于厂房空间有限、要求尽量利用存储空间、货品种类少或体积较大的货品。

3)分类储存

分类储存是指所有的存储货品按照一定特性加以分类,每一类货品都有固定的存放位置,而同属一类的不同物品又按一定的规则来分配储位。分类存放通常按产品相关性、流动性、产品尺寸、重量、产品特性来分类。

(1)分类储存的优点

①便于按周转率高低来安排存取,具有定位储存的各项优点。

②分类后各存储区域可根据货品特性选择储存方式,有助于货物的储存管理。

(2)分类储存的缺点

①储位必须按各项货品最大在库量设计,因此储区空间的平均使用效率低。

②分类储存较定位储存具有弹性,但也有定位储存同样的缺点。

分类储放适用于产品相关性大、经常被同时订购、产品周转率差别大、产品尺寸相差大的货品。

4)分类随机储存

分类随机储存是指每一类货品有固定存放位置,但在各类的储区内,每个储位的指派是随机的。

(1)分类随机储存的优点

分类随机储存具备分类储放的部分优点,又可节省储位数量,提高储区利用率。

(2)分类随机储存的缺点

①货物出入库管理及盘点工作难度较高。

②分类随机储存兼具分类储存及随机储存的特色,需要的储存空间介于两者之间。

分类随机储存适用于品种数多、仓库面积相对不足的货品。

5)共用储存

共用储存是指在确定各货品进出仓库时间的情况下,不同的货品可共用相同储位的方式。

(1)共用储存的优点

节省空间,缩短搬运时间。

(2)共用储存的缺点

管理上比较复杂。

共用储存适用于品种数较少、快速流转的货品。

4.2.5 储位分配原则

存储策略是储区规划的大原则,因而还必须配合储位分配原则才能决定存储作业运作的模式。可归纳出如下原则:

1)近出口原则

将刚到达的商品指派到离出入口最近的空储位上。可与随机储放策略、分类(随机)储放策略相配合。

2)周转率原则

按照商品在仓库的周转率来排列储位,周转率越高离出入口越近,周转率越低离出入口越远。

3)产品相关性原则

经常被同时订购的商品应尽可能存放在相邻位置,以缩短拣取行走距离。产品相关性大小可以利用历史订单数据作分析。

4)产品同一性原则

产品同一性原则是指同一物品于同一储位存储。这是提高配送中心作业生产率的重点作业原则。当同一商品散布于多个储位时,储放、拣选作业等会造成浪费,同时影响库存管理和循环盘点等业务。

5)产品类似性原则

将类似商品相邻保管的原则。

6)产品互补性原则

互补性高的物品应存放于邻近位置,以便缺货时可迅速以另一商品替代。

7)产品相容性原则

相容性低的产品绝不可放置一起,以免损害品质。如烟、香皂、茶便不可放在一起。

8)先进先出原则

先进先出原则是指先入库的商品先出库。一般适用于保质期较短的商品。如感光纸、食品等。

9)叠高原则

将物品叠高,提高保管效率。注意:如果一定要满足先进先出等库存管理限制条件时,应考虑使用合适的货架或积层架等保管设备,以使叠高原则不至于影响出货效率。

10)面对通道原则

货物面对通路来保管,加上可识别的标号、名称,让作业人员能简单地辨识。为了使物品的存储、取出能够容易且有效率地进行,物品就必须要面对通道来保管。

11)产品尺寸原则

同时考虑物品单位大小及相同的一群物品所造成的整批形状,以便供应适当的空间满足某一特定需要。因此,在存储物品时,必须要有不同大小位置的变化,用以容纳不同大小规格的物品。

12)重量特性原则

按照物品重量的不同来决定储放商品保管位置的高低。重物应保管于地面上或货架的下层位置,而重量轻的物品则保管于货架的上层位置。若是以人手进行搬运作业时,人的腰部以下的高度用于保管重物或大型物品,而腰部以上的高度则用来保管重量轻的物品或小型物品。此原则对货架存储的安全性及人手搬运的作业性有重要意义。

13)产品特性原则

考虑物品的物理特性来安排存储的原则。有关货品特性的基本存储方法如下:

①易燃物的存储:须在具有高度防护作用的建筑物内安装适当防火设备的空间储存。

②易被窃物品的存储:须装在加锁的笼子、箱或专库储存。

③易腐品的存储:要存储在冷冻、冷藏或其他特殊设备内,且有专人作业与保管。

④易污损品的存储:可使用帆布套等覆盖。

4.2.6 储位编码的方法

由于存货品质特性不同,所适合的储位编码方式也不同,必须按照保管货品的存储量、流动率、保管空间布置以及所使用的保管设备而做出选择。不同的编码方法,对于管理的容易与否也有影响。一般储位编码的方法有下列4种:

1)区段方式

把保管区域分为几个区段,再对每个区段编码。这种编码方式是以区段为单位,每个号码所代表的储位区域较大,因此适用于容易单位化装载的商品,以及大量或保管周期短的货品。在ABC分类中的A、B类货品很适合这种编码方式。货品以物流量大小来决定其所占的区段大小,以进出货频率来决定其配置顺序。

2)商品判别方式

把一些相关的货品经过集合后,区分成几个商品群,再对每个商品群进行编码。这种编码方式适用于按商品群类别保管及品牌差距大的货品,如服饰、五金等。

3)地址式

利用保管区域中的现成参考单位,如建筑物的第几栋、区段、排、行、层、格等,依照其相关顺序来进行编码。该方式为目前配送中心使用最多的编码方式,但由于其储位的体积所限,适合一些量少或单价高的货品存储使用。

4)坐标式

利用空间概念来编排储位,由于其储位切割细小,在管理上比较复杂,适用于流通率很小、长时间存放的货品。

4.2.7 存储方式

1)地面堆存

地面堆存是指将货物直接(或放在托盘上)着地存放,以地板作为支撑的储存方式。这种储存方式的特点如下:

①货物堆叠的稳定性较差,有时需要倚靠墙壁等设施。

②存放简易,适宜存放有外包装的货物。

③难以实现机械化拣选,不易提取。

由于货物的性质、规格不同,包装各异,外形多样,无论是地面直接堆存还是托盘堆垛,货垛堆码的形式较多。常见的堆码形式有重叠式、纵横交错式、压缝式、载柱式、宝塔式和通风式等,如图 4.2 所示。

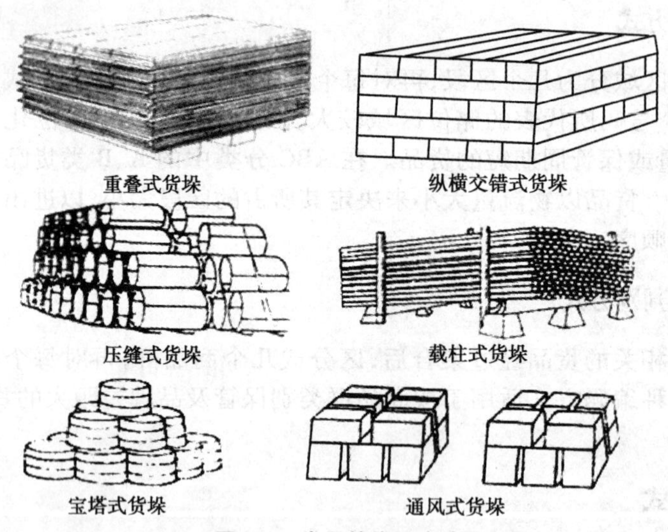

图 4.2 常见的堆码方式

2)货架储存方式

货架储存系统一般由许多个货架组成。通常我们把货架纵向数称为

"排",每排货架水平方向的货格数称为"列",每列货架垂直方向的货格数称为"层"。一个货架系统的规模可用"排数×列数×层数",即货格总数来表示。例如,50 排×20 列×5 层,其货格总数为 5 000个。在一个货架系统中,某个货格的位置也可以用其所在的排、列、层的序数来表示,称之为货格的位址(LOCATION),例如"04-18-06"即表示第 4 排、18 列、第 6 层的位置。用位置作为货格的编号,简单明了。

货架储存系统具有以下优点:

①充分利用仓间库房的高度,消灭或降低蜂窝率,提高仓容利用率。

②每一货格都可以任意提取,货品品类的可拣选率达到 100%。

③货品不受上层堆叠的重压,特别适宜于异型货物和怕压易碎的货品。

④便于机械化和自动化操作。

⑤便于实行"定位储存"和计算机管理。

任务 4.3　盘点作业管理

4.3.1　盘点的必要性

1)盘点的概念

在配送中心里,由于商品的不断进出库,经长期的累积会出现库存账面数量与实际数量产生差异的情况;同时也可能出现某些商品由于存放时间过久、养护不当,导致变质、丢失等,造成损失。为了有效地控制货品数量而对库存场所的货物进行数量清点的作业,称之为盘点作业。

盘点作业是一项极其繁重、最费时间的作业。盘点工作不仅仅是对现有商品库存状况的清点,而且可以针对过去的商品管理的状态进行分析,进一步为将来商品管理改进提供参考资料。因此,盘点作业是衡量配送中心经营管理状况好坏的标准尺度。

2)盘点的作用

①确保各项商品安全与完好。

②挖掘作业潜力,提高仓库利用率。

③确保库存记录的真实性。

④有利于了解配送中心有关商品储存的各项制度的执行情况。

4.3.2 盘点作业的步骤

1)盘点准备工作

盘点的准备工作是决定盘点效率的关键。为了使盘点作业能在较短的时间内利用有限的资源,迅速准确地完成目标,应做好以下事先准备工作:

①确定盘点的程序、方法。

②配合会计决算进行盘点。

③盘点、复盘和监盘人员必须经过训练。

④盘点人员必须熟悉盘点单据的使用方法。

⑤盘点单据必须事先印制完成。

⑥库存资料必须确实结清。

2)盘点周期的决定

为提高货物库存的准确率,盘点频率以较高为佳。由于盘点作业是消耗大量资源的非增值性活动,因此应根据配送中心的商品 ABC 管理,确定不同的盘点周期。

①A 类主要货品:每天或每周盘点一次。

②B 类货品:每 2 ~ 3 周盘点一次。

③C 类较不重要货品:每月盘点一次即可。

在实施商品类别 ABC 管理的配送中心,应对较容易损坏及高单价的货品增加盘点次数,以 2 ~ 3 d一次为宜。日期一般会选择在财务结算前夕,因有利结算损益以及表达财务真实状况;或者选择淡季进行,因淡季储货量少,盘点容易,人力的损失相对降低,且调动人力较为便利。

3)决定盘点方法

因盘点的场合、商品特性和盘点要求的不同,盘点的方法也有差异。为配合不同状况,盘点方法必须以准确高效为原则。

4)盘点人员的培训

为使盘点工作得以顺利进行,盘点时必须增派人员协助进行,此时,必须将各部门增援的人员组织起来进行短期培训,确保每位参与盘点的人员能确切地发挥其功能。

5)储存现场的清理

①在盘点前明确盘点和非盘点货物。

②预先通知盘点事宜,并在存储场所关闭前通知所有相关部门。

③整理存储场所,以便计数盘点。

④预先鉴定呆滞货品、废品、不良品,以便盘点时鉴定。

⑤账卡、单据、资料均应整理后加以结清。

⑥储存场所的管理人员在盘点前应自行预盘,以便提早发现问题并加以预防。

6)正式盘点

由于盘点工作单调烦琐,人员较难持之以恒,为确保盘点工作的正确性,除加强人员培训外,盘点期间应加强现场监督和指导。

7)差异原因的调查

当盘点结束后,发现所得的数据与账簿资料不符时,应调查产生差异的原因。主要因素如下:

①明确差异的原因。盘点差异的原因及对策如表4.2所示。

表4.2　盘点差异原因及对策

差异原因	对　策
系统单据输入错误	加强对单据输入人员的管理和培训
盘点制度缺点导致货账不符	改进盘点流程
盘点人员不负责,导致盘点错误	加强对盘点人员的培训
漏盘、重盘、错盘	加强复盘
进货验收错误	明确进货验收作业管理规则
拣选出货错误	加强对拣选出货的管理
库存移动作业错误	加强对库存移动的作业和单据处理的管理
退货作业错误	加强对退货人员的管理和培训
其他领用的错误	加强对商品领用的管理
报损作业的错误	加强对商品报废作业的管理

②确认差异是否在允许的范围之内。

③明确责任人。

④盘点差异的调整手续。

⑤差异原因调查清楚后,应针对原因进行切实的调整与处理,并同时处理滞销商品和报损商品、不良品。

8)盘盈、盘亏的处理

差异原因查找后,应针对主要原因适当地调整与处理,至于呆滞品、废品、不良品减价的部分需与盘亏一并处理。货品除了盘点时产生的盈亏外,有些货品价格上会增减,这些变更在经主管审核后,必须利用《货品盘点盈亏表》《价目增减更正表》和《库存更正表》修改。

4.3.3 盘点方法

1)账面盘点法

账面盘点的方法是将每一种商品分别设账,然后将每一种商品的入库与出库情况进行记录,不必实地盘点即能随时从计算机或账册记录上查看商品存量。账面盘点法的记录形式如表 4.3 所示。通常数量少而单价高的商品适合采用这种方法。

表 4.3 账面盘点示意表

<table>
<tr><td colspan="12">商品编号:</td></tr>
<tr><td colspan="3">订货点:</td><td colspan="9">经济订购量</td></tr>
<tr><td colspan="2">日 期</td><td colspan="2">订 购</td><td colspan="3">入 库</td><td colspan="2">出 库</td><td colspan="2">现 存</td><td rowspan="2">记录人</td></tr>
<tr><td>月</td><td>日</td><td>数量</td><td>订单号</td><td>数量</td><td>单价</td><td>金额</td><td>数量</td><td>出货单</td><td>数量</td><td>金额</td></tr>
<tr><td></td><td></td><td></td><td></td><td></td><td></td><td></td><td></td><td></td><td></td><td></td><td></td></tr>
<tr><td></td><td></td><td></td><td></td><td></td><td></td><td></td><td></td><td></td><td></td><td></td><td></td></tr>
<tr><td></td><td></td><td></td><td></td><td></td><td></td><td></td><td></td><td></td><td></td><td></td><td></td></tr>
<tr><td></td><td></td><td></td><td></td><td></td><td></td><td></td><td></td><td></td><td></td><td></td><td></td></tr>
<tr><td colspan="2">合计</td><td></td><td></td><td></td><td></td><td></td><td></td><td></td><td></td><td></td><td></td></tr>
</table>

2)现货盘点法

现货盘点法按盘点时间频率的不同,可分为“期末盘点”和“循环盘点”。

(1)期末盘点法

期末盘点法是指在会计计算期末统一清点所有货品数量的方法。通常采取分区、分组的方式进行,其目的是为了明确责任,防止重复盘点和漏盘。分区即将整个储存区域分成一个一个责任区,不同的区由专门的小组负责点数、复核和监督。一个小组通常至少需要3人分别负责清点数量并填写盘存单,复查数量并登记结果,第三人核对前两次盘点数量是否一致,对不一致的结果进行检查,等所有盘点结束后,再与电脑或账册上反映的账面数核对。

其盘点程序如下:

①对参加盘点的员工进行分组。

②由一人先清点所负责区域的商品,将清点结果填入各商品的《现货卡》的上半部分。

③由第二人复点,填入《现货卡》的下半部分。

④由第三人核对,检查前两人记录是否相同,对不一致的结果进行检查。

⑤将《现货卡》交给会计部门,合计货品库存总量。

⑥等所有盘点结束后,再与计算机或账册资料上反映的账面数核对。

(2)循环盘点法

循环盘点法是指将物资逐区、逐类、分批、分期、分库连续盘点,或者在某类物质达到最低存量时即加以盘点。

①循环盘点的特点。

a. 支持轮盘。

b. 支持有针对性的盘点。

c. 支持不停业盘点。

d. 支持随意性盘点。

②循环盘点法的程序。

a. 每日任意地抽出以10为单位的物资进行盘点,在一个月内转遍全部的物资。

b. 计算抽出来的物资的实际库存数量。

c. 把库存的实际数量和电脑里的数据对照,找出差异。

d. 若有差异就要追求其原因,最后还要把电脑里的数据和仓库里的实物进行对照。

(3)循环盘点法与期末盘点法两者的区别

期末盘点法是比较规范的盘点,但需要停业和消耗大量作业成本。循环盘点法较能针对各货物物账差额作出适时调整,且效果较明显。因此,配送中心应将两种盘点方法结合起来使用,平时针对重要商品作循环盘点,到期末时再将所有商品作一次大盘点,不仅能使循环盘点的误差渐渐减少,而且到了期末大盘点,由于循环盘点配合,使误差大幅降低,并缩短期末盘点的时间。期末盘点法和循环盘点法两者的区别如表4.4所示。

表4.4 期末盘点法与循环盘点法两者的区别

盘点方式	期末盘点	循环盘点
周期	期末每年仅数次	平常、每天或每周盘点一次
时间	长	短
人员耗用	全体动员(或临时雇用)	专门人员
盘差情况	多且发现得晚	少且发现得早
对营运的影响	需停止作业数天	无
对品项管理	平等	A类:重点管理;C类:常规管理
盘差原因追究	不易	容易

任务4.4 订单作业处理

从接到客户订货信息开始到准备着手拣货的作业阶段,称为订单处理,包括订单确认、存货查询、库存分配等。订单处理是与客户直接沟通的作业阶段,对后续的拣选作业、调度和配送产生直接影响。

4.4.1 订单处理的流程

订单处理的作业流程如图4.3所示。

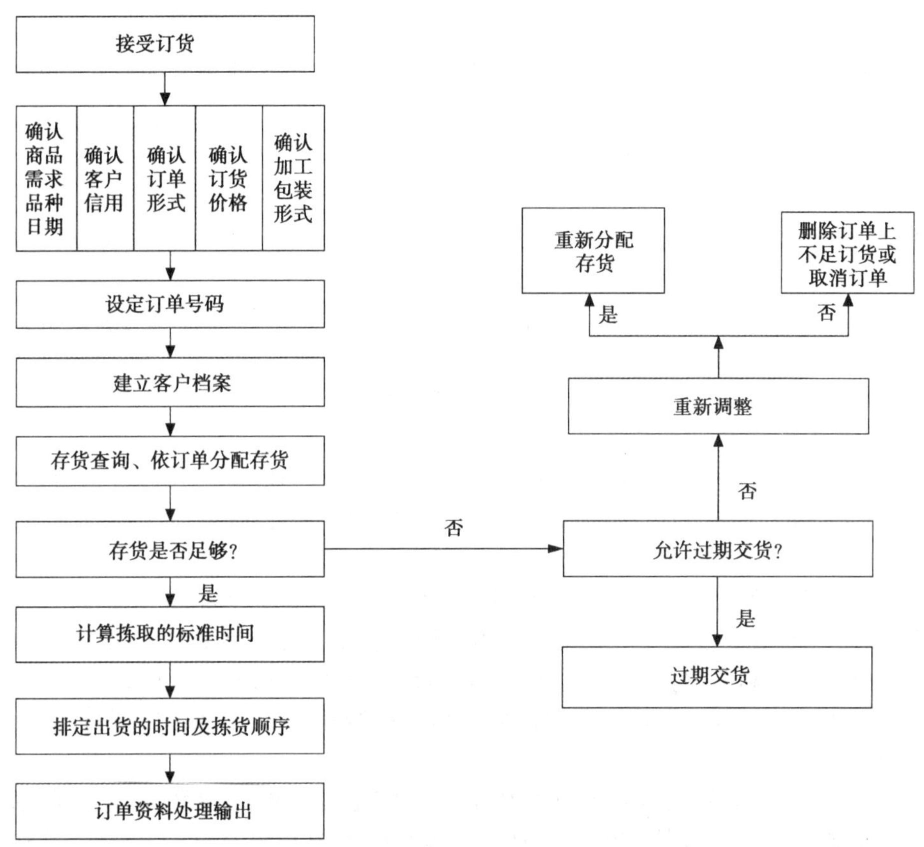

图4.3　订单处理的作业流程图

1)接受订货

接受订货是指配送中心接受客户的订货信息的活动,是订单处理的第一步,配送中心接受订货的方式取决于客户的订货方式。

(1)传统订货方式

①电话订货:订货人员将商品的名称及数量,以电话口述的方式向配送中心订货。由于用户每天需要订货的品种可能达数十种,故花费时间长,错误率高。

②传真订货:客户将缺货的信息整理成文,利用传真机传将其传递给配送中心的订货方式。

③邮寄订货:客户将订货单邮寄给配送中心的订货方式。

④客户自行取货:客户自行到配送中心处看货、补货,此种方式多为传统

杂货店因地缘近而采用。

⑤业务员跑单接单：配送中心业务员到各客户处去推销产品，而后将订单带回或紧急时用电话先与公司联系，通知客户订单。

(2)电子订货方式

电子订货方式是指运用电子订货系统将订货资料转化为电子资料形式，再由通信网络传送，从而取代人工书写、输入、传递的订货方式。具体做法有3种：

①订货簿或货架标签配合手持终端机及扫描器：这种订货方式是订货人员携带订货簿及手持终端机巡视货架，若发现商品缺货就用扫描器扫描订货簿或货架上的商品条形码标签，再输入订货数量，当所有订货资料输入完毕后，利用计算机将订货资料传输给配送中心的订货方式。

②销售时点的管理系统：这种订货方式是指用户利用销售时点信息系统(Point of Sale，简称POS)生成订货资料，并通过信息网络将订货资料传输给配送中心的订货方式。

POS系统的工作原理：用户在POS系统中设定安全存量，每当销售一笔商品时，POS系统自动扣除相应的库存，当库存低于安全存量时，POS系统自动生成订货资料。经确认后便通过通信网络传给总公司或供应商，或将每日的POS数据传给总部，总部将销售资料与库存数据对比后，根据采购计划向供应商订货。

③订货应用系统：客户的计算机信息系统里有订单处理系统，将应用系统产生的订货资料经特定的转换软件转成与配送中心约定的共用格式，并在约定的时间里将订货信息传送给配送中心的订货方式。

2)订单确认

(1)客户信用的确认

无论客户以何种方式传递订单，配送中心都要首先核查客户的信用，以确定其是否有能力支付该订单的账款。一般来说，配送中心是通过检查客户的应付账款是否已超过其信用额度来确定其财务状况，其具体途径有以下两种：

①通过客户代号或客户名称进行查询：配送中心人员可以将客户代号或客户名称输入内部查询系统，系统会显示客户的应付账款状况。若客户应付账款已超过其信用额度，系统会加以警示，提示配送中心人员该客户信用不佳，作业人员可向该上级请示是否拒绝其订货。

②通过订购货品资料进行查询：配送中心人员将客户此次的订购金额与

以前累计的应付账款相加，如超过其信用额度，应将订单资料锁定，以便主管审核。审核通过后，该订单资料才能进入下一个处理步骤。

(2)订单需求品项数量及日期确认

即检查货物的名称、数量、送货日期等是否有遗漏，是否有笔误或不符合公司要求的情况。尤其当客户要求的送货时间有问题或出货时间已延迟时，需要与客户再次确认订单内容或更正要求的送货时间。

(3)订单形态的确认

由于用户的需求不同，订货方式也不同，因此配送中心可能面对多种订单交易方式。一般来说，配送中心对不同交易方式所产生的订单采取不同的处理方式。

①一般交易订单：接单后，将订单信息输入处理系统，按正常的订单处理程序处理，数据处理完后进行拣货、出货、配送、收款结算等作业。

②现销式交易订单：现销式交易订单是与客户当场直接交易、直接给货的交易订单。订单资料输入后，由于物品已经交付给客户，所以订单资料不需再参与拣货、出货、配送等作业，只需记录交易资料，以便收取应收款项。

③间接交易订单：接单后，将客户的出货资料传给供应商，由供应商负责按订单出货。接单后，将客户的出货资料传给供应商由其代配。其中最需要注意的是，客户的送货单是自行制作或委托供应商制作，以及出货资料(送货单回联)的核对确认。

④合约式交易订单：这是与客户签订配送契约的交易订单，如合同约定在某期间内定时配送一定数量商品的订单。到约定的送货日时，将该笔业务的资料输入系统处理以便出货配送；或在最初便输入合约内容的订货资料，并设定各批次的送货时间，以便在约定的日期系统自动产生需要送货的订单资料。

⑤寄库式交易订单：寄库式交易订单是指客户因促销、降价等市场因素而先行订购某数量商品，以后视具体情况再要求出货的交易订单。当客户要求配送寄库商品时，配送中心应核查该客户是否有该项寄库商品，若有，则进行此项物品的出库作业，并且相应的扣除该物品的寄库量。而物品的交易价格是依据客户当初订购时所定的单价来计算的。

⑥兑换券交易订单：将客户兑换券所兑换的商品配送给客户时，系统应核查客户是否确实有此兑换券的回收资料，若有，依据兑换券兑换的商品及兑换条件予以出货，并应扣除客户的兑换券的回收资料。

(4)订货价格的确认

对不同的客户、不同的订购量，可能有不同的售价，输入价格时系统应加以检验核查。若输入的价格不符(输入错误或因业务员降价接单等),系统应加以锁定,以便主管审核。

(5)加工包装确认

客户对订购的商品,是否有特殊的包装、分装或贴标等要求,或是有关赠品的包装等资料都应详加确认记录,并将出货要求在订单上注明。

3)设定订单号码

配送中心要为每一张订单设定唯一的订单号码,并将其应用于其他工作说明及进度报告等,以便于计算成本,并指导拣货、送货等一系列物流活动。

订单号码可以是该配送中心的流水号,也可以根据一定的编号方法进行设定。如可根据用户地区编号或下单日期等进行设定。

设定订单号码后,就可以生成配送中心的订单了。一般来说,订单没有统一的模式,其内容和格式往往根据交易双方的要求或实际情况而定,但基本上由整体性资料和商品资料两部分构成。

4)建立和维护客户档案

建立客户档案不但有利于此次交易的顺利进行,而且有利于增加与客户的合作机会。客户档案应包含订单处理所用到的资料及物流作业的相关资料:

①客户姓名、代号、等级。

②客户信用额度:用于客户再次订货时,查询其信用额度。

③客户销售付款及折扣率的条件。

④开发或负责此客户的业务员的资料。

⑤客户配送区域。基于地理性或相关性,将客户按不同区域分类。例如:大分类——市内、郊区、长途;中分类——南城、北城、东城、西城等;小分类——朝阳区、丰台区等。

⑥客户收货地址及配送路径顺序:根据区域、街道、客户位置,将客户分配于适当的配送路径。

⑦客户点适合的车辆形态:客户所在地的街道有车辆大小的限制,因此需将适合该客户的车辆类型记录在系统中。

⑧客户点卸货地特性:客户所在地点或客户卸货位置环境,由于建筑物本身或周围环境特别限制(如地下室有限高或高楼层),可能造成卸货时有不同的卸货需求及难易程度,必须把车辆及工具的调度考虑进去。

⑨客户配送要求:客户对送货时间有特定要求或有协助上架、贴标等要

求时,也应在资料文件中注明。

⑩过期订单处理指示:延迟订单的处理方式,可事先约定规则,避免过多的临时询问或紧急处理。

5)存货查询及订单分配存货

(1)存货查询

确认有效库存是否能够满足客户需求,通常称为“事先拣货”。库存商品资料一般包括品项名称、SKU、号码、产品描述、库存量、已分配存货、有效存货及顾客要求的送货时间。输入客户订货商品名称、代号时,系统即应查对存货档的相关资料,看此商品是否缺货。若缺货,则应生成相应的采购订单,以便与客户协调订替代品或是允许延后出货,以提高人员的接单率及接单处理效率。

(2)分配库存

订单资料输入系统,确认无误后,最主要的处理作业是如何作有效的汇总分类、调拨库存,以便以后的物流作业能有效地进行。库存分配模式可分为单一订单分配及批次分配两种。

①单一订单分配:这种模式一般用于在线的即时分配,在输入订单资料时,就将存货分配给该订货单。

②批次分配:将已输入的订单资料累积汇总后,再统一分配存货。

实行批次分配时,应注意订单的批次分配方法以及批次分配的优先原则。批次的分配方法如下:

a. 按订单时段划分:将整个接单时段划分成几个区段,若一天有多个配送时段,可配合配送时段将订单按接单先后分为几个批处理。

b. 按配送区域路径划分:将同一配送区域或路径的订单汇总一起处理。

c. 按流通加工要求:将需加工处理或需相同流通加工处理的订单汇总一起处理。

d. 按车辆需求:若配送商品需特殊配送车辆(如低温车、冷冻车、冷藏车),可汇总合并处理。

确定参与批次分配的订单后,若某商品总出货量大于可分配的库存量,可根据以下分配原则分配有限的库存:

a. 具有特殊优选权订单先分配:对于一些例外的订单,如缺货补送订单、延迟交货订单、紧急订单或远期订单,这些在前面就已经允诺交货的订单,或客户提前预约的订单,都应有优选取得存货的权利。

b. 依客户等级来取舍:将重要程度高的客户的订单进行优先分配。

c. 依订单金额:对公司贡献度大的订单作优先处理。

d. 客户信用等级:信用较好的客户订单作优先处理。

e. 系统定义优选原则:建立一套订单处理的优选系统。

6)计算拣货的标准时间

(1)计算单元货物的拣选标准时间

即计算每一单元(如一托盘、一纸箱或一件等)货物的拣选时间,并将其设定为计算机记录标准时间档。

(2)计算每种货物的拣选标准时间

计算出单元货物的拣选标准时间后,便可根据每种货物的订购数量,以及每种商品的寻找、行走时间,计算出每种货物的拣选标准时间。

(3)计算整张或整批订单的拣选标准时间

根据每张订单或每批订单的订货品种,再加上一些纸上作业时间,即可算出整张或整批订单的拣选标准时间。

7)排定出货的时间及拣货顺序

掌握每张订单或每批订单可能花费的拣选时间后,应合理安排出货时间及拣货先后顺序。其中,出货时间通常应根据客户要求、拣选标准时间及内部工作负荷来确定;拣货先后顺序可依据仓储货位的状况及货物存放的位置等来确定。

8)订单资料的处理输出

订货信息处理后即可打印或输出出货单据,以展开后续的物流作业。

(1)拣货单(出库单)

拣货单是提供商品出库指示,作为拣货的依据。拣货单的输出应考虑商品的储存位置,依据储位前后相关顺序排列,以减少拣货人员重复往返取货,同时拣货的数量、单位均需详细、准确、明确。

(2)送货单

物品交货配货时,通常附上送货单据供客户清点签收,作为收货凭证。由于送货单主要给客户签收、确认出货资料,故务必准确、清晰。

(3)缺货信息

待配货完毕后,对于缺货的商品或缺货的订单资料,系统应提供查询或报表功能,以便及时处理。对于库存缺货商品,系统要提供按商品类别或供应商查询缺货商品资料，以提醒采购人员紧急采购。对于缺货订单，系统提供按客户类别查询的缺货资料，以便对订单作跟踪处理。

4.4.2 订单处理的原则

在订单的处理过程中，应遵循以下基本原则。

1）尽量缩短订货周期

订货周期是指从发出订单到收到货物所需的全部时间，订货周期的长短取决于订单的传递时间、订单处理的时间以及货物的运输时间。缩短订货周期，将大大减少客户的时间成本，提高客户所获得的让渡价值，提升客户的满意度。

2）使客户产生信赖感

客户的订货基础是对配送中心有信赖感。订单处理人员每次接到订单后在处理过程中都要认识到，如果这次处理不当将会影响下一次订货。尤其在工业品交易中，要通过优质的订单处理工作，建立客户对本配送中心的信任感和认同感。

3）提供紧急订货服务

在以客户为需求导向的市场机制下，配送中心强调提高客户服务水平，在紧急关头为客户提供紧急服务，是与客户建立长远的相互信赖关系的重要手段。

4）减少缺货现象

保持客户连续订货的关键之一便是减少缺货现象的发生，工业原料和各种零件一旦缺货，将会影响到客户整个生产的安排，后果极为严重。此外，缺货现象是客户转向其他供货源的主要原因，因此配送中心必须保持适量存货。

5）不忽视小客户

小客户虽然订货较少，但却可能成为潜在的大客户。对小客户的订单处理得当，会提高小客户的满意度，助其经营顺利，可能带来其以后的大批量订单或持续合作。

6)装配力求完整

配送中心所提供的货物应以便于客户使用为原则,尽量做到装配完整。当难以做到装配完整时,应采取便于客户自行装配的措施,如提供适当的说明、提示或技术支持等。

7)提供对客户有利的包装

不同客户的货物应使用不同的包装。如用于零售的货物,包装要适于在货架上摆放;用于批发的货物,包装要比较大,以便于整套或团体购买等。

8)随时提供订单处理情况

物流部门要使客户能够及时了解配货发运的进程,以便客户预计何时到货,进而安排使用或销售。提供订单处理情况的信息是巩固客户关系的重要手段,也是企业检查自身工作的一项措施。在暂时缺货的情况下,物流部门应主动及时地告知客户有关情况,并做出适当道歉与赔偿,以减少客户的焦虑与不满。

任务 4.5　拣选作业管理

拣选作业是配送中心根据客户提出的订货单所规定的商品品名、数量和储存仓位地址,将商品从货垛上或货架上取出,并放在指定的位置的物流作业活动。

在配送中心搬运成本中,分拣作业搬运成本约占 90%;在劳动密集型配送中心,与分拣作业直接相关的人力占 50%;分拣作业时间占整个配送中心作业时间的 30% ~40%。因此,合理规划与管理分拣作业,对配送中心作业效率具有决定性的影响。拣选作业流程图如图 4.4 所示。

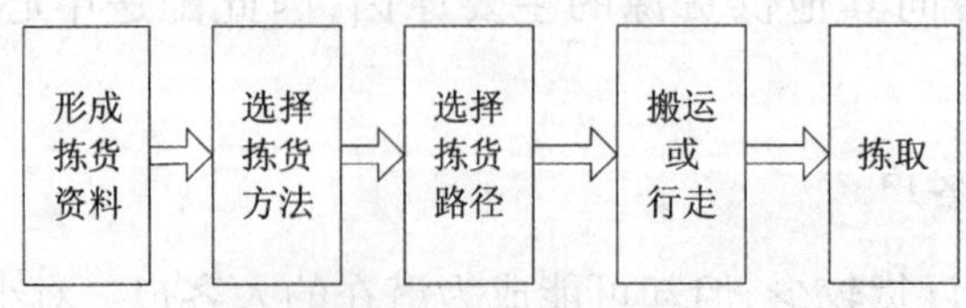

图 4.4　拣货作业流程图

4.5.1 形成拣货资料

拣货资料的主要作用是指示拣货作业的进行,支持整个拣货系统,其信息来源于客户的订单。拣货资料的形式有订单传票、拣货单等纸质单据,也有拣货标签、电子标签等一些可应用自动传输系统的数据信息。

1)订单传票

订单传票是直接以客户订单或以配送中心送货单作为拣选作业指示凭据。这种方法适用于订单订购品种数比较少、批量较小的情况。订单传票在拣货过程中易受到污损,而且订单上未标明货物储存位置,靠作业人员的记忆拣货,影响拣货效率。

2)拣货单

将客户订单输入订单处理系统后,按订单中货位的储位顺序重新编排,进行拣货信息生成,并打印拣货作业单。拣货单拣货避免了订单传票在拣取过程中受污损的情况,在拣货单上可以标明储位,并按储位顺序来排列货物编号,缩短了拣货路径。拣货单如表4.5所示。

表4.5 拣货单式样

<table>
<tr><td colspan="9">拣货单</td></tr>
<tr><td colspan="2">拣货单号码</td><td colspan="2"></td><td colspan="3">拣货时间</td><td colspan="2">至</td></tr>
<tr><td colspan="2">顾客名称</td><td colspan="2"></td><td colspan="3">核查时间</td><td colspan="2">至</td></tr>
<tr><td colspan="2">出货货位号</td><td colspan="2"></td><td colspan="3">拣货人员</td><td colspan="2"></td></tr>
<tr><td colspan="2">出货日期</td><td colspan="2"></td><td colspan="3">核查人员</td><td colspan="2"></td></tr>
<tr><td rowspan="2">序号</td><td rowspan="2">储位号码</td><td rowspan="2">商品名称</td><td rowspan="2">商品编码</td><td colspan="3">包装单位</td><td rowspan="2">拣取数量</td><td rowspan="2">备注</td></tr>
<tr><td>托盘</td><td>箱</td><td>单件</td></tr>
<tr><td></td><td></td><td></td><td></td><td></td><td></td><td></td><td></td><td></td></tr>
<tr><td></td><td></td><td></td><td></td><td></td><td></td><td></td><td></td><td></td></tr>
<tr><td></td><td></td><td></td><td></td><td></td><td></td><td></td><td></td><td></td></tr>
</table>

3)拣货标签

拣货标签是一种印有拣货信息的标签,标签上标明了需要拣货的名称、数量、位置和价格等信息。拣货标签取代了拣货单,拣货时,一个拣货区仅需要一台标签打印机(如图 4.5 所示)和一个 ID 卡刷卡器作为拣货设备。

图 4.5　ID 卡刷卡器具

图 4.6　拣货车

拣选作业人员拉一辆拣货车(如图 4.6 所示)到作业点旁边,将员工卡放在 ID 卡刷卡器上刷过,系统会自动分配一张拣货单,并通过标签打印机按照货位排序打印出一串标签,标签的数量等于所需拣取的货物数量。拣货员根据标签上打印的货位顺序从相应的货位上拣取货物,放置到拣货车上,并将这张标签粘贴在货物外箱上,直到拣货员手上的标签全部粘贴完毕,即表示该张拣货单拣货完成。

拣货标签拣货将拣货与贴标签作业结合起来,缩短了整体作业时间,提高了拣货的准确率。

4)电子标签

电子标签是指安装在每一个货位上的数字显示器。配送中心利用计算机将订单信息传输到电子标签,拣货员可根据标签上显示的数字拣货。电子标签可应用于多种类型的货架上,还可以与先进的物流辅助作业系统相配合,完成高效的拣货作业。

拣货员拣货时,不用携带单据,只需在货架通道中行走,看到电子标签指示灯亮时就停下,将该货位的货物按电子标签显示的数字拣出,直到完成拣货作业。

电子标签拣货差错率低,拣选效率大幅度提高,但需要较高的硬件设备投资。

4.5.2　选择拣选方法

1)按订单拣货(摘果法)

这种拣选模式是针对每一张订单,拣选人员或拣选工具巡回于各个存储点将客户所订购的商品取出,完成货物配备方式。按订单拣货作业流程图如图4.7所示。

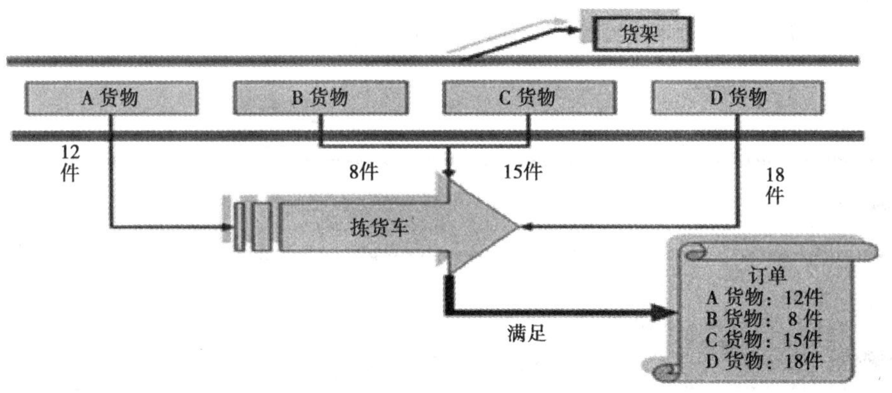

图4.7　按订单拣选流程图

(1)按订单拣选的作业过程

①拣货员拉一辆拣货车,在储存货位之间巡回走动。

②拣货员按拣货资料上所列的货物名称、规格、数量等,将客户所需货物一一拣取出来。

③拣货员将所拣货物放到拣货车上,送至指定场所。

(2)按订单拣货的优缺点

优点:

①按单拣货,易于实施,准确度高。

②对机械化、自动化没有严格要求,不受设备水平的限制。

③对各用户的拣货相互没有约束,可以根据用户需求的紧急程度调整配货的先后顺序。

④拣货后不必再进行分拣作业。

缺点:

①拣货区域大时,搬运系统设计困难。

②商品品种多时,拣货行走路径加长,拣货效率降低。

(3)按订单拣货适用的情况

①用户订单数量较少、种类较多。

②各用户的需求种类有较大的区别。

③用户的临时紧急需求,如即时配送。

④分货工艺无法操作大件货物。

2)批量拣货(播种法)

把多张订单集合成一批,按照商品类别将数量分别加总后再进行拣货,并按客户的订单作分类处理的拣选作业方法。批量拣货的流程图如图 4.8 所示。

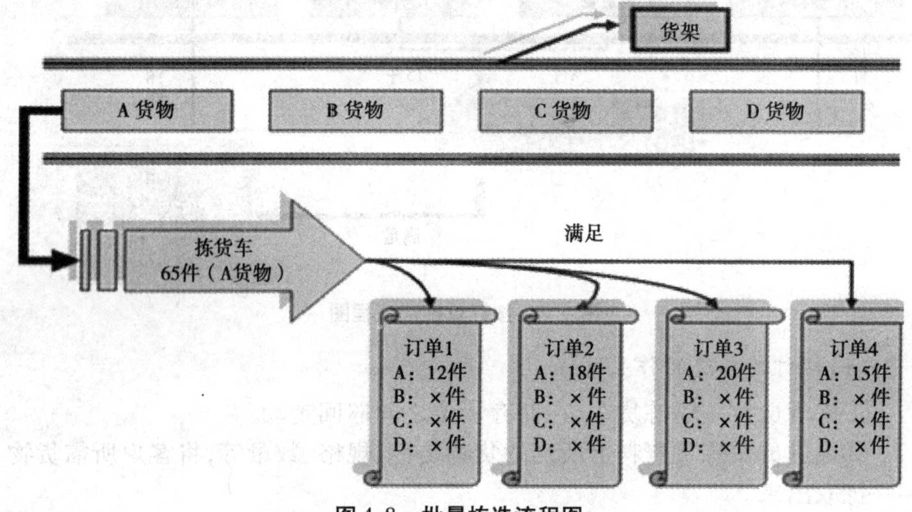

图 4.8　批量拣选流程图

(1)批量拣选的作业过程

①拣货员将批量订单上同种货物的数量相加。

②拣货员携带适宜的拣货车辆,找到该货物的储存位置,并将订单累加数量的货物拣取出来,运至指定场所。

③拣货员按各用户的需求量,将不同客户的货物分放到其货物暂存处。

④将批量订单上所有品种的货物,都按上述方式进行拣取并分配。

(2)批量拣选的优缺点

优点:

①可以缩短拣货时行走搬运的距离,增加单位时间的拣货量。

②适用于订单数量庞大的系统。

缺点：

①对订单无法快速反应，必须等订单累积到一定数量时才做一次处理，因此容易出现停滞现象。

②批量拣选后还要进行再分配，一方面容易出现错误，另一方面也增加了人工搬运次数。

③信息处理量大、较为复杂，需要计算机制单和统一管理。

(3)批量拣选适用的情况

①用户数量多且较稳定。

②各用户需求的种类差别不大。

③用户需求的种类有限，易于统计，且分拣时间不至于太长。

④用户对配送时间没有严格要求。

⑤用户有较稳定的计划需求。

⑥货体不大。

3)其他拣货方法

(1)复合拣货

复合拣货是按订单拣货及批量拣货的组合，可以根据订单上的品种数量决定哪些订单适合按订单拣货，哪些适合批量拣货。

(2)分类式拣货

一次处理多张订单，并且在拣取各种商品的同时，将商品按照客户订单分开放置的方式。如一次拣取五六张订单时，每次拣货用台车或笼车带五六家客户的篮子，边拣取边按客户不同区分摆放。这样可以减少拣货后再分类的麻烦，提高拣货效率，适于每张订单量不大的情况。

(3)分区拣货

不论是按订单拣货还是按批量拣货，为了提高拣选作业效率都可以采用分区作业策略。所谓分区作业就是将拣货作业场地做区域划分，每一个作业员只负责拣取指定区域内的商品。而分区方式又可分为拣货单位分区、拣货方式分区及工作分区。事实上，在作拣货分区时也要考虑到储存分区的部分，必须先针对储存分区进行了解、规划，才能使得系统整体的配合趋于完善。可以进行如下的分区：

①商品特性分区：根据商品原有的性质，将需要特别储存搬运或分离储存的货品进行区隔，以保证货品的品质在储存期间保持稳定。

②拣货单位分区：将拣货作业区按拣选单位划分，如箱装拣货区、单品拣

货区,或是具有特殊货品特性的冷冻品拣货区等,目的是使储存单位与拣货单位分类统一,以方便分拣与搬运单元化,使分拣作业单纯化。

③拣货方式分区:按拣货单位分区后,在同一拣货单位的作业区内,按拣货方法和设备的不同,又可分为若干区域。通常是按货品销售的 ABC 分类的原则,按出货量的大小和分拣次数的多少做 ABC 分类,然后选用合适的拣货设备和分拣方式。其目的是使拣货作业单纯一致,减少不必要的重复行走时间。在同一单品拣货区中,按拣货方式的不同,又可分为台车拣货区和输送机拣货区。

④按工作分区:是指按拣货方式分区后,在相同分拣方式的区域内,将拣货作业场所细分成不同的人员工作区,每个人员工作区的货物由一个或一组固定的人员负责拣取。这种分区方法可减少工作人员需要记忆的存货位置及其移动距离,有效缩短拣货时间,但需要注意各工作区域的工作平衡问题。一般来说,按工作分区的典型作业形式是接力拣货。

(4)接力拣货

这种方法与分区拣货类似,在确定拣货员各自负责的商品品种或货架的责任范围后,各个拣货员只拣选拣货单中自己负责的部分,然后以接力方式交给下一位拣货员。采用这种分工合作的方式,主要优点是缩短整体的拣货动线,减少人员及设备移动的距离,提高拣货效率。但单据的格式必须明确标识范围。

(5)订单分割拣货

当一张订单所订购的商品品种较多时,为了提高拣货效率,缩短拣货处理周期,将订单分割为若干子订单,交由不同的拣货人员同时进行拣选作业。订单分割策略必须与分区策略配合运用才能产生出色效果。

4.5.3 选择拣货路径

拣货路径的目标就是确定分拣单上货品的拣货顺序,通过启发式或优化路径来减少分拣人员的行走距离。在实际工作中,人们通常应用启发式的分拣路径。这主要是由于优化产生的路径可能不符合分拣人员通常工作的逻辑,不容易操作,而且优化路径没有考虑线路拥挤问题。

有几种针对单区仓库分拣作业的启发式分拣路径方法,即穿越、返回、中点回转、最大间隙、组合策略。此外,还有分割穿越策略、分割返回策略以及针对多区布局下应用的通道接通道策略。下面介绍几种主要启发式的分拣路径。

1)穿越式路径

穿越式路径方法是指从通道一端进入,拣货人员同时拣取通道两侧货架上的物品,最后从通道另一端离开。在返回出入口之前,分拣人员会走遍所有包含拣取位置的通道。由于行走路径近似“S”形,所以又称“S”形路径,如图4.9所示。

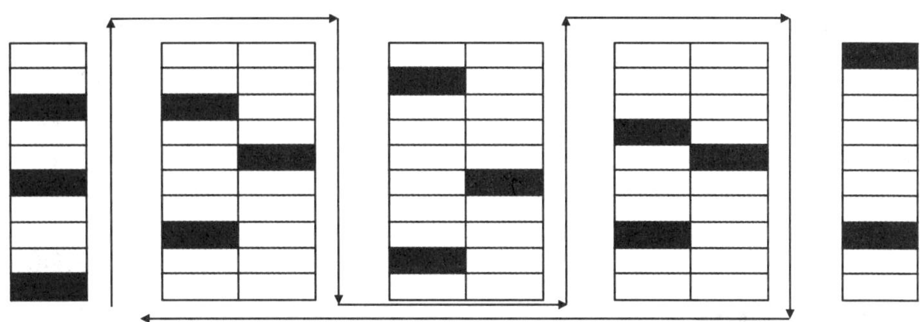

图4.9　穿越式路径

当被拣物品分布的巷道数为偶数时,穿越策略必须穿越每个具有被拣品的巷道;当被拣品分布的巷道数为奇数时,除最后一个被拣品所在的巷道外,其余巷道均需要被穿越。因此,穿越策略中拣货巷道内行走距离完全取决于被拣品分布的巷道数。

2)回转路径法

回转路径法是指拣货人员从分拣通道的一端进入,先沿路拣取一侧货架上所需物品,当一侧货架上的物品拣取完,就返回开始拣取另一侧货架上的物品,最后从进入通道的一端离开。拣货员只需要进入包含拣取的位置,不包含拣取位置的通道可以跳过,如图4.10所示。

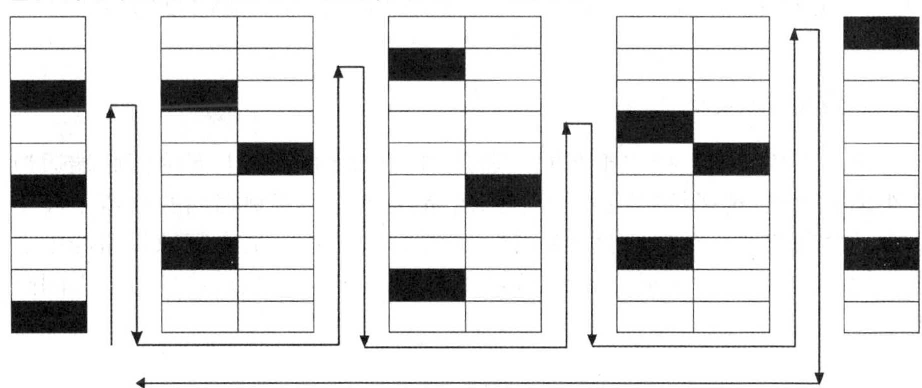

图4.10　回转路径

若采用返回策略,要缩短拣货行走距离,应该使被拣品距离进入巷道的位置尽可能短。也就是说,如果被拣品的分布呈现向货架一端分布的趋势,其返回过程中的行走距离就越短,这样采用返回策略就能使总的行走距离越短。

3)中点回转策略

中点回转策略是指从拣货通道的中点处将分拣区域分成前后两部分,如图4.11所示。拣货人员从通道的一端进入,拣取完货物回转折返,最远处就是该通道中点,当拣货人员离开拣货区域的前半部时,拣货员要从最右边的通道穿越进入通道后半部分,以同样方法开始后半部分的拣货。当后半部的拣货完成后,穿越最左边的通道回到出入口。

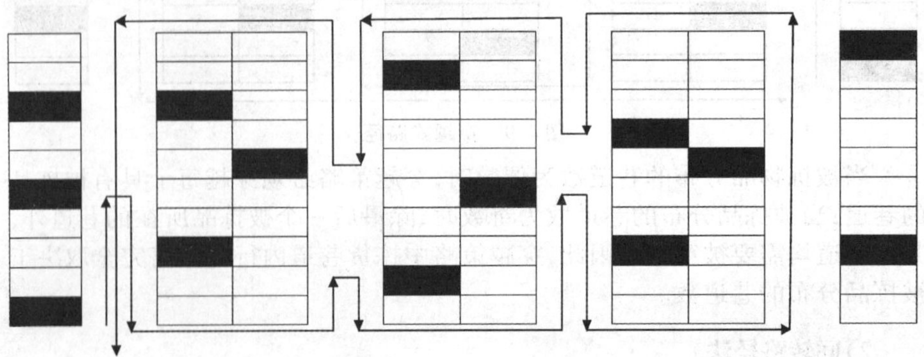

图4.11　中点回转策略

从中点策略的行走规则可以看出,除了最左巷道和最右巷道必须穿越之外,其他巷道内的行走类似于返回策略。要缩短拣货行走距离,应该使被拣品位置离巷道两端的距离尽可能短。如果被拣品分布呈现出集中于货架的两端,则巷道中返回行走的距离越短,采用中点策略就能使总的行走距离越短。

4)最大间隙策略

最大间隙策略是指位于在同一通道内待取的货品和上下两侧底端通道的距离做比较,选择较短距离的路径,若货品和上下两侧底端的通道距离小于货品之间的最小距离,则直接回转,如图4.12所示。最大间隙策略与中点策略相似,二者区别在于:在最大间隙策略下,分拣人员最远可到达最大间隙而非中点。

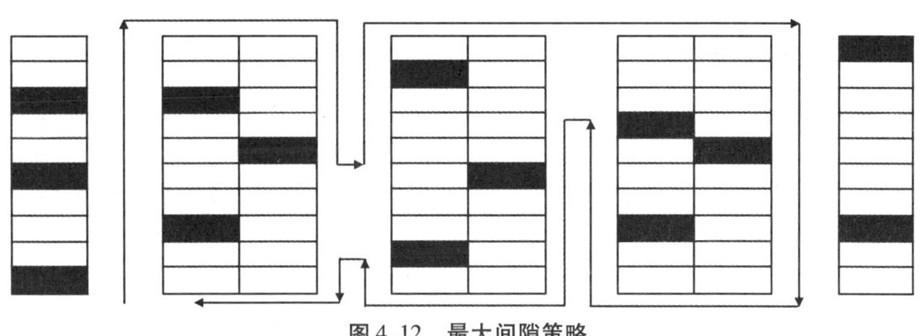

图 4.12　最大间隙策略

4.5.4　行走和搬运

行走和搬运是拣货作业的必要活动，主要有人工作业、半自动化作业和全自动化作业 3 种方式。

1)人工作业

人工作业是指拣货员主要以人力手推车等为辅助工具，拣取待拣货物并将其送到指定场所。人工作业可分为按单人工作业和贴标人工作业两种。

(1)按单人工作业

按单人工作业是指拣货员手持拣货单据拣选货物，是一种最传统、最常用的作业方式。

(2)贴标人工作业

贴标人工作业是指拣货员以拣货标签代替拣货单据进行拣货，并为拣出的每一件货物粘贴拣货标签的作业方式。

人工作业的优点是不需要复杂、昂贵的设备，机动灵活、操作简单，不受货物包装形态的限制；缺点是速度慢、效率低，容易出现差错，只适用于货物体积小、批量小的情况。

2)半自动化作业

半自动化作业是指拣货员以半自动化机械为辅助工具，拣取待拣货物并将其送到指定场所。这是一种比较常见的作业方式，拣货过程中，货物的搬运由半自动化机械完成，行走由人或半自动化的机械来完成。

半自动化作业方式按人与设备间的互动关系，可分为人至物作业和物至人作业两种。

3)全自动化作业

全自动化作业是指不需要人力的介入,由自动拣货设备完成拣货作业的作业方式。这种拣货作业方式拣货量大、拣货效率高、差错率低,适用于一些大型配送中心。一般来说,配送中心的全自动化作业是由自动化仓储系统与自动分拣系统配合完成的。

任务4.6 补货作业管理

补货作业的目的是向拣货区补充适当的商品,以保证拣货作业的需求。通常是以托盘为单位,从商品保管区(Reserve Area)将商品移到拣货区域(Home Area)的作业过程。

4.6.1 补货方式

与拣货作业息息相关的是补货作业。补货作业的策划必须满足两个前提,即"确保有货可配"和"将待配商品放置在存取都方便的位置"。通常,在配送中心里主要采用下列几种补货方式:

1)货架上层至下层的补货

货架上层至下层补货是指在同一货架上,由上层保管区补货至下层拣货区。这种补货方式中,保管区与拣货区属于同一货架,也就是将同一货架上的上层作为保管区,中下层作为拣货区,而进货时则将拣货区放不下的多余的货物放到上层保管区。当拣货区的库存量低于设定标准时,利用堆垛机将上层保管区的货物搬至下层拣货区。此补货方式适合体积不大、库存量不高,且出货多属中小量(以箱为单位)的物品。

2)整箱补货

整箱补货是由货架保管区补货到流动货架的动管拣货区,如图4.13所示。这种补货方式的保管区为料架储放区,动管拣货区为两面开放式的流力货架拣货区。拣货员拣货之后把货物放入输送机并运到发货区,当动管区的存货低于设定标准时,则进行补货作业。此补货方式适合体积小、出货数量少、品种多的货物。

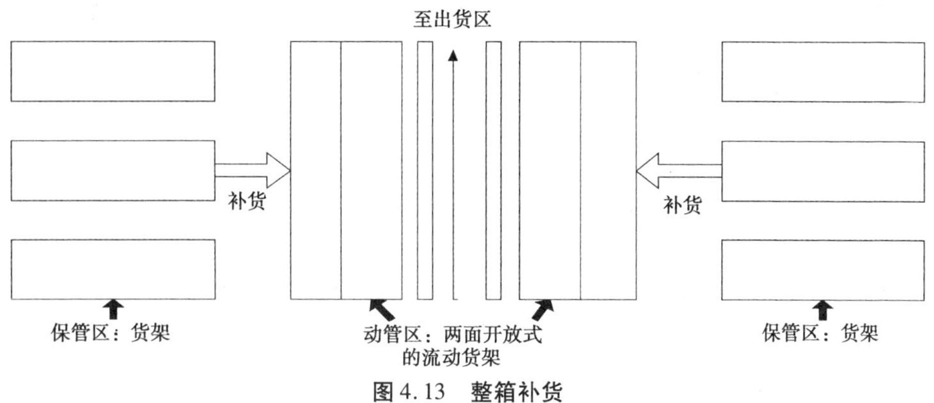

图4.13　整箱补货

3)托盘补货

托盘补货是以托盘为单位进行补货的一种方式。根据补货的位置不同，又分为两种情况:一种是地板至地板,另一种是地板至货架。

(1)地板至地板的整托盘补货

地板至地板的整托盘补货是以托盘为单位进行补货,如图4.14所示。托盘由地板堆放保管区运到地板堆放动管区,拣货时把托盘上的货箱置于中央输送机上送到发货区。当存货量低于设定标准时,立即补货,使用堆垛机把托盘由保管区运到拣货动管区,也可把托盘运到货架动管区进行补货。这种补货方式适合于体积大或出货量多的货品。

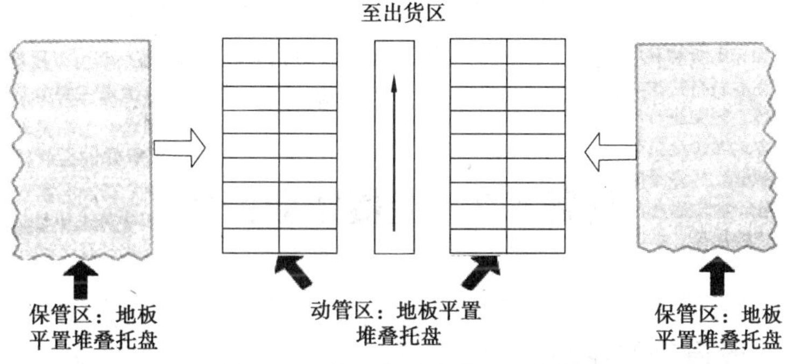

图4.14　地板至地板整托盘补货

(2)地板至货架的整托盘补货

此补货方式保管区是以托盘为单位地板平置堆叠存放,动管区则为托盘货架存放。拣取时拣货员在拣取区搭乘牵引车拉着推车移动拣货,拣取后再将推车送至输送机轨道出货。一旦发觉拣取后动管区的库存太低,则要进行补货作业。此补货方式适合于体积中等或中量(以箱为单位)出货的物品。

4.6.2　补货时机

补货作业的时机取决于拣货区的货物库存量能否满足需求,也就是说,究竟何时补货要看拣货区的库存量。如果拣货过程中才发现拣货区货量不足需要补货,会影响整个拣货作业。

一般来说,补货时机有批次补货、定时补货和随机补货 3 种。

1)批次补货

批次补货是指在每天或每次拣货之前,经电脑统计所需的总拣取量和拣货区的库存量,计算差额并在拣货作业前补足货物。这种"一次补足"的补货时机适用于一天作业量变化不大、紧急订货不多,或是每次拣货量大需事先掌握的情况。

2)定时补货

定时补货是指将每天划分为若干个时段,补货人员在时段内检查拣货区货架上的库存量,如果发现不足马上补足货物。这种"定时补足"的补货时机适用于分批拣货时间固定,且处理紧急订货时间也固定的情况。

3)随机补货

随机补货是指定专门的补货人员,随时巡视动管区拣货区的物品存量,有不足随时补货的方式。这种"不定时补足"的补货时机适用于每次拣取量不大、紧急订货较多以至于一日内作业量不易事前掌握的情况。

任务 4.7　退货作业管理

4.7.1　一般退货的原因

1)依照协议退货

配送中心与客户在季节性商品、试销商品、代销商品等方面有特别协议时,待协议期满后,客户应将剩余商品退回配送中心。

2)有质量问题

对于商品鲜度不佳、数量不足或质量缺陷的商品,如果客户提出退货,配送中心也予以接受。

3)搬运途中损坏

由于包装污损或包装不良、在搬运过程中受到剧烈振动而造成商品破损的商品,将退回配送中心。

4)商品过期

有保质期的商品在送达客户或销售过程中超过有效保质期时,客户可能提出退货。为此,配送中心必须实施多次少量配送,从而减少过期商品的产生;同时要特别注意商品的生产日期,出货时做到先进先出。

5)次品回收

生产商在设计、制造过程中存在的问题,在商品销售后才由消费者发现或厂商自行发现的,配送中心必须立即部分或全部回收。此种情况不常发生,但却不可避免。

6)商品送错退回

凡是条码、品项、规格、细数、重量、数量等与订单不符的商品,都必须要退回配送中心。

4.7.2　退货作业管理的原则

配送中心在处理客户的退货时,应遵循以下原则。

1)及时受理原则

配送中心应及时受理来自客户的退货要求,无谓的拖拉只会增加企业成本,影响商品的回收利用,同时也使企业的形象大打折扣。

2)认真检测原则

退货的原因有多种,在界定责任前,质量管理部门应对商品进行认真检测,确定商品是存在质量问题还是“皮外伤”,从而为界定责任人和商品的再处理提供依据。

3)界定责任原则

质量管理部门对货物进行认真检测后,可确定商品存在的问题是配送中心在配送过程中产生的,还是客户在使用中产生的。与些同时,配送中心还要鉴别产生问题的商品是否由本配送中心送出,从而得出最佳的解决方案。

4)核算费用原则

处理退货会消耗大量的人力、物力和财力。配送中心在处理退货作业时,除由配送中心自身原因导致商品退货外,通常需要对要求退货的客户加收一定费用。

5)订立条件原则

配送中心应事先规定接受何种程度的退货,或者在何种情况下接受退货,并且规定相应的退货期限,如"仅在商品受损的情况下接受退货""7 d之内"等。

4.7.3 退货的作业流程

为规范退货工作,配送中心要制订一套符合企业标准流程的退货作业流程,以保证退货业务的顺利进行。

1)接受退货

客户向配送中心提出退货申请时,配送中心销售部门应立即受理,并将退货信息通知质量管理部门及市场部门,并主动会同质量管理部门人员确认退货的原因,以便其快速处理。同时,销售部门应根据合同判断客户的退货要求是否在服务范围之内,并要求客户提供接货时间、发票、退货理由,以及所退商品的型号、数量等信息,以便跟进处理。如果在服务范围内,则判断客户的退货理由是否得当,如正当则请客户按要求填写退货单(如表4.6所示),对客户及其所退商品进行登记,然后交由质量管理部门跟进。

2)检验退货

检验退货是配送中心处理退货的重要环节,因为退回商品的检验结果直接影响到成本、理赔,以及商品的后续处理工作。检验退货的重点是数量清点和质量检验。

表 4.6　退货单

退货单位：　　　　　　　　　　　　退货单位编号：

年　　月　　日

商品编号	品种规格	单　位	数　量		金　额	退货原因
			退　货	实　收		

收货：　　　　　　退货：　　　　　　开单：

3）重新入库

配送中心受理客户的退货要求后，其信息系统会根据相关信息生成销货退回单，如表 4.7 所示。销售人员接到退货后，将退货的名称和数量与销售退回单进行初步核对，在确保退货的基本信息没有误差后，由库存管理人员将货物重新入库。

表 4.7　销货退回单

退货单位：________________　　退货单位编号：______________

联系人：________　联系电话：________　退货日期：____年___月___日

序　号	货　号	品　名	规　格	数　量	出货单号	退货原因
1						
2						
3						
⋮						

开单人：

4）退款估算

由于销货和退货的时间不同，同一货物价格可能出现差异，同质不同价、同款不同价的问题时有发生，故配送中心的财务部门在退货发生时要进行退回商品价款的估价，将退货商品的数量、销货时的商品单价及退货时的商品单价信息输入企业的信息系统，并根据销货退回单办理扣款业务。

【案例分析】 上海联华完善采购网络，加强供应链管理

王宗南，这位联华超市有限公司董事长，常常向人们提起联华的核心技术。商业企业的核心技术有些什么？王宗南这样解释：联华近几年发展速度很快，每3 d有一家连锁店开业，至今已有1 400多家，销售额年均增长率123%，去年达140亿元，速度快了也让人担心，效益能否保持同步，增长是否稳健，这就需要强有力的技术支撑。对商业企业而言，这个技术主要是管理技术，包括采购技术、信息技术等。正是这些核心技术的提高，使联华的高速发展有了坚实的平台。

采购——全国建网，引领市场。上海浦东4 000 m^2 的联华大卖场中，商品琳琅满目，顾客正在细心挑选。记者在这里看到：东北豆制品专柜，热腾腾的豆奶一杯杯送到消费者手中；吉林土特产货架，松籽、猴头、木耳、山葡萄正在热卖；最受欢迎的是联华定牌生产的大米，卖场的陈荣荣经理介绍说："这大米我们一天能卖500多袋。这是我们企业在海丰农场定牌生产的，质量好，还便宜，上个月搞特价，顾客排着队来买。"从全国各地采购多种物美价廉的商品，丰富货架，联华近几年下了很大的功夫。采购是商业企业扩大销售、获取商品利润的关键环节。乍一看，市场上商品极其丰富，卖的东西都差不多，在品种上很难做文章，但联华不这么想。他们注意到有关部门的一项调查：在上海，商品供应可挑选的种类约为8万种，供应种类为3万余种，也就是说，每种商品的挑选余地仅为3:1，并不宽松。为让消费者到联华购物有"走千家不如走一家，走一家赛过走千家"的感觉，联华开始实施全国商品采购建网战略。联华一改过去等客上门的采购方式，主动走出去，到全国各地特别是农副产品集中的大省举行采购专场，建立商品采购中心。2000年，联华到各地组织了5次大的专场，引进了2 500多种新商品。如今，在联华拥有的商品总数中，各地商品每年都以倍数递增。主动走出去，不仅可以丰富货架，也使商业企业走向采购源头。联华的超市中，同类产品，从原产地直接采购来的商品价格要低10%左右。对部分销量大的产品，如酱油、纸巾、洗衣粉，联华主动选择生产厂家，工商联手，定牌加工。上海蓝星饮料厂生产的蒸馏水，原销量份额在联华超市仅为12%，每瓶售价2.4元；合作定牌"联华"品牌后，联华出资大量订货，每瓶价格降至2元，销售份额增长到48%。据统计，联华公司定牌产品的价格，一般要比同类商品低20%，受到消费者欢迎。农副产品销量大，消费者几乎天天离不开，这就对采购技术提出了更高的要求——价格更低，质量更好。联华推出了定单招标的采购方式，由科研单位

提供、食监部门认可的质检数据为标的，以社会公开招标形式下发订购单。在联华采访的时候，记者注意到联华卖的鸡蛋都标有生产日期，这不是件新鲜事。原来，联华了解到，鸡蛋在上海每年有近1亿公斤的消费量，但市场上蛋品质量良莠不齐，消费者买回去的鸡蛋，看着都一样，里边却常发现变质蛋、黏壳蛋。联华于是请来上海农科院、质监部门、营养学会的专家来制定标准，向社会公开订单招标。由于招标量大，供应商特别踊跃，联华再优中选优，比较质量、价格。现在联华销售的鸡蛋都是鸡场在36 h内直供超市的新鲜蛋，鸡蛋上标有生产日期，7 d内鸡蛋内在的营养价值不变，7 d后还没卖完的鸡蛋开始打折。定单招标，让人们看到商业资本对市场的引导。

物流配送——2%费率的背后。联华扩张很快，不过联华并不满足于此。在联华看来，连锁超市的首轮竞争拼的是网点、规模，第二轮竞争就要看后台，这就离不开一个强有力的物流配送中心。企业的物流技术能不能起作用，能不能快速准确地把握和满足各个门店的需要，同时以用很低的物流成本来支撑物流配送，每一个环节都变得十分重要。在这方面，联华有一个引以为傲的数字：联华物流配送的费率，即配送一定价值商品所需的物流配送成本一直控制在2%以内，低于沃尔玛4.5%。2%怎么来的？记者参观了联华生鲜加工配送中心。上午10点，正是配送中心繁忙的时候，一辆辆恒温车停在门口，蔬菜、肉类从这里直接送到加工中心。肉糜生产线上，各种肉类切片、切丝、切丁、切大排都由电脑控制完成，只有5名操作工，他们每人都有一个电子屏幕，显示配送物品的各种信息。每天，联华各连锁店发出生鲜食品的要货指令，采购部门负责采购，要货单随机生成加工单发送到配送中心各加工车间的电脑系统，配送中心再根据物流配送的时间和各门店的线路自动安排生产次序。生产加工完成后成品自动分装，送至各连锁店。目前，联华共有两个智能化配送中心，可以满足1 000家门店的配送工作。联华的物流配送充分体现出一个“快”字。联华做过对比：为30家门店配送6 000箱商品，从门店发出要货指令到配货作业仅需40 min，而按照传统的操作方式，这些配货作业至少要数小时。速度提高，商品周转加快，单位时间内配送总量增加，费率也就降了下来。先进的物流技术，使商品配送直接为商品销售创造机会。

供应链管理——优化产供销。联华最早从上海起家，经过10年的发展，早已跨出上海，1 400多家连锁店，开到了山东、天津、辽宁。从一个区域性企业向全国性企业转变，联华逐渐感觉到：市场的不确定性大大增加，统一管理越来越难。如何在高速扩张的同时，管理不掉队、效益同步增加？联华开始打造供应链管理模式。所谓供应链，是将供应商、制造商、分销商、零售商，直到最终用户连成一个整体的功能网链，优化产供销过程，满足企业利用全社会一切资源快速高效地进行经营的需求。联华的供应链管理首先体现在内部管理上，致力于解决企业总部与分支机构、下属门店、分公司、代理商之间的业务经营管理问题。联华在 1 400 多家连锁店间建立起统一的信息系统，总部可以通过网络对所有门店实行业务监控和管理。2001 年 12 月，联华在天津的第一家分店挂牌成立。上海的总部信息中心，工作人员轻点鼠标，这家分店对总部、配送中心的订货、配送、调拨、验收、退货、结算信息，立刻显示出来。联华的外部供应管理，主要解决核心企业与其固定的可依赖的供应商或客户之间的交易流程和业务信息管理。1999 年，当时联华采购的商品已有 2 万多种，采购、财务部门与 3 000 多家供应商有业务、资金往来，传统的经营方式与之越来越不适应。联华启用了 EDI 自动订货系统，首先在上海 10 家供应商中试点。现在联华的订货系统与上海家化、达能饼干、雀巢公司等上百家大型供应商连网，随时沟通信息。小型的供应商也能通过"供应商服务平台"，查询自己商品的销售、库存等信息。对联华来说，供应链不仅是一条链接从供应商到用户的物料链、信息链、资产链，更是一条增值链。联华做过测算：供应链管理的实施加快了商品周转速度，优化了与供应商的协同合作关系，可以使企业总成本下降 10%，供应链接点上的企业按时发货率可以提高 15% 以上，订货—生产的周期可缩短 25% ~30%。现在，联华正在进一步完善供应链建设，为进一步扩张做准备。

【讨论题】

1. 上海联华的采购网络管理有何特征？

2. 分析上海联华物流配送的费率，即配送一定价值商品所需的物流配送成本一直控制在 2% 以内的原因。

技能实训 1　运用储存策略进行储位规划

一、技能实训目标

1. 检查学生对配送中心储存作业掌握情况。

2. 提高学生分析问题、解决问题的能力，以及学生实际操作技能。

3. 通过对配送中心基本作业的观察，了解储位管理的重要性。

4. 根据商品特性、轻重、形状、周转率情况等，以及一定储位分配原则，确定商品具体存放的位置。

二、技能实训的方式

实地参观当地的配送中心。

三、技能实训的内容

1. 分组:6～8个人一组。

2. 教师带领学生到配送中心参观,了解配送中心储存的方式和储位确定的根据,并让学生进行记录,以便资料的整理。

3. 根据所参观的配送中心的实际情况,确定该配送中心所采用的储存策略,各小组拟定一个具体的计划。

四、技能实训成绩评定

每小组学生讨论后写出实训报告,然后小组之间进行交流并进行评分。

技能实训2　模拟订单处理作业

一、技能实训目标

1. 掌握订单处理的流程,能够进行订单业务各环节的操作。

2. 提高学生分析问题、解决问题的能力,提高学生的实际操作技能。

3. 培养学生的团队合作精神。

二、技能实训的方式

设定相关条件,上机进行物流模拟软件操作或分组明确岗位角色,模拟订单处理的流程。

三、技能实训的内容

1. 分组

①根据班级人数,将学生分为8个小组,明确小组岗位职责以及小组成员之间的分工。

②第二组设定订单号,建立客户档案。

③第三组存货查询及依订单分配存货。

④第四组计算拣取的标准时间,确定出货、拣货顺序。

⑤第五组分配后货源不足的处理。

⑥第六组订单资料处理输出。

⑦第七、八组为模拟客户。

2. 单证准备

各小组明确相应的岗位职责要求,按活动要求做好相关单证准备工作。

3. 订单业务处理

各小组相互配合,按以下流程处理订单业务:

①接受订单。

②确认订单。

③设定订单号并进行订单分类。

④设计订单档案资料内容。

⑤存货查询并依订单分配存货。

⑥计算拣取的标准时间。

⑦依订单确定出货顺序及拣货顺序。

⑧分配后货源不足的处理。

⑨订单资料处理输出。

4. 互换岗位角色

各小组互换岗位角色,再次模拟订单处理业务流程。

5. 填写实训报告

各小组进行小结,实训学生填写实训报告。

四、技能实训成绩评定

指导老师为各小组进行考核评分,并进行总结评价。

技能实训3　模拟拣货作业

一、技能实训目标

1. 掌握拣货作业的流程和拣货作业的方法,能够进行拣货业务各环节的操作。

2. 提高学生分析问题、解决问题的能力,提高学生的实际操作技能。

3. 培养学生团队合作精神。

二、技能实训方式

设定相关条件,上机进行物流模拟软件操作或分组明确岗位角色,安排学生在实训室内按拣货单位完成拣货作业。

三、技能实训内容

将学生按6~8人分组,明确实训任务及要求。

1. 按订单拣货实训

①拣货准备:信息人员生成拣货单并打印→学生领取拣货单并签名→选择适宜的拣货工具。

②拣取货物:寻找储位及货物→拿取货物并确认→将拣出的货物放入拣货篮内。

③签名确认:拣货员在拣货单上的"拣货人"一栏签名→将货物放到对

应客户的货位上。

2. 批量拣货实训

①拣货准备:信息员生成拣货单并打印→学生领取拣货单并签名→选择适宜的拣货工具。

②拣取货物:寻找储位及货物→按货物总量拿取货物并确认→将拣出的货物放入携带的工具中。

③分货:将拣选出来的货物送到理货区,按照拣货单上列明的客户的要货数量,从拣货工具中取出对应数量的货物,并放入该客户对应的货位上。

④签名确认:拣货员在拣货单上的"拣货人"一栏签名。

3. 撰写技能实训报告

四、技能实训成绩评定

指导老师为各小组进行考核评分,并进行总结评价。

习题 4

一、名词解释

1. 储位
2. 定位储放
3. 随机储放
4. 分类储放
5. 盘点
6. 账面盘点
7. 实物盘点
8. 拣选作业
9. 补货作业
10. 摘果法
11. 批量拣货

二、填空

1. 货物质量检验有感官检查和(　　　　　)。
2. 商品数量验收的方法主要有三核对和(　　　　　)。
3. 配送中心主要存储方式为堆垛方式和(　　　　　)。
4. 盘点可分为账面盘点和(　　　　　)。
5. 接受客户的订货方式主要分为传统的订货方式和(　　　　　)。
6. 库存分配模式可分为单一订单分配和(　　　　　)两种。

7. 通常可采用批次补货、定时补货和(　　　　)3 种方式。

8. 分货作业可分为人工分拣和(　　　　)。

9. 拣货作业分为信息处理和(　　　　)两部分内容。

三、选择题(把正确的答案填在题后的括号)

1. 储位管理的基本法则有(　　)。

A. 明确标识储位　　B. 空间利用的最大化

C. 有效定位商品　　D. 及时更新记录

2. 仓库空间有限,要求尽量利用空间,货品种类少宜采用(　　)储位策略。

A. 定位储放　　B. 随机储放

C. 分类储放　　D. 分类随机储放

3. 储位编码的方法主要有(　　)。

A. 区段方式　　B. 商品判别方式

C. 地址式　　D. 坐标式

4. 按订单拣货的优点主要有(　　)。

A. 订单处理前置时间短

B. 作业人员责任明确,派工容易,公平

C. 拣货后不必再进行分拣作业

D. 缩短拣选行走距离,增加单位时间拣选量

5. 仓库空间大、库存商品数量小、品种较多宜采用(　　)储位策略。

A. 定位储放　　B. 随机储放

C. 分类储放　　D. 分类随机储放

6. A 类主要货品(　　)盘点一次。

A. 每天或每周　　B. 2 ~ 3 周

C. 1 个月　　D. 3 个月

7. 实行批次分配时,应注意订单的分批原则有(　　)。

A. 按订单的时段划分　　B. 按配送的区域路径

C. 按流通加工的要求　　D. 按不同的客户对象

8. 补货方式主要有(　　)。

A. 货架上层向下层补货　　B. 整箱补货

C. 托盘补货　　D. 单品补货

9. 进货前的准备工作内容包括(　　)。

A. 储位准备　　B. 人员准备

C. 设备器材的准备　　D. 文件准备

10. 货物验收的标准主要有(　　)。

A. 采购合同或订单所规定的具体要求和条件

B. 以议价时的合格样品为依据

C. 产品的国家标准或国际标准

D. 采购合约中的规格或者图解

11. 货物验收的作业内容包括(　　)。

A. 质量验收　　B. 数量验收

C. 包装验收　　D. 重量验收

12. 退货的原因主要有(　　)。

A. 质量问题　　B. 搬运中损坏的商品

C. 商品过期退回　　D. 次品回收

13. 配送中心进行货物验收时,有时采用三核对的方式,三核对方式中不需要核对的项目是(　　)。

A. 商品条码　　B. 商品件数

C. 商品包装　　D. 规格和细数

14. (　　)是指将所有货物按照一定特性进行分类,每一类货物都有固定存放位置,而同属一类的不同货物又按一定的原则来分配储位。

A. 分类储存　　B. 随机储存

C. 分类随机储存　　D. 共同储存

15. 现货盘点中使用的方法是(　　)。

A. 期末盘点法和定期盘点法　　B. 期末盘点法和循环盘点法

C. 循环盘点法和账面盘点法　　D. 期末盘点法和动态盘点法

16. 下列不属于传统订货方式的是(　　)。

A. 电话订货　　B. 传真订货

C. 业务员跑单接单　　D. 订货簿配合终端机订货

17. 确认订单时,需要确认(　　)。

A. 客户信用　　B. 订单形态

C. 货物数量及日期　　D. 订货价格

四、判断题(正确的在题后的括号内打"√",错误的打"×")

1. 货物分类应该遵循从大类至小类,按统一标准、同一原则区分。(　　)

2. 为适应货物储存保管的需要,可按照货物的状态分类。(　　)

3. 对物理化学性能不稳定的商品应加大抽检比例。(　　)

4. 良好的搬运可以减少产品的毁损,提高产品的品质,减少客户的抱怨。(　　)

5. 连续搬运的流程是最经济的流程。 ( )

6. 周转率低的货品远离进货、出货区，或存放于位置较高的区域；周转率高的货品存储于接近出货区及位置较低的区域。 ( )

7. 相容性低的产品可以放置在邻近的储位。 ( )

8. 储位编码可以提高调仓和移仓的的工作效率。 ( )

9. 通常我们把货架纵向数称为“列”，每排货架水平方向的货格数称为“排”，每列货架垂直方向的货格数称为“层”。 ( )

10. 对漏盘、错盘和重盘应加强复盘。 ( )

11. 不同订单可以是相同的订单号码。 ( )

12. 滞销的货品或小、轻及容易处理的商品使用较近的储区。 ( )

五、简答题

1. 简述配送中心进货作业流程。(可用图表示)

2. 货物验收的作业内容主要包括哪些方面?

3. 储位管理的目标及其储位管理中应注意的问题是什么?

4. 简述商品的储位策略。

5. 简要回答商品的储位分配原则。

6. 盘点作业的基本步骤是什么?

7. 简述盘点的方法。

8. 简述配送中心订单处理作业流程。(可用图表示)

9. 什么是按订单拣选和批量拣选?两者各自有什么优缺点?

项目 5
配送中心库存管理

【知识目标】

掌握库存的分类；

掌握 ABC 库存分类法的原理；

掌握库存技术中经济订货批量法的原理；

了解配送中心库存控制的内容及方法；

掌握配送中心的库存控制的意义和库存控制的目的。

【能力目标】

能根据货物的价值特征，灵活运用 ABC 库存分类法管理配送中心的库存；

能根据实际情况，选择不同的模型确定最佳经济订货批量。

【项目结构图】

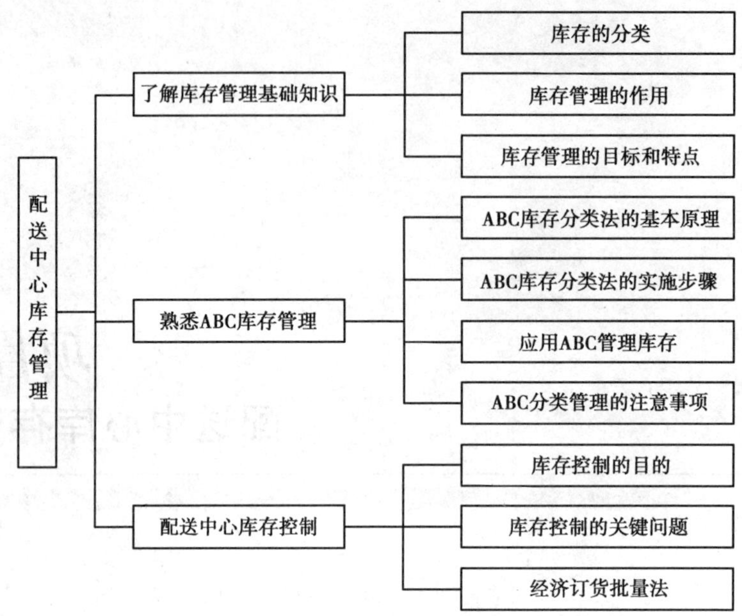

【案例引入】 惠普喷墨打印机的库存问题

喷墨打印机系列是惠普公司最成功的产品之一，自上市后销售额稳步上升。但随着销售额的上升，库存也不断上升，惠普配送中心的货盘上放满了喷墨打印机。更糟糕的是，欧洲分公司声称，为了保证各种产品的供货让客户满意，要进一步增加库存水平。每个季度，来自欧洲、亚太地区和北美三地的生产部、物料部和配送部的代表们聚在一起，但他们相互冲突的目标阻止了他们在库存这一话题上达成共识。惠普公司温哥华分部物料部门的特殊项目经理布伦特看出，惠普当时主要存在两个问题：第一个问题是找出一种好方法，既能随时满足顾客对各种产品的需求，又可尽量减少库存；第二个问题更棘手，是要在各部门之间，就正确的库存水平达成一致意见，这需要开发一个设置和实施库存目标的持续方法，并让所有部门在上面签字，以便采纳。

【思考】

请你就惠普公司的案例，试分析库存在企业生产中的作用以及产生的问题。

任务5.1　了解库存管理的基础知识

5.1.1　库存的分类

1)库存与库存管理的概念

(1)库存的概念

库存是指企业在生产经营过程中为销售或者耗用而储备的物资,是处于停滞状态的货物或商品。

(2)库存管理的概念

所谓库存管理,就是对于库存商品的管理。

库存管理与仓储管理既有区别又有联系。一般仓储管理主要是指对于仓库和仓储作业的管理,库存管理主要是对库存商品数量控制的管理。但是二者又是紧密联系的,因为仓储管理和库存管理都属于配送中心的主要工作,都围绕如何保证仓库的正常运转而展开。如确定每次订货批量大小是库存管理的任务,而决策时所用的数据资料很大一部分来源于仓储管理中的工作记录。

2)库存的分类

库存范围的确认,应以企业对库存是否具有法定所有权为依据,不论该商品存放在何处和处于何种状态。而配送中心对持有的库存不一定拥有所有权,因此可以参照其他的库存分类方法来对配送中心的库存按不同标准进行分类。

(1)按库存的用途进行分类

按库存的用途,库存可分为:原材料库存、半成品库存、产成品库存、维护/维修/作业用品库存、包装物和低值易耗品库存。

①原材料库存:尚未经过加工程序或者只经过简单处理的原材料,它是生产企业为制造产品而采购的。

②半成品库存:已经通过生产过程,但尚未最终完工的,等待进入下一道生产工序的库存。半成品库存之所以存在,是因为生产一件产品需要时间(称为循环时间)。

③产成品库存:生产加工过程已经全部结束,等待销售或者出库状态的库存商品。产成品必须以存货的形式存在的原因是客户在某一特定时期的需求是未知的。

④维护品库存:是指用于维护和维修设备而储存的配件、零件、材料等。维护品库存存在是因为维护和维修某些设备的需求和所花的时间有不确定性。

⑤包装物和低值易耗品库存:是指企业为了包装本企业产品而储备的各种包装容器和由于价值低、易损耗等原因而不能作为固定资产的各种劳动资料的存货。

(2)按照库存的目的进行分类

①季节性库存:是指配送中心应客户的要求为减少原材料季节性生产和季节性销售的影响而储存的原材料或产成品。

②周转库存:是指用于经常周转的库存商品,即在前后两批货物正常到达之间,提供客户需要的商品。

③安全库存:是指用于防止和减少因订货期间需求变化或到货期延误所引起的缺货损失而设置的库存。安全库存对作业失误和发生随机事件起着预防和缓冲作用,它是一项以备不时之需的存货。在正常情况下一般不动用,一旦动用,必须在下批订货到达时进行补充。

④促进销售的库存:为了提高市场占有率,企业需定期或者不定期开展促销活动,为此目的,企业需有计划地增加相应的库存。

⑤投机性库存:如果企业预测或者提前得知物价将上涨、原材料将短缺,为了获得更多的盈利,企业可有计划地增加相应的库存。

⑥节假日或季节性库存:有时在节假日或对一些季节性商品,市场需求在某段时间特别旺盛,可能出现供不应求。为了避免这一被动经营局面,采取提前储备相应所需货物而建立的库存。

5.1.2 库存管理的作用

1)库存管理可以促进库存周转

无论是生产企业还是商业企业,都是通过向社会提供产品或服务来获取利润求得生存和发展的。成本、效率问题是获取利润最关键的问题,而库存周转是否迅速正是企业成本效率问题中最重要的一环。库存对于企业的意义,全在于它能够满足生产或流通对于商品的需要上,而这种情况必须是适量、适时的,什么时候需要多少,就在这个时候供应多少,只有这样的供应才是合适的。不适量、不适时的供应都会对企业造成损害;过少、过晚都不行,这时缺货,不能够满足需要,影响企业的正常运转,甚至造成停产停业;但是过多、过早也不行,这个时候企业还不需要,这样供应的商品,企业需要接收下来,还要占用仓库把它们存放起来,并派人对其进行维护保养,况且这样保管下来的商品,不知道以后还用不用得上。因为市场是瞬息万变的,今天还畅销的商品,到明天说不定就被淘汰了。所有这些都给企业造成了损害。因此,通过配送中心帮助企业管理库存,提高库存管理水平,加快库存周转,不仅能为企业节约库存资金的占压,还能节约仓库的管理费用,并降低库存风险和库存损耗。这也是配送中心在专业化分工中具备的独特优势之一。

2)库存管理可以提高服务水平

由于市场竞争的日益加剧,企业必须不断提高服务水平,才能保持和提高竞争力。许多企业采取的一个策略就是将产成品库存靠近客户以利于及时交货,尤其对于可替代性很高的产品,这种策略更为重要。另外,为了防止缺货,配送中心通常保持一定数量的库存作为缓冲,即安全库存,以防止运输或订货方面出现问题而影响生产。许多企业不愿意因为原材料的缺货而关闭装配线,因为这种成本是相当高的。安全库存的数量将根据延迟交货的概率以及原材料的使用数量来确定。还有一些企业会面临原材料供应的不确定性,如当黄金有涨价征兆时,珠宝制造商就会提前购买和存储黄金。在这种情况下,配送中心一定要根据客户的特殊性制订库存管理制度和办法,努力满足客户的多样性需求。

3)库存管理可以获取规模效益

通过对库存的管理,可以从以下几个方面体现出规模经济性:

(1)获得大量购买的价格折扣

配送中心通过大量采购可以得到价格折扣,但是这样也许会增加库存积压的风险,以及使库存和储存费用上升。因此,需要衡量大量采购带来的采购成本的节约与产生的储存和库存费用之间的关系,如果库存成本的增加低于购买价格的节约,配送中心就愿意增加库存。

(2)批量运输降低运输成本

整车运输比零担运输的运费率低,只要运费低于仓储成本,那么大批量运输就对企业有利。许多企业在市场附近建立面向市场的配送中心,公司将产品由工厂大批量运送到配送中心,然后将产品以零担的方式短距离运送给客户。这样企业不仅可以缩短运货时间、提高服务水平,而且可以降低运输成本和在途存货成本。运输成本通常是原材料最终售价的一个重要组成部分,运输费率的降低对企业是非常重要的。

4)库存管理可以控制库存水平

不适时和不适量的库存就是企业受损害的根源。这些情况一旦发生,或者造成缺货,影响企业的正常经营;或者造成高库存,给企业增加了成本,降低了利润和企业的市场竞争能力。因此,库存管理的全部意义就在于适时适量。要做到适时适量,就要进行库存控制,因此库存管理的核心问题就是库存控制。而配送中心为企业提供专业化的库存管理服务,将库存控制在合理的水平上,不但要帮助企业去掉库存这个包袱,还要节约更多的成本,以及促进产品的销售。

5.1.3 库存管理的目标和特点

1)库存管理的目标

库存管理的目标主要有两个:一是保证供应,二是降低成本。首先是保证商品供应,不出现缺货情况。保留库存的根本目的就是要能够随时满足商品需求。对于配送中心而言,库存是保证商品供需不间断并合理流动的最重要功能。但是如果盲目地追求供应不间断而增加库存量,就会带来库存积压的风险,还会增加仓储管理的成本。因此,库存管理还要采取适当的措施,在保证供应的同时,千方百计降低成本,要通过科学的管理方法和手段把两个看似矛盾的目标统一起来。

2)库存管理的特点

近年来,由于环境发生了很大的变化,从而使企业的生产经营出现了若干新趋势,这些趋势对库存管理产生了极大的影响,主要表现在以下几个方面:

①库存被看成是一项投资成本,使库存管理更加重要。库存在企业资产中占据重要的位置,许多企业的库存达到总资产的50%以上。减少库存投资,就可以节省仓储费用和库存所占用的成本。

②库存成本管理的目标是受企业的总目标约束。库存系统是企业系统的一个组成部分,有时为了追求企业总成本最小而会增加库存。如果适当增加部分库存能减少其他费用支出,并且这部分节约额超过了库存成本的增加额,那么企业就会选择增加库存。

③产品系列化、多样化,使得企业的库存水平上升。如果某个企业只生产一种产品,那么企业根据预计销售量,就可以确定相应的周转库存和安全库存;如果该企业生产要增加产品的花色品种,那么在决定库存数量时,就必须为一种产品保持相应的库存,其库存总数就会大大增加。

④库存成本的逐步显性化和买方市场的形成使得零售商减少存货,因此造成存货由零售商转向供应商,加大了企业库存管理的难度。为了保障供应,供应商不得不增加库存来满足零售商的随时订货。

⑤供应链的加长使商品流通中间环节库存管理复杂程度加大。商品流通中间环节承担了越来越多的商品合理化流动和供应保障功能,其对供应链上下游信息的把握程度和物流运作的有效控制变得越来越精细和复杂。

任务5.2　熟悉ABC库存管理

5.2.1　ABC库存分类法的基本原理

一个配送中心,商品品种成千上万,限于人力、物力,不可能对每一种商品采用相同的处理方法,应当对不同商品区别对待,重要商品重点对待。在实践中人们发现,库存商品有的销售快,有的销售慢,有的价钱高,有的价钱低。在很多情况下,少数几个品种商品的销售额却占了总销售额的绝大部分,而占库存品种绝大多数的商品销售金额只占一小部分。在这种情况下,可以将那些品种很少而销售金额很大的商品归为一类,实行重点管理,而把那些品种数多但销售金额很少的商品分为一类,实行一般管理。这就是ABC分类法,又称帕累托原理。它是一种从名目众多、错综复杂的客观事物或经济现象中,通过分析,找出主次,分类排队,并根据其不同情况分别加以管理的方法。该方法是根据帕累托曲线所提示的“关键的少数和次要的多数”的规律在库存管理中的应用。

一般可以将库存按一段时间内的库存资金占用量分为3类:A类是库存

资金占用量最高的库存，这些品种可能只占库存总数的10%，但用于它们的库存成本却占到总数的70%；B类是库存资金占用量中等的库存，这些品种占全部库存的20%，占总库存资金占用量的20%；那些库存资金占用量较低的C类库存品种，只占全部库存资金占用量的10%，但却占库存总数的70%。除库存资金占用量指标外，企业还可以按照销售量、销售额、订货提前期、缺货成本等指标进行分类。通过分类，管理者就能为每一类的库存品种制订不同的管理策略，实施不同的控制。

5.2.2 ABC库存分类法的实施步骤

①收集数据。配送中心可以通过信息系统收集包括年度需求量、品种数、单价和资金占用等数据。

②处理数据。根据已收集数据，计算出各库存品种的年度库存总金额。

③编制产品顾客ABC分析表。将各库存品种占用资金的大小按顺序排列，分别计算库存金额累积百分比和品种数累积百分比。

④确定产品顾客ABC分类。

⑤根据已计算的年库存金额的累计百分比，按照ABC库存分类法的基本原理，对库存进行分类，并绘制分析图。

⑥制订顾客产品优先顺序矩阵。

⑦制订按照顾客分类的配送服务标准和供应商管理服务标准。

⑧确定库存管理模式和订货模式。

⑨在实际业务中修正库存管理模式。

5.2.3 应用ABC管理库存

1)A类商品的存储和配送管理

A类定义：存货品项少，但库存金额相当大，即所谓的“重要的少数”。配送中心必须有充足的库存，以避免缺货。A类商品特征及管理策略如表5.1所示。

表5.1　A类商品特征及相关策略

品种数所占比例/%	库存资金所占比例/%	存储策略	配送策略
10	70	对每件产品进行编号。 正确预测需求量。 少量频繁采购,减少平均库存量。 与出货需求者合作,使出库量平均化,以减小需求变动,减少安全库存。 缩短供应商前置时间。 采用定期订货方式,对其存货必须做定期的检查。 严格执行盘点,每天或每周定期盘点,以提高库存精确度。 对交货期限须加强控制,收发货设置严格标准。 货品放置于出入口附近。 实施货品包装标准化。 采购需经高层主管核准。	使用"定期订购制",并作短期预测:事先决定固定的订购周期,在周期结束前预测下一周期的需求量,再考虑目前的库存量、订购余额来决定。

2)B类商品的存储和配送管理

B类定义:介于A类与C类之间,存货品项与库存金额大致上占有相当比率,正常流动。B类商品特征及管理策略如表5.2所示。

表5.2　B类商品特征及相关策略

品种数所占比例/%	库存资金所占比例/%	管理策略
20	20	采用定量订货方式,但对前置时间较长,或需求量有季节性变动趋势的货品宜采用定期订货方式。 每2~3周盘点一次。 中量采购。 采购需经中级主管核准。

3)C 类商品的存储和配送管理

C 类定义:存货品项相当多,但库存金额却很少,即所谓的"不重要的大多数",慢速流动。C 类商品特征及管理策略如表 5.3 所示。

表 5.3　C 类商品特征及相关策略

品种数所占比例/%	库存资金所占比例/%	管理策略
70	10	采用定量订货方式,节省手续。 大量采购,以在进货价格上获得优惠。 简化库存管理手段,以最简单的方式管理。 安全存量需较大,以免发生存货短缺事项。 可交由现场保管使用。 每月盘点一次即可。 采购仅需基层主管核准。

5.2.4　ABC 分类管理的注意事项

ABC 分类控制的目标是把重要的货物与不重要的货物区分开来并且区别对待,企业在对 ABC 3 类货物进行分类控制时,还需要注意以下几个方面:

①ABC 分类与货物单价无关。A 类货物占用库存资金额很高,可能是单价不高但需求量极大的组合,也可能是单价很高但需求量不大的组合。与此相类似,C 类货物可能是单价很低,也可能是需求量很小。通常对于单价很高的货物,在管理控制上要比单价较低的货物更严格,并且可以取较低的安全系数,同时加强控制,降低因安全库存量减少而引起的风险。

②有时仅依据货物占用库存资金额的大小进行 ABC 分类是不够的,还需以货物的重要性作为补充。货物的重要性主要体现在缺货会造成停产或严重影响正常生产、缺货会危及安全和缺货后不易补充 3 个方面。对于重要货物,可以取较高的安全系数,一般为普通货物安全系数的 1.2 ~1.5 倍,提高可靠性,同时加强控制,降低缺货损失。

③进行 ABC 分类时,还要对诸如采购困难问题、可能发生的偷窃、预测困难问题、货物的变质或陈旧、仓容、需求量大小和货物在经营上的急需情况等因素加以认真考虑,作出适当的分类。

④可以根据企业的实际情况,将库存货物分为适当的类别,并不要求局

限于 ABC 3 类。

⑤分类情况不反映货物的需求程度，也不揭示货物的获利能力。

任务5.3　配送中心库存控制

5.3.1　库存控制的目的

1）库存控制的定义

库存控制是仓储管理的一个重要组成部分。它是在满足顾客服务要求的前提下通过对企业的库存水平进行控制，力求尽可能降低库存水平，提高物流系统的效率，以提高企业的市场竞争力。

2）库存控制的目的

①减少不必要库存投资。使库存量合理化，使营运资金的结构保持平衡。

②降低库存成本。

③保护财产。防止有形资产被窃，且使库存的价值在账簿上被正确的记录，以达到财务保护的目的。

④防止延迟及缺货，使进货与库存取得全面平衡。

⑤减少呆滞商品发生，使货物因物理和化学上的变化所产生的损失减至最少。

5.3.2　库存控制的关键问题

1）何时提出补充订货

所谓订购点，是指库存量降至某一数量时，应即刻请购补货的点或界限。订货点的确定至关重要，如果订货点抓得过早，将使库存增加，相对增加了货品的库存成本及空间占用成本；如果订货点抓得太晚，将造成缺货，甚至流失客户、影响信誉。

2)每次定货量是多少

订货量是指库存量已达到订货点时需要补充的数量,按此数量订购,方能配合最高库存量与最低库存量的基准。订货量太多,会造成物品积压,增加了劳力及占用仓库,从而增加了库存成本;若订货量太小,则会造成货物断档。

3)应维持多少库存

维持库存多少就涉及库存基准问题。库存基准包括最低库存量和最高库存量。

(1)最低库存量

最低库存量是指管理者在衡量企业本身特性、需求后,所订购货品库存数量应维持的最低界限。最低库存量又分为理想最低库存量和实际最低库存量两种。

①理想最低库存量:又称购置时间(lead-time),为了防止缺货、停产,企业需要维持一个临界库存,这个临界点也就是货品库存数量的最低界限。

②实际最低库存量:也称最低库存量,为安全库存量与理想最低库存量的总和。"安全库存量"是在理想最低库存量外再设定的,以防供应不及时发生的缺货。

(2)最高库存量

为了防止库存过多,占用仓容,各种货品均应限定其可能的最高库存水平,也就是货品库存数量的最高界限,一旦到达这个界限,就应停止订货或将该货物尽快出库。

5.3.3 经济订货批量法

1)相关成本分析

(1)订货成本 C

订货成本是物资供应部门补充库存、办理订货所需的费用,包括订货过程中的手续费、差旅费、验收费等。进货成本与订货次数成正比,与订货的批量成反比。

$$C = (R/Q) C_0 \tag{5.1}$$

式中 R——计划期需求量;

Q——经济订购批量；

C_0——平均一次订货费用。

(2)储存成本 H

储存成本是与库存物资有关的费用,包括仓库建筑物和设备折旧、保险费、管理费、搬运费、维修费、保管期间物资自然损耗损失费以及占用流动资金利息费等。

保管费直接与库存量的大小有关,与库存物资的平均库存量成正比。

$$H=(Q/2)\times C_H \tag{5.2}$$

式中　$Q/2$——平均库存量。就仓库而言,进货后库存量为 Q,随着物资的需求取用,到库存量为0,到再次进货前这一期间内的平均物资库存数量,就是平均库存量。

C_H——单位物资储存成本。

单位物资可按重量计,或按占用的仓库面积计。在大多数情况下,由于仓库存储物资的品种较多,各个品种的数量、重量和占用库房面积不一,单件保管费计算困难烦琐。因此,在计算保管费时,多采用保管费率 i 来计算,即用平均存货价值的百分比来表示保管费支出的大小。如可以说某种物资的保管费率是其年保管存货价值的20%。那么,保管费的计算也可写成下式:

$$H=(QPi)/2 \tag{5.3}$$

式中　Q——库存量;

P——库存物资单价;

i——保管费率。

(3)缺货成本 B

缺货成本是指由于中断供应而造成的损失费用,主要包括采取应急措施而支付的费用等。它与缺货数量和缺货时间成正比。

$$B=mC_Bt \tag{5.4}$$

式中　m——缺货数量;

C_B——单位时间单位产品的缺货费用;

t——缺货时间。

由上述分析可知,不同的成本项目与进货批量呈现着不同的变动关系。减少进货批量,增加进货次数,在影响储存成本降低的同时,却导致进货成本和缺货成本的提高;相反,增加进货批量,减少进货次数,尽管有利于降低进货成本与缺货成本,但同时会影响储存成本的提高。因此,如何协调各项成本间的关系,使其总和保持最低水平,是企业组织进货过程中需解决的主要问题。

2)经济订货批量的模型

(1)不允许缺货,订货一次送达

这种情况的假设是某种物质的库存量经过时间 T 下降到 Q_0 时随即订购到货,库存量由 Q_0 恢复到最高库存量 Q 所需时间为 t_0,然后明天以相同的需求量供应,而不发生缺货。库存量的变化情况如图 5.1 所示。

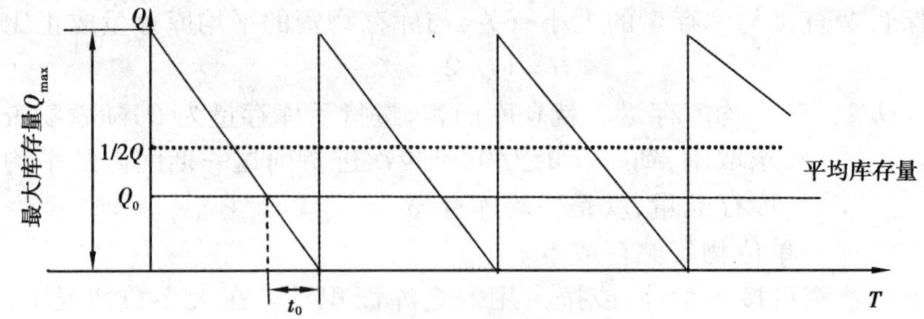

图 5.1　库存量的变化

库存模型如下：

$$Q = \sqrt{\frac{2RC_0}{C_H}} \tag{5.5}$$

$$T_C = \sqrt{2RC_H C_0} \tag{5.6}$$

式中　Q——经济订购批量；

R——计划期需求量；

C_0——平均一次订货费用；

C_H——单位物资存储成本；

T_C——进货成本与储存成本的最低数额。

【例】某物流公司仓库供应一种物质,年需要量 10 000 件,每件价格 1 元,每次采购费用 25 元,年保管费率为 12.5%,要求分别计算每年 1 ~ 20 次订货的各项费用值,并确定经济采购量和最小库存费用。

解　各项费用计算结果如表 5.4 所示。

表 5.4　费用分析表

序号	年采购次数	1	2	3	4	5	10	20
1	每次采购量/件	10 000	5 000	3 333	2 500	2 000	1 000	500
2	平均库存量/件	5 000	2 500	1 666	1 250	1 000	500	250
3	平均库存资金/元	5 000	2 500	1 666	1 250	1 000	500	250

续表

序号	年采购次数	1	2	3	4	5	10	20
4	保管费(3×12.5%)/元	625	313	208	156	125	63	31
5	年采购费(25元×次数)/元	25	50	75	100	125	250	500
6	总成本(4+5)/元	650	363	283	256	250	313	531

根据表内各项费用的分析,保管费和采购费随着采购量的变化而产生相反的变化。其中每年采购5次,每次采购量2 000件的库存费用最小,为250元。

将上列数据用公式计算,则经济采购量为:

$$Q_0 = \sqrt{\frac{2RC_0}{Pi}} = \sqrt{\frac{2 \times 10\ 000 \times 25}{1 \times 12.5\%}}\text{件} = 2\ 000\text{件}$$

最小库存费用为:

$$T_C = \sqrt{2RC_0Pi} = \sqrt{2 \times 10\ 000 \times 25 \times 12.5\%}\text{元} = 250\text{元}$$

计算结果与表5.6结果完全一致。

(2)不允许缺货,订货陆续送达

这种情况的假定是从再订货点开始一定时间内,一方面按一定进度入库;另一方面按需求组织供应(出库),直到达到最大库存量为止。这时不再进货,而只是向需求单位供货,直到库存量为 Q_0 才开始新的库存周期,在每个库存周期 T 内,包括两种不同的状态,边进货边供应状态和完全是供应状态。

设 r_1 为订购物质在入库期内每天入库的数量;r_2 为订购物质在入库期内每天出库的数量。

如果模型的其他参数不变,为了建立库存模型,必须首先求出在新情况下的平均库存量。为了求出平均库存量,必须求出模型的最大库存量。

$$\text{按采购合同物质入库所需的时间(d)} = Q/r_1 \tag{5.7}$$

$$\text{在入库期间因需要出库的物质数量} = (Q/r_1) \cdot r_2 \tag{5.8}$$

$$\text{最大库存量} = Q - (Qr_2/r_1) \tag{5.9}$$

$$\text{平均库存量} = Q(1 - r_2/r_1)/2 \tag{5.10}$$

应该指出上式中在订购物质入库期间,入库的数量必须大于出库数量,即 $r_1 > r_2$。

现列出模型如下:

经济采购量

$$Q_0 = \sqrt{\frac{2RC_0}{C_H\left(1 - \frac{r_2}{r_1}\right)}} \tag{5.11}$$

最小库存费用

$$E_0 = \sqrt{2RC_0C_H\left(1 - \frac{r_2}{r_1}\right)} \tag{5.12}$$

【例】某物流公司仓库预计每年需要向某单位供应某物质 219 000 件，每天平均消耗 600 件，供货单位每天可向仓库提供 1 000件，每次订货费用 25 元，每年存储费用为 0.125 元/件，求该仓库每批最佳订货量和最小库存费用？

解　根据题意　$R = 219\ 000$ 件

$r_1 = 1\ 000$ 件

$r_2 = 600$ 件

$C_0 = 25$ 元

$C_H = 0.125$ 元/件

则 $Q_0 = \sqrt{\frac{2RC_0}{C_H\left(1 - \frac{r_2}{r_1}\right)}} = \sqrt{\frac{2 \times 219\ 000 \times 25}{0.125 \times \left(1 - \frac{600}{1\ 000}\right)}}$ 件 $= 14\ 799$ 件 $\approx 14\ 800$ 件

$E_0 = \sqrt{2RC_0C_H\left(1 - \frac{r_2}{r_1}\right)} = \sqrt{2 \times 219\ 000 \times 25 \times \left(1 - \frac{600}{1\ 000}\right)}$ 元 $= 740$ 元

(3) 允许缺货，订货一次送达

这种情况是假定在两次进货的间隔时间内，允许有一段时间的暂时缺货，等下一次到货后给用户一并补齐缺货量。由于出现缺货，因而使存储量降低，库存费用减少，但增加了缺货损失费用。考虑既有存储费用又有缺货损失费用的合理库存问题时，就必须同时确定最佳订货批量和允许缺货量。

$$Q^* = \sqrt{\frac{2C_0R(C_H + B)}{BC_H}} \tag{5.13}$$

$$Z^* = \sqrt{\frac{2RC_HC_0}{B(B + C_H)}} \tag{5.14}$$

$$C^* = \sqrt{\frac{2RBC_HC_0}{B + C_H}} \tag{5.15}$$

式中　R——计划期需求量；

B——单位物质的缺货成本；

Z^*——允许缺货量。

【例】某物流公司仓库每年需要消耗某种零件24 000个，消耗是均匀的，允许缺货。每个零件的存储费为1.2元/件，采购一批零件的费用为350元，每个零件的缺货损失费为2.4元/件，应采取怎样的库存方案最合适？

解 已知 $R = 24\ 000$ 个

$C_H = 1.2$ 元/个

$C_0 = 350$ 元

$B = 2.4$ 元/件

则

$$Q^* = \sqrt{\frac{2C_0R(C_H + B)}{BC_H}} = \sqrt{\frac{2 \times 350 \times 24\ 000 \times (1.2 + 2.4)}{2.4 \times 1.2}}\text{件} = 4\ 583\text{件}$$

$$Z^* = \sqrt{\frac{2RC_HC_0}{B(B + C_H)}} = \sqrt{\frac{2 \times 24\ 000 \times 1.2 \times 350}{2.4 \times (2.4 + 1.2)}}\text{件} = 1\ 528\text{件}$$

$$C^* = \sqrt{\frac{2RBC_HC_0}{B + C_H}} = \sqrt{\frac{2 \times 24\ 000 \times 2.4 \times 1.2 \times 350}{2.4 + 1.2}}\text{元} = 3\ 666\text{元}$$

(4)允许缺货，订货陆续送达

在允许缺货，订货陆续送达的情况下，其计算方法如下：

$$Q^* = \sqrt{\frac{2RC_0(C_H + B)}{BC_H\left(1 - \frac{r_2}{r_1}\right)}} \tag{5.16}$$

$$Z^* = \sqrt{\frac{2C_HC_0R}{B(C_H + B)\left(1 - \frac{r_2}{r_1}\right)}} \tag{5.17}$$

$$C^* = \sqrt{\frac{2C_HC_0BR}{C_H + B} \times \left(1 - \frac{r_2}{r_1}\right)} \tag{5.18}$$

【例】某物流公司仓库预计需要向某单位供应甲物质219 000件，供货单位每天可向仓库提供1 000件，每次订货费用25元，每年存储费为0.125元/件，允许缺货，每件物质的缺货损失费为0.25元/件，该仓库每批最佳订货量和最佳缺货量是多少？

解 已知 $R = 219\ 000$ 件

$r_1 = 1\ 000$ 件

$r_2 = 600$ 件

$C_H = 0.125$ 元/件

$C_0 = 25$ 元

$B = 0.25$ 元/件

则

$$Q^* = \sqrt{\frac{2RC_0(C_H + B)}{BC_H\left(1 - \frac{r_2}{r_1}\right)}} = \sqrt{\frac{2 \times 25 \times 219\ 000 \times (0.125 + 0.25)}{0.25 \times 0.125 \times \left(1 - \frac{600}{1\ 000}\right)}}\text{件}$$

$$= 18\ 125\text{ 件}$$

$$Z^* = \sqrt{\frac{2C_H C_0 R}{B(C_H + B)\left(1 - \frac{r_2}{r_1}\right)}} = \sqrt{\frac{2 \times 0.125 \times 25 \times 219\ 000}{0.25 \times (0.125 + 0.25)\left(1 - \frac{600}{1\ 000}\right)}}\text{件}$$

$$= 6\ 041\text{ 件}$$

$$C^* = \sqrt{\frac{2C_H C_0 BR}{C_H + B} \times \left(1 - \frac{r_2}{r_1}\right)}$$

$$= \sqrt{\frac{2 \times 0.125 \times 25 \times 0.25 \times 219\ 000}{0.125 + 0.25} \times \left(1 - \frac{600}{1\ 000}\right)}\text{元} = 604\text{ 元}$$

【案例分析】 詹姆(JAM)电子寻找有效的库存管理策略

詹姆(JAM)电子是一家生产诸如工业继电器等产品的韩国制造商企业。公司在远东地区的5个国家拥有5家制造工厂,公司总部在首尔。

美国詹姆公司是詹姆电子的一个子公司,专门为美国国内提供配送和服务功能。公司在芝加哥设有一个中心仓库,为两类顾客提供服务,即分销商和原始设备制造商。分销商一般持有詹姆公司产品的库存,根据顾客需要供应产品。原始设备制造商使用詹姆公司的产品来生产各种类型的产品,如自动化车库的开门装置。

詹姆电子大约生产2 500种不同的产品,所有这些产品都是在远东制造的,产成品储存在韩国的一个中心仓库,然后从这里运往不同的国家。在美国销售的产品是通过海运运到芝加哥仓库的。

近年来,美国詹姆公司已经感到竞争大大加剧了,并感受到来自于顾客要求提高服务水平和降低成本的巨大压力。不幸的是,正如库存经理艾尔所说:"目前的服务水平处于历史最低水平,只有大约70%的订单能够准时交货。另外,很多没有需求的产品占用了大量库存。"

在最近一次与美国詹姆公司总裁和总经理及韩国总部代表的会议中,艾尔指出了服务水平低下的几个原因:

(1)预测顾客需求存在很大的困难

(2)供应链存在很长的提前期

美国仓库发出的订单一般要6~7周后才能交货。主要因为:一是韩国的中央配送中心需要1周来处理订单;二是海上运输时间比较长。

(3)公司有大量的库存

如前所述,美国公司要向顾客配送2 500种不同的产品。

(4)总部给予美国子公司较低的优先权

美国的订单的提前期一般要比其他地方的订单早1周左右。

为了说明预测顾客需求的难度,艾尔还向大家提供了某型号产品的月需求量信息,如图5.2所示。

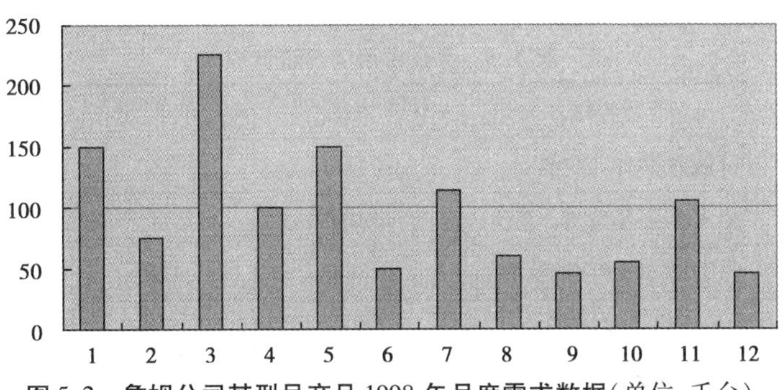

图5.2　詹姆公司某型号产品1998年月度需求数据(单位:千台)

但是,总经理很不同意艾尔的观点。他指出,可以通过用空运的方式来缩短提前期。这样,运输成本肯定会提高,但是怎么样进行成本节约呢?最终,公司决定建立一个特别小组来解决这个问题。

【讨论题】

1. 詹姆公司如何针对这种变动较大的顾客需求进行预测?
2. 詹姆公司如何平衡服务水平和库存水平之间的关系?
3. 提前期和提前期的变动对库存有什么影响?詹姆公司该怎么处理?
4. 对詹姆公司来讲,什么是有效的库存管理策略?

技能实训　ABC分类管理法

一、技能实训目标

1. 根据不同的存储需求,合理选择ABC分类方法的能力。
2. 会按金额进行ABC货物分类。

3.具备保证作业过程简捷、流畅的能力。

二、技能实训方式

将学生分为6~8人一组，给每个小组布置任务，以小组为单位，完成物品ABC分类方案并进入实训室进行实操。

三、技能实训内容

1.学生抽取作业任务单(包括客户需求预测及库存控制单据、ABC分类单据、物品信息单据)。

2.学生根据物品及库存占用资金量情况统计表所提供的信息计算完成。库存占用资金量情况统计表如表5.5所示，资金占用ABC分类表如表5.6所示。

表5.5 资金占用情况统计表

商品代码	商品名称	年使用量/件	单价/元	年金额/元
W103123	诚诚油炸花生仁	10 000	38	380 000
W003017	金多多婴儿营养米粉	10 000	35	350 000
W042441	吉欧蒂亚干红葡萄酒	14 000	120	1 680 000
W007441	蜂圣牌蜂皇浆冻干粉片	7 000	53	371 000
W061360	脆香饼干	8 000	24	192 000
W010887	黄桃水果罐头	10 000	38	380 000
W052068	利鑫达板栗	10 000	78	780 000
W784129	小师傅方便面	2 000	50	100 000
W800173	休闲黑瓜子	1 000	60	60 000
W109163	玫瑰红酒	10 000	80	800 000
合计	—	—	—	5 093 000

表5.6 资金占用ABC分类表

商品编码	商品名称	年使用量/件	单价/元	占用资金数额/元	占用资金		品目		分类结果
					百分比/%	累计百分比/%	百分比/%	累计百分比/%	
(1)	(2)	(3)	(4)	(5)	(6)	(7)	(8)	(9)	(10)

3.学生将目标物品根据储备数量分别码放在不同的托盘上，并根据分类

表判断物品类别,根据其类别选择相应货位,利用装卸搬运工具完成货物的入库。

4.入库完成后,进行5S现场管理。

四、技能实训成绩评定

指导老师为各小组进行考核评分,并进行总结评价。

习题5

一、名词解释

1.库存

2.库存控制

3.安全库存

4.ABC分类法

5.订购点

二、填空题

1.库存管理的目标,一是(　　　　),二是降低成本。

2.对于(　　　　)物质采用定期订货方式,对其存货必须做定期的检查。

3.(　　　　)是指库存量已达到订货点时,需要补充的数量。

4.库存基准包括(　　　　)库存量和(　　　　)库存量。

5.实际最低库存量,等于(　　　　)与理想库存量的总和。

6.(　　　　)是指由于中断供应而造成的损失费用,主要包括采取应急措施而支付的费用等。

三、选择题(把正确的答案填在题后的括号内)

1.库存按照库存的目的进行分类可分为(　　)。

A.投机性库存　　B.安全性库存

C.季节性库存　　D.产成品库存

2.下述哪项不属于制造企业的库存?(　　)

A.原材料　　B.产成品

C.在制品　　D.库存记录

3.库存管理的作用主要有(　　)。

A.库存管理可以促进库存周转

B.库存管理可以提高服务水平

C.库存管理可以获取规模效益

D. 库存管理可以控制库存水平

4. ABC 库存管理法的要点是从中找出关键的少数和次要的多次,其中关键的少数属于(　　)。

A. C 类　　B. A 类

C. B 类　　D. D 类

5. 库存控制的主要目的有(　　)。

A. 减少不必要库存投资　　B. 降低库存成本

C. 库存控制可以获取规模效益　　D. 保护财产

6. 设某企业对某物资的年需求量为 10 000 件,该企业每次订货量为 1 000件,一次订货成本为 100 元,则该企业全年采购该物资所需的订货费用为(　　)。

A. 10 000 元　　B. 1 000 元

C. 100 000 元　　D. 100 元

四、判断题(正确的在题后的括号内打"√",错误的打"×")

1. 库存管理与仓储管理二者是等同的。(　　)

2. 在正常情况下一般不动用安全库存量。(　　)

3. 库存控制的目标只是要降低维持库存费。(　　)

4. 对 A 类物品应少量频繁采购,对 B 类物品应中量采购。(　　)

5. 通过库存控制减少呆滞商品发生。(　　)

6. 平均库存量和每年订货次数成反比。(　　)

7. EOQ 模型就是要使订货费用最省。(　　)

8. 当某种货物的库存量达到最高库存量的界限时,应停止订货。(　　)

9. 订货成本与订货次数成反比,与订货量成正比。(　　)

10. 储存成本与库存物资的平均库存量成正比。(　　)

五、简答题

1. 什么是库存? 如何对库存进行分类?

2. 简述库存管理的作用。

3. 简述库存控制的目的。

4. ABC 分类法的的基本原理和实施步骤是什么?

六、计算题

1. 某物流公司仓库供应一种物质,年需要量 40 000 件,每件价格 1 元,每次采购费用 36 元,年保管费率为 12.5%,要求确定经济采购量和最小库存费用。

2. 某物流公司仓库预计每年需要向某单位供应某物质 250 000 件,每天平均消耗900件，供货单位每天可向仓库提供1 300件，每次订货费用36元，每年存储费用为0.125元/件，求该仓库每批最佳订货量和最小库存费用。

3. 某物流公司仓库每年需要消耗某种零件36 000个，消耗是均匀的，允许缺货。每个零件的存储费为2元/件，采购一批零件的费用为300元，每个零件的缺货损失费为2元/件，应采取怎样的库存方案最合适？

4. 某物流公司仓库预计需要向某单位供应甲物质25 000件，每天平均消费900件，供货单位每天可向仓库提供1 300件，每次订货费用36元，每年存储费为0.125元/件，允许缺货，每件物质的缺货损失费为0.25元/件，该仓库每批最佳订货量和最佳缺货量是多少？

项目 6
配送中心流通加工与包装管理

【知识目标】

了解流通加工的概念和主要功能；

掌握流通加工的内容；

了解包装的功能和分类，掌握运输包装；

掌握常用的包装材料和包装技术；

掌握运输包装标志。

【能力目标】

能够完成简单的流通加工作业；

能够辨别不同的包装材料，并根据实际选择适合的包装材料和包装容器；

能够应用包装技术对物品进行简单包装，并能够识别运输包装的各类标志。

【项目结构图】

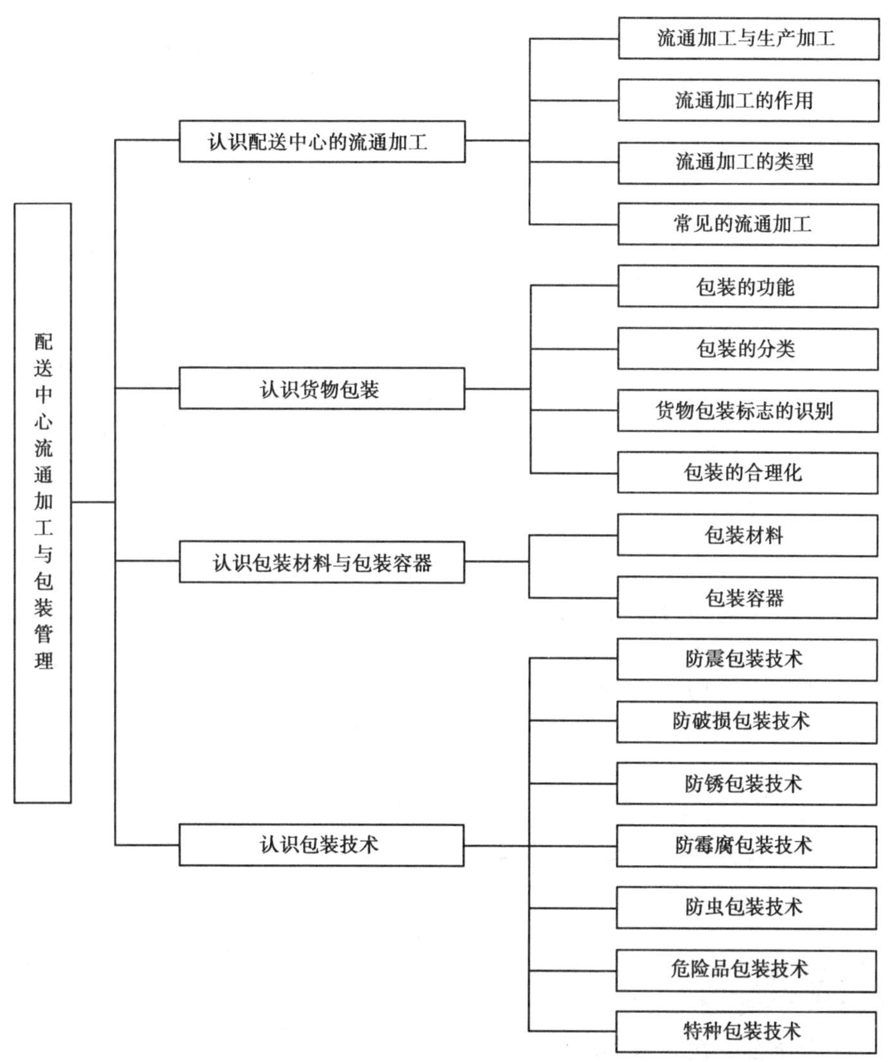

【案例引入】　上海联华生鲜食品的加工配送

上海联华生鲜食品加工配送中心有限公司是联华超市股份有限公司的下属公司，主营生鲜食品的加工、配送和贸易。总投资 6 000万元，建筑面积 35 000 m^2，冷库总储藏量 8 700 t，有运输车辆 46 辆，其中制冷保温车 24 辆。配送中心年生产能力 20 000 t，其中肉制品 15 000 t，生鲜盆菜、调理半成品

3 000 t,西式熟食制品 2 000 t。产品结构分为 15 大类约 1 200种生鲜食品;同时配送中心还从事水果、冷冻品以及南北货的配送。配送范围覆盖联华标超、快客便利、世纪联华、华联吉卖盛、联华电子商务等 2 000多家门店。

生鲜食品一般是指肉类、水产、果蔬、面包、熟食等商品种类,这些商品是超市最重要的商品经营品种。生鲜食品加工配送由于其商品的特殊性,保值期短,大部分需要冷藏,客户对其色泽、新鲜度等要求很高,因此在物流过程中需要快速流转。

上海联华的加工型物流运作是在配送中心对物品进行生产辅助性加工后再进行配送的物流运作模式,其内容包括分割、包装、计量、检验、贴标等。生鲜食品的加工按原料和成品的对应关系可分为组合和分割,两种类型在 BOM 设置和原料计算以及成本核算方面都存在很大的差异。在 BOM 中每个产品设定一个加工车间,只属于唯一的车间,在产品上区分最终产品、半成品和配送产品,商品的包装分为定量和不定量的加工,原料的类型区分为最终原料和中间原料,设定各原料相对于单位成品的耗用量。

在配送中心,每天由各门店的电脑终端将当日的生鲜食品要货指令发送给配送中心,配送中心的电脑系统加以处理之后产生两条指令清单,一条指令直接提示采购部门按具体的需求安排采购,另一条即时发送给各加工车间控制加工流水线的电脑控制系统,按照当日的需求进行食品加工。如各种肉类的切片、切丝、切丁,甚至分切后成品的自动分盆、称重、分拣、贴标,都是由电脑系统控制完成。一盒肉糜,从原料投入到包装完毕,整个过程不超过 20 min。该系统还会根据门店的要货时间和前往各门店的送货路线远近自动安排生产次序,这样就能够保证生鲜食品当日加工、当日配送和当日销售,从而增强了生鲜食品配送中心最重要的竞争优势——鲜!

(资料来源:中国物流与采购网)

【思考】

1. 为什么要在配送中心进行流通加工?
2. 上海联华生鲜食品配送中心是如何进行生鲜食品的加工配送的?

任务6.1　认识配送中心的流通加工

6.1.1　流通加工与生产加工

流通加工是为了促进销售、提高物品的利用率和物流效率,在物品从生产者向消费者流动的过程中,按客户的要求对物品进行一定程度的加工。我国国家标准《物流术语》对流通加工的定义是:物品在生产地到使用地的过程中,根据需要施加包装、分割、计量、分拣、刷标志、拴标签、组装等简单作业的总称。

生产加工是改变产品物质的形状和性质,形成一定产品的活动,流通则是改变物质的空间状态与时间状态。流通加工是将物品的加工从生产环节转移到物流环节。流通加工是生产加工在流通领域中的延伸,也可以看成流通领域为了更好地服务,在职能方面的延伸。流通加工和一般的生产加工在加工方法、加工组织和管理方面并无显著区别,但在加工对象、加工目的、加工程度方面却有较大差别,流通加工与生产加工具体区别如表6.1所示。

表6.1　流通加工与生产加工的区别

区　别	流通加工	生产加工
加工对象	进入流通过程的商品,具有商品的属性	原材料、零配件、半成品,而非最终产品
加工程度	大多是简单加工	复杂加工
附加价值	目的在于完善其使用价值,在不作大改变情况下提高价值	目的在于创造价值及使用价值
加工目的	以消费为目的进行的加工,为流通创造条件	以交换和消费为目的的商品生产,为实现利润创造条件
从业者	从事流通工作的人员,由商业或流通企业完成	生产工人,由生产企业完成

6.1.2 流通加工的作用

1)提高原材料利用率

利用流通加工环节进行集中下料,将生产厂直运来的简单规格产品,按使用部门的要求进行下料。如将钢板进行剪板、切裁;钢筋或圆钢裁制成毛坯;木材加工成各种长度及大小的板、方等。集中下料可以优材优用、小材大用、合理套裁,提高原材料利用率。北京、济南、丹东等城市对平板玻璃进行流通加工(集中裁制、开片供应),玻璃利用率从60%左右提高到85%~95%。

2)提高加工效率及设备利用率

由于建立集中加工点,可以采用效率高、技术先进、加工量大的专门机具和设备。这样的好处:一是提高了加工质量,二是提高了设备利用率,三是提高了加工效率。其结果是降低了加工费用及原材料成本。如一般在对钢板下料时,采用气割的方法,需要留出较大的加工余量,不但出材率低,而且由于热加工容易改变钢的组织,加工质量也不好。集中加工后可采用高效率的剪切设备,在一定程度上防止了上述缺点。

3)进行初级加工,方便用户

对于水泥、钢材、木材等生产资料,许多企业每天都有需求,如汽车、家电制造企业每天都需要大量的钢板,对一般规模的生产企业,自己单独剪切,难以解决用料高峰和低谷差异引起的设备忙闲不均和人员浪费问题。如果依靠流通加工进行可以省去初级加工的设备、人力的投入,进行高效率初级加工,方便用户。目前常见的初级加工有:将水泥加工成生混凝土、将原木或板方材加工成门窗、冷拉钢筋及冲制异型零件、钢板预处理、整形、打孔等加工。

4)充分发挥各种输送手段的最高效率

流通加工环节将实物的流通分成两个阶段:第一阶段从生产厂到流通加工,这一阶段输送距离长;第二阶段从流通加工到消费环节,距离短。第一阶段是在数量有限的生产厂与流通加工点之间进行定点、直达、大批量的远距离输送,因此可以采用船舶、火车等大量输送的手段;第二阶段采用配送方式,利用汽车输送经过流通加工后的多规格、小批量、多用户的产品。这样不但可以充分发挥各种输送手段的最高效率,而且加快输送速度、节省运力运费。

5）改变功能，提高收益

在流通过程中进行一些改变产品某些功能的简单加工，可以提高产品销售的经济效益。如在内地生产的一些玩具、时装、轻工纺织产品、工艺美术品等，在深圳进行简单的装潢加工后，改变了产品外观功能，使产品售价提高20%以上。因此，在物流领域中，流通加工可以成为高附加价值的活动。这种高附加价值的形成，主要是着眼于满足用户的需要，提高服务功能而取得的。

6.1.3　流通加工的类型

1）为弥补生产领域加工不足的深加工

由于受到各种因素的限制，许多产品在生产领域的加工只能到一定程度，而不能完全实现终极的加工。如钢铁厂的大规模生产只能按标准规定的规格生产，以使产品有较强的通用性，从而使生产能有较高的效率，取得较好的效益。木材在产地完成成材，制成木制品，会造成运输的极大困难，所以在生产领域只能加工到圆木、板、方材这种程度。进一步的下料、切裁、处理等加工则由流通加工完成。这种流通加工实际是生产的延续，是生产加工的深化。

2）为满足需求多样化进行的服务性加工

从需求角度看，需求存在着多样化和变化两个特点，为满足这种要求，经常是用户自己设置加工环节，如生产型用户的再生产往往从原材料初级处理开始。现代生产的要求是尽量减少流程，尽量集中力量从事较复杂的技术性较强的劳动，而不应该将大量初级加工包揽下来。这种初级加工应该由流通加工来完成。这样生产型用户便可以缩短生产流程，使生产技术密集程度提高。

3）为提高原材料利用率的流通加工

流通加工利用其综合性强、用户多的特点，可以实行合理规划、合理套裁、集中下料的方法，就能有效提高原材料利用率，减少损失。

4)为提高加工效率的流通加工

对于一些生产企业,由于初级加工的数量有限,加工效率不高,难以投入先进的技术和设备。而流通加工以集中加工的形式,解决了单个企业加工效率不高的问题。它以一家流通加工企业的集中加工代替若干家生产企业的初级加工,大大提高了加工的效率。

5)为保护产品所进行的流通加工

为了保护商品,防止商品在运输、储存、装卸搬运等物流过程中受到损害和损失,可以采取稳固、改装、保鲜、冷冻等方式。这种流通加工并不改变进入流通领域的"物"的外形及性质。例如,水产品、肉类、蛋类的保鲜、保质的冷冻加工、防腐加工等;丝、麻、棉织品的防虫、防霉加工等。

6)为提高物流效率,方便物流的流通加工

有些商品本身的形态难以进行物流操作,在运输、装卸搬运过程中容易受到损害,因此需要进行适当的流通加工使物流各环节易于操作。如将造纸用的木材磨成木屑的流通加工,木屑经过压缩后可以大大提高运输工具的装载效率;自行车在消费地区的装配加工可以提高运输效率,从而提高物流效率。

7)为促进销售的流通加工

流通加工可以起到促进销售的作用。如将运输包装改成销售包装,以起到吸引消费者、促进销售的作用;将过大包装或散装物分装成适合销售小包装;将蔬菜、肉类洗净切块以满足消费者要求等。这种流通加工可以不改变"物"的本体,只进行简单改装的加工,也可以是组装、分块等深加工。

8)为衔接不同运输方式的流通加工

在干线运输和支线运输的结点设置流通加工,可以有效解决大批量、低成本、长距离的干线运输与多品种、少批量、多批次的末端运输和集货运输之间的衔接问题。在流通加工点与大生产企业间形成大批量、定点运输的渠道。可以以流通加工中心为核心,组织对多个用户的配送,也可以在流通加工点将运输包装换成销售包装,衔接不同目的的运输方式。

9)生产—流通一体化的流通加工

依靠生产企业与流通企业的联合,或者生产企业涉足流通,或者流通企

业涉足生产，形成生产与流通加工的合理分工、合理规划、合理组织，统筹进行生产与流通加工的安排，这就是生产—流通一体化的流通加工形式。这种形式可以促成产品结构及产业结构的调整，充分发挥企业的经济技术优势。

6.1.4　常见的流通加工

1)消费资料的流通加工

(1)生鲜食品的流通加工

流通加工最多的是食品。为便于保存，提高流通效率，食品的流通加工是不可缺少的。如鱼和肉类的冷冻、生奶酪的冷藏、生鲜食品的原包装等。生鲜食品流通加工主要有以下几种：

①冷冻加工：为了保护产品的新鲜度，解决鲜肉、鲜鱼等在流通中保鲜的问题，采取低温冻结方式的加工。如水产品、肉类、蛋类的保鲜、保质的冷冻加工。冷冻加工也可用于某些液体商品、药品等。

②分选加工：为了提高物流效率而进行的对蔬菜和水果的加工，如去除多余的根叶等。农副产品规格、质量离散情况较大，为获得一定规格的产品，采取人工或机械分选的方式加工称为分选加工。如连锁超市的各类净菜、水果、肉类等进行的加工、分类、清洗、贴标签及条码、包装等。分选加工广泛用于果类、瓜类、谷物等。

③精制加工：农、牧、副、渔等产品的精制加工是在产地或销售地设置加工点，去除无用部分，进行切分、洗净、分装等加工，然后分类销售，这样大大方便了消费者。

④分装加工：许多食品零售起点较小，运输包装一般比较大，运达销售地后，根据不同的销售地由大包装改成小包装、散装改成小包装、运输包装改成销售包装，将原来分散的商品进行重新包装后再投放到市场，以满足消费者对不同包装规格的需求，方便商品的销售。如啤酒运到销售地后灌装成听、罐、瓶、袋再进行销售，减少了物流运输成本，同时又大大方便了市场销售。

(2)机电产品的流通加工

机电产品的加工内容包括零配件的加工、半成品的加工以及机电产品的组装等业务。机电产品不易进行包装，储运困难较大，但机电产品有一个共同的特点，即装配比较简单，装配技术要求不高，主要功能已在生产中形成，装配后不需要进行复杂测试和调试。因此，为了解决储运问题，降低储运费用，可以采用半成品或部件大容量包装出厂，在消费地拆箱组装，组装后进行销售。这种流通加工方式已在我国广泛采用。

(3)商品贴标签、刷标记

根据顾客需求印制条码标签、价格标签并贴在物品外部。贴标签、刷标记业务既减少了客户的额外工作量,同时又可以给流通加工企业带来利润。

2)生产资料的流通加工

(1)钢材的流通加工

具有代表性的生产资料加工是钢材的加工。常见的有钢板的切割、钢板卷材展平及切断,型钢的熔断、线材切断、线材冷拉加工等。

在实际中,各种钢材(钢板、型钢、线材等)的长度、规格有时对客户不完全适用,如热轧厚钢板等板材最大交货长度可达7~12 m,有的是成卷交货,对于使用钢板的用户来说,如果采用单独剪板、下料方式,设备闲置时间长、人员浪费大、不容易采用先进方法,采用集中剪板、集中下料可以提高材料利用率,避免单独剪板、下料,解决材料利用低的问题。如剪板加工就是在固定地点设置剪板机进行下料加工,或设置种种切割设备将大规格钢板裁小,或切裁成毛坯以方便客户。这种流通加工以满足客户需求、服务客户为目的。

(2)木材的流通加工

木材的容重轻,在运输时占有相当大的容积,使车船满装但不能满载,同时,装车、捆扎也比较困难。因此,在木材产区可对原木进行流通加工,使之成为容易装载、易于运输的形状。木材的流通加工主要有磨制木屑压缩输送和集中开木下料两种方式。磨制木屑压缩输送是将原木磨成木屑,然后采取压缩方法使之成为容重较大、容易装运的形状,运往造纸厂作为造纸木浆的原料。集中开木下料是将原木锯裁成各种锯材,按用户需要加工成各种形状的材料,同时将碎木、碎屑集中加工成复合板材,方便运输和装卸。实行集中下料可以使原木利用率提高到95%,有相当好的经济效果。

(3)煤炭的流通加工

煤炭流通加工主要有除矸加工、煤浆加工、配煤加工等形式。

①除矸加工:除矸加工是以提高煤炭纯度为目的的加工形式。一般煤炭中混入的矸石有一定发热量,混入一些矸石是允许的,也是较经济的。但是,有时则不允许煤炭中混入矸石,在运力十分紧张的地区要求充分利用运力,降低成本,多运"纯物质",少运矸石,在这种情况下,可以采用除矸的流通加工方法排除矸石。除矸加工可提高煤炭运输效益和经济效益,减少运输能力浪费。

②煤浆加工:将煤炭磨成细粉,再用水调和成浆状,用管道进行输送。利用管道运输方式运输煤浆,可以减少煤炭消耗,提高煤炭利用率。

③配煤加工:在使用地区设置集中加工点,将各种煤及一些发热物质按不同配方进行掺配加工,生产出各种不同发热量的燃料,称配煤加工。这种加工方式可以按需要发热量生产和供应燃料,防止热能浪费和不足的情况发生。配煤加工在民用和工业中尤其是在电力工业中有广泛的应用。

④防止煤炭自燃的流通加工:大量储存的煤炭容易出现自燃现象,对环境造成污染和影响,严重的还会造成火灾。因此,需要采取特殊的保护措施,防止自燃,这也是煤炭物流过程中的特殊流通加工形式。

(4)水泥的流通加工

①水泥熟料的流通加工:在需要经过长距离运入水泥的地区,以熟料水泥代替传统的粉状水泥。水泥在该地区的流通加工点(磨细工厂)磨细,并根据当地资源和需要的情况掺入混合材料及外加剂,制成不同品种及标号的水泥供应给当地用户,可以大大降低运费、节省运力,是水泥流通加工的一种重要形式。

②集中搅拌混凝土:集中搅拌混凝土是将粉状水泥输送到使用地区的流通加工点,搅拌成混凝土后再供给用户使用。这种方式优于直接供应或购买水泥在工地现场搅拌制作混凝土,是水泥流通加工的另一种重要形式。这种流通加工方式将水泥的使用从小规模的分散形态改变为大规模的集中加工形态,采用现代科学技术和设备,提高混凝土质量和生产效率,提高搅拌设备的利用率,减少环境污染。

任务6.2　认识货物的包装

6.2.1　包装的功能

在社会再生产过程中,包装处于生产过程的末尾、物流过程的开头,包装对生产而言,标志着生产的完成,对物流而言,表明产品具有了物流的能力。我国国家标准《物流术语》对包装的定义是:为在流通过程中保护产品、方便储运、促进销售,按一定技术方法而采用的容器、材料及辅助物等的总体名称;也指为了达到上述目的而采用容器、材料和辅助物的过程中施加一定技术方法等的操作活动。简言之,包装是包装物及包装操作的总称。

在整个物流过程中,包装发挥对产品储运的保护作用、装卸、搬运的便利作用和销售宣传的促进作用,最终实现产品的使用和消费。

1)保护功能

保护商品是包装的首要功能,包装的保护功能主要体现在:防止商品破损变形;防止商品发生化学变化;防止腐朽霉变、鼠咬虫食;防止异物混入、污物污染;防止丢失、盗失等。科学的包装可以保护商品在流通过程、储运过程中的完整性和不受损伤。

2)便利功能

包装的便利功能指便于装卸、搬运、储存和销售,同时也便于消费者使用。要实现这一功能就要求包装的大小、形态、包装材料、包装重量、包装标志等各个要素都应为运输、仓储、装卸、搬运等作业创造方便条件,包装及拆装作业简便、快速,拆装后的包装材料应当容易处理。

3)促销功能

良好的包装能给人以美的享受,起到诱导和激发消费者的购买欲望的作用,成为产品推销的一种主要工具和手段。因此,包装被誉为"不讲话的推销员"。

6.2.2 包装的分类

包装的种类很多,可以从形态、功能、目的、包装方法等多个角度进行划分。

1)按包装在流通中的作用分类

(1)运输包装

运输包装又称工业包装、外包装,以满足运输、仓储要求为主要目的的包装。保证商品在运输、储存、装卸搬运过程中不散包、不破损、不变形、不受潮、不变质、不腐蚀等,即保持商品的数量和质量不变。

运输包装的重要原则是在满足物流要求的基础上使包装费用越低越好。

(2)销售包装

销售包装又称商业包装,直接接触商品并随商品进入零售店和消费者直接见面的包装。这种包装的特点是外形美观,有必要的装潢,包装单位适合消费者的购买量及商店陈设的要求。销售包装要以促进销售为主要目的,设计美观,有利于促销。

2)按包装形态分类

(1)个装

个装即单个包装,是直接接触商品的包装,是对商品的个体进行包装。

(2)内装

内装是内部包装,可以是个装,也可以是若干个商品的集合,是对个装进行组合,加强对商品的保护,便于计数。

(3)外装

外装是外部包装,通常是集合的大包装,其目的是便于对商品的运输、装卸。

3)按包装的保护技术分类

按包装的保护技术分为防潮包装、防锈包装、防虫包装、防腐包装、防震包装、危险品包装等。

6.2.3 货物包装标志的识别

为了便于装卸、运输、仓储等工作的顺利进行,防止错发、错运和损坏货物,在运输包装上用文字、图形和数字等制作的特定记号、说明等,称为包装标志。

货物在物流过程中必须有正确的标志,这些标志起着重要的作用。包装标志的主要作用是:便于识别和区分不同的货物;说明装运作业要求,以利于货物的装运、交接和保管;提示工作人员正确操作,以便保护货物的完整和人身、运输工具的安全。

运输包装的标志,按其用途可分为运输标志(Shipping Mark)、指示标志(Indicative Mark)、警告性标志(Warning Mark)。

1)运输标志

运输标志又称"唛头",是一种识别标志,通常由一个简单的几何图形和一些英文字母、数字及简单的文字组成。其作用是使货物在装卸、运输、保管过程中容易被有关人员识别,以防错发错运。

运输标志是为运输全过程中便于对货物的识别和辨认的需要而制作的。

它便于运输部门工作人员在运输过程中,借助运输标志将货件与票据相对照,认定收(发)货人,进行理货、装卸、交接、查核等,直至把货物正确运交收货人。在国际贸易中,运输标志也是核对单证、货物并使单货相符以利于加快货物运输的一个关键性问题。

运输标志的内容一般包括收发货人代号、参考号、目的港、件号。此外,根据货物特点和买卖双方的具体要求,运输标志还可以包括货物原产地、重量和体积等内容,如表6.2所示。

表6.2 运输标志示例

ABCCO	收货人名称
SC9750	合同号码
LONDON	目的港
No. 1/20	件号(顺序号和总件数)
N. W. 11.3 kg	净重
G. W. 16.4 kg	毛重
MEAS. 45.5 cm × 52 cm × 55.5 cm	体积
MADE IN CHINA	原产地标志

(1)收发货人代号

收货人或发货人名称的英文缩写或简称。

(2)参考号

如运单号、发票号、订货单号、贸易合同号等。

(3)目的地

目的地或目的港的名称。表示货物运往的目的地,必须用完整的目的地全名表示,否则会造成货物错运。当运往某一目的地的货物有两条以上的运输线路可供选择时,还应标明选定的经由路线。如果是中转货,应标明中转港口名称。

(4)件号和总件数

件号标志的作用是区分货组和明确各货组的货件数量。每件货物按顺序编写一个号码以及标明该批货物的总件数。如No. 1/100,表示该批货有100件,这是第一件货。

(5)重量和体积

重量包括毛重(Goss Weight)、净重(Net Weight)、皮重(Tare Weight),应注明计量单位。体积指包装件或裸装件的外部长、宽、高尺寸。重量、体积标志所记载的内容是运输部门确定货件以重量计费或体积计费的依据，也是区分货件是否超重、超长以及考虑具体装载安排的重要依据。

(6)原产地

标注生产国(地区)。

2)指示标志

2008年4月1日由中国国家标准化管理委员会和国家质量监督检验检疫总局共同发布了GB/T 191—2008《包装储运图示标志》，替代于国标GB/T 191—2000，于2008年10月1日在全国正式实施。指示标志按商品的特点，对于易碎、需防湿、防颠倒等商品，在包装上用醒目图形或文字，标明"小心轻放""防潮湿""此端向上"等，用来指示运输、装卸、保管人员在作业时需要注意的事项，以保证货物的安全。这种标志主要表示货物的性质、堆放、开启、吊运等的方法。指示标志图例如图6.1所示。

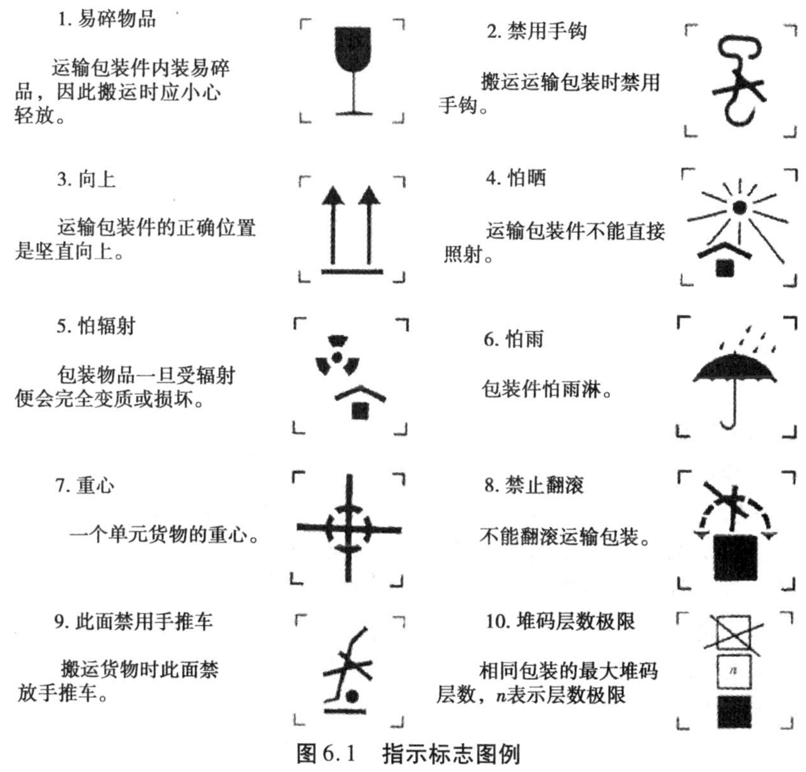

图6.1　指示标志图例

3)警告性标志

警告性标志也称危险品标志。用于指示危险货物的危险特性与类别,如易燃品、有毒品、爆炸品等,通常以形象的图案及文字表示,比指示标志更鲜明醒目。其作用是反映货物的危险性质,警示人们在运输、装卸和储存等过程中引起注意,以便采取相应的防护措施,保证货物、运输工具和人身的安全。

根据国家标准规定,在水陆、空运危险货物的外包装上拴挂、印刷或标打不同的危险品标志,如有毒、剧毒、爆炸品、氧化剂、易燃易爆物、压缩气体、遇水燃烧物、腐蚀性物品、放射性物品等,如图 6.2 所示。

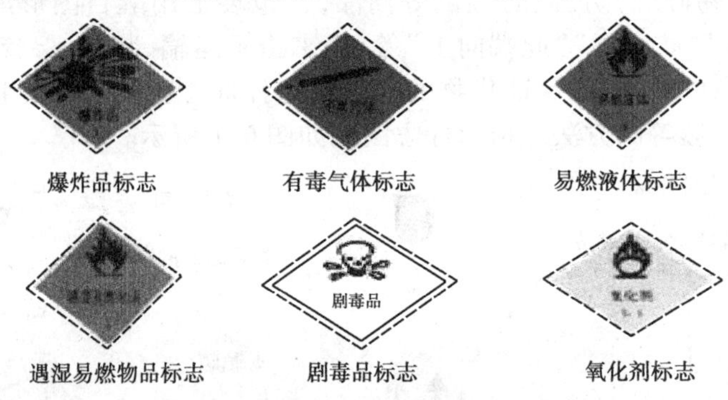

图 6.2　危险品标志图例

危险品标志的标打可采用粘贴、拴挂、钉附及喷涂等方法,标志的位置规定如下:

①箱类包装:位于包装端面或侧面的明显处。

②袋、捆包装:位于包装明显处。

③桶形包装:位于桶身或桶盖。

④集装箱、成组货物:粘贴 4 个贴面。

以上所有货物包装标志在使用过程中,可以根据买卖合同规定和货物运输情况适当增减。正确制作货物标志是非常重要的。货物承运人对托运货物的标志有具体要求,既要求完整正确,又要求在目的地交货时仍能保持完整清晰。通常,在运输合同中有这样的条款:“由于货物标志不清、消失等原因引起的货损事故,承运人不负责任。”然而,为保证运输安全和货运质量,货物承运人在遇有标志不清的货件时,应主动敦促货主及时按规定要求加以补正,否则可以拒装。在运输、装卸、搬运和保管货物的作业中,应严格按标志所指示的要求处理货物。

6.2.4　包装的合理化

包装是物流的起点,包装合理化是物流合理化的组成部分,也是物流合理化的基础。从现代物流观点来看,包装合理化不单是包装本身的合理与否的问题,而是整个物流合理化前提下的包装合理化。

1)不合理的包装

不合理包装是在现有的条件下可以达到的包装水平而未达到,从而造成包装不足、包装过剩等问题。因此要防止包装在强度、材料、容量、成本等方面的不足与过剩,用科学的方法确定最优包装。

(1)包装不足

包装不足造成的主要问题是被包装物的损失及促销能力的降低。包装不足主要有以下几种情况:

①包装强度不足,使得包装防护性不足,造成被包装物的损失。

②包装容器的层次及容积不足,从而造成被包装物的损失。

③包装材料不足,包装材料选择不当,材料不能很好的起到运输防护作用。

④包装成本过低,不能达到必要的包装要求。

(2)包装过剩

包装过剩主要有以下几种情况:

①包装物强度设计过高,如包装方式超过强度要求,使包装的防护性过高。

②包装材料选择过高。

③包装技术过高,包装层次过多,包装体积过大。

④包装成本过高,包装成本占商品成本比重过高损害了消费者的利益。

包装过剩的浪费,对消费者而言,购买的是内装物,包装物大多成为废弃物被丢弃造成浪费;对物流而言,过重、过大的包装,加大了物流的成本。

2)包装的合理化

包装合理化是指在包装过程中使用适当的材料和适当的技术,制成与物品相适应的容器,节约包装费用,降低包装成本,既满足包装保护商品、方便储运、有利销售的要求,又提高包装的经济效益。合理包装应满足以下要求:

(1)包装应妥善保护内装的物品,使其质量不受损伤

(2)包装容量要适当,包装标志要清楚,以便于装卸搬运和运输

(3)科学包装、减少浪费

①包装的集装单元化、标准化:包装单元化和标准化是现代化物流的重要标志,也是单元化物流的基础。因为只有包装规格尺寸一致,才能实行模块化包装,才能批量化作业;有了批量化装卸搬运、保管和运输才能提高效率、节约费用,物流才能实现机械化和自动化。

包装的规格和托盘、集装箱关系密切,应考虑到与运输车辆、搬运机械的匹配,从系统的观点制订包装的尺寸标准。推进单元化和标准化的方法之一是采用集装箱、集装罐、集装袋、集装架、仓库笼、托盘等集装单元器具;采用通用包装形式,如按标准模数尺寸制造纸箱、木箱、周转箱;工厂车间、配送中心、仓库尽量多利用通用性的容器。

②包装的轻薄化:由于包装只是起保护作用,没有增加产品使用价值的作用,因此在强度、寿命、成本相同的条件下,更轻、薄、短、小的包装可以节约材料、提高装卸搬运和运输的效率,而且轻薄短小的包装一般价格比较便宜。

③包装的单纯化:为了提高包装作业的效率,包装材料、包装形状、包装种类应单纯化。包装材料品种少,便于管理和减少浪费;包装形状和规格单一有利于提高作业效率,实现机械化。

有些商品采取无包装或简易包装,比有包装或复杂包装有利,总物流成本更合理。散装水泥物流、管道运输等都是无包装化物流的例子。无包装化物流既能节约包装费用,降低整体物流成本,又能省去包装物的回收和处理作业。

④包装的绿色化:包装会产生大量废弃物,处理不好可能造成环境污染。包装材料最好可反复多次使用并能回收再生利用;在包装材料的选择上,还应该考虑对人体健康不产生影响,对环境不造成污染,即所谓的"绿色包装"。绿色包装是指既可充分发挥各种包装功能,又有利于环境保护,废弃物最少,易于循环及再生利用或自行降解的包装。另外,在保管、运输、装卸搬运等环节中,实行集装化作业也可以减少包装材料的使用。

⑤包装的散装化:对于需要大量运送的颗粒状和粉末状物品,如水泥、粮食等,包装所消耗的人力、物力、资金、材料是非常大的,若采用专门的散装设备,则可以节约包装材料,提高装卸搬运的效率。

(4)包装的协调化

包装是物流系统组成的一部分,需要和装卸搬运、运输和仓储等环节一

起综合考虑,全面协调。如包装还是不包装?简单包装还是精细包装?大包装还是小包装?都应该结合商品的运输、保管、装卸搬运以及销售等相关因素综合考虑,只有多种相关因素的协调一致,才能发挥整体物流效果。

在包装便利化要求方面要考虑便于商品流通和消费。比如包装物的大小、形状、重量、体积:一要便于运输、保管和装卸搬运;二要便于堆码、摆放、陈列、提取、携带;三要便于拆解、回收和再生利用。

在包装配套化要求方面要考虑包装与运输、保管、装卸搬运相配套。比如采用单元化包装可以顺利实现铁路、公路、水运等各种运输方式的转换,可以快速、安全地入库、上架、下架、出库作业,可以提高装卸搬运效率,减少货物破损。

任务6.3　认识包装材料及包装容器

6.3.1　常见的包装材料

包装材料是指产品包装和制作包装容器所使用的材料。常用包装材料有金属、玻璃、木制、纸和纸板、塑料、复合包装材料、纤维织物、其他材料。其中,使用最为广泛的是纸及各种纸制品,其次是塑料、木制品。

1)纸和纸板

纸和纸板是支柱性的包装材料,应用范围十分广泛。定量在250 g/m^2以下或厚度在0.1 mm以下称为纸,以上的称为纸板,纸板常用来制成各种包装容器。纸及纸板作为包装材料的优点是加工成型容易,造型和结构形式多变,相对于金属、玻璃材料,纸的成本低,符合环保要求,是绿色包装材料。但纸包装也存在刚性不足、密封性差、抗湿性差的缺点。纸主要作包装商品、制作纸袋和印刷装潢商标等,纸板主要用于制作纸箱、纸盒、纸筒等包装容器。

2)塑料及塑料制品

塑料是一类多性能、多品种的合成材料,具有物理性能优越、化学稳定性好、轻便、易加工成型的特点。但塑料作为包装材料强度不如钢铁,耐热性不如金属和玻璃,易老化,易产生静电,废弃物的处理困难。塑料包装非常广泛,适用于食品、医药、纺织品、五金交电产品、服装、日杂用品等的包装。

3）木材及木制品

木材是应用广泛的传统包装材料，包括天然木材和人造板材，主要使用板材制作各种包装箱，常用的有木箱和木桶。木材具有特殊的耐压、耐冲击性能，加工方便，因此是大型和重型物品运输包装的重要材料。木材包装材料主要用于大型或较笨重的机械、五金交电及怕压、怕摔的仪器、仪表等物品的外包装，经过美化装饰的木材也用于高档商品的销售包装。

4）金属材料

金属材料牢固结实，密封性、阻隔性好，延展性强，易加工成型。但金属材料成本高，生产能耗大，化学稳定性差，易锈蚀。金属材料主要有钢材、铝材、金属箔。钢材用于制造集装箱、普通钢桶和捆扎材料，适合于运输包装；铝质包装材料广泛应用于食品包装；金属箔广泛用于食品、饮料的包装。

5）玻璃及陶瓷

玻璃及陶瓷是历史悠久的包装材料，主要特点是有很强的隔绝性能和耐腐蚀性能，强度较高，装潢、装饰性能好，但耐冲击性低，自身质量大，运输成本高，限制了其在包装上的应用，主要适合于商业包装，较多用于个装。常见的有玻璃瓶、玻璃罐、玻璃缸等。主要用于食品、饮料、酒类、药品、化学工业腐蚀性物品的包装。

6）复合材料

复合包装材料是将两种或两种以上的材料紧密复合在一起而制成的包装材料。如塑料与纸、塑料与铝箔、纸与金属箔等，可制成复合材料兼有不同材料的优良性能，具有气密性、防水、防油、耐热或耐寒性，是现代包装材料的一个发展方向。特别适用于休闲食品、复杂调味品、冷冻食品等商品的包装。

7）纤维织物

纤维织物可制成布袋、麻袋、布包等。适合于粮食及其制品、食盐、糖、农副产品、化肥、化工原料及中药材的包装。

8）其他材料

竹子、稻草、柳条、麦秆、藤类植物、陶瓷等。

6.3.2　包装容器

包装容器是指为运输、储存或销售而使用的盛装被包装物的容器。包装的盛装与保护功能主要是通过包装容器来实现的。常用的包装容器有包装袋、包装箱、包装盒、包装瓶、包装罐五大类。

1)包装袋

包装袋是柔性包装的技术,包装袋的材料是挠性材料,有较高的韧性、抗拉强度和耐磨性。包装袋本身重量轻、占空间小、易于回收再用,适用于运输包装、商业包装,使用较为广泛。

包装袋按盛装重量分为集装袋、一般运输包装袋、小型包装袋。盛装重量 1 t以上为集装袋,多由聚丙烯或聚乙烯纤维编织而成的大容积运输包装袋;盛装重量 50～100 kg 为一般运输包装袋,多由植物纤维或合成树脂纤维编织而成的织物袋;小型包装袋(也称普通包装袋)盛装重量较少,大多是单层或双层的纸袋和塑料袋。集装袋适合于运输包装,一般运输包装适合于运输包装,小型包装袋适合于个装、内装、商业包装。

2)包装箱

包装箱是刚性包装技术中重要的一类。包装材料为刚性或半刚性材料,一般箱型为长方体,通常由纸板、木材、金属、塑料和复合材料制成。包装箱整体强度较高,抗变形能力强,包装量较大,适合作为运输包装,是运输包装的主要包装方式。主要用于固体杂货的包装。最常用的包装箱有瓦楞纸箱和木箱。

3)包装盒

包装盒是介于刚性和柔性包装之间的包装技术。包装结构是规则的几何形状,通常由纸板、木材、金属、塑料和复合材料制成。一般可分为固定包装盒和折叠包装盒。固定包装盒在使用中外形固定不能折叠,折叠包装盒在未盛装物品时可以折叠存放。包装盒中以折叠包装盒用量最大。包装盒整体强度不大,包装容量较小,因此不适合作为运输包装,主要用于商业包装,包装块状及各种异型物品。

4)包装瓶

包装瓶是瓶身与瓶颈尺寸有较大差别的小型容器,由刚性材料制成,是刚性包装中的一种。包装瓶的包装量一般不大,适合美化装潢,通常作为商业包装、内包装,主要用于液体和粉状货物的包装。最常见有瓷瓶、玻璃瓶及塑料瓶。

5)包装罐

包装罐是罐身各处横截面基本相同的桶状容器,有良好的密封性能,是一种刚性包装。包装材料强度高,罐体抗变形能力强,适合作为运输包装、商业包装、内包装。常用于包装液体、粉状、颗粒状物品。包装罐可分为金属罐和非金属罐两类。

任务6.4 认识包装技术

6.4.1 防震包装技术

防震包装又称缓冲包装,在各种包装方法中占有重要的地位,是为减缓包装物品受到外界冲击和振动,保护其免受损坏所采取的一定防护措施的包装。防震包装技术分为全面防震包装技术、部分防震包装技术和悬浮式防震包装技术。

1)全面防震包装技术

全面防震包装技术是指内装物与外包装之间全部用防震材料填满进行防震的包装方法。根据所用防震材料不同,又可分为压缩包装法、浮动包装法、裹包包装法、模盒包装法、就地发泡包装法。

2)部分防震包装技术

对于那些整体性能好的物品和有内包装容器的物品,仅在物品或内包装的拐角或局部地方使用防震材料进行衬垫即可。所用防震材料主要有泡沫塑料的防震垫、充气塑料薄膜防震垫和橡胶弹簧等。这种防震包装法主要是根据内装物特点,使用较少的防震材料,在最适合的部位进行衬垫,降低了包装成本。目前广泛用于电视机、收录机、洗衣机、仪器、仪表等的包装。

3)悬浮式防震包装技术

为了使某些贵重易损的物品在物流过程中不受破损,采用坚固的外包装容器，将被包装物品用带子、绳子、吊环、弹簧等悬吊在包装容器内，不与包装容器四壁发生接触，以保护物品不受损坏。

6.4.2　防破损包装技术

1）缓冲包装

缓冲包装有较强的防破损能力，是防破损包装技术中有效的一类。

2）捆扎及裹紧技术

捆扎及裹紧技术的作用是使杂货、散货形成一个牢固整体，以增加整体性，便于处理及防止散堆来减少破损。

3）集装技术

利用集装，减少与货体的接触，从而防止破损。

4）选择高强保护材料

通过外包装材料的高强度来防止内装物受外力作用破损。

6.4.3　防锈包装技术

1）防锈油防锈蚀包装技术

大气锈蚀是空气中的氧、水蒸气及其他有害气体等作用于金属表面引起电化学作用的结果。如果隔绝金属表面与引起大气锈蚀的各种因素，将金属表面保护起来，就可以达到防止金属大气锈蚀。根据这一原理用防锈油封装金属制品，将金属涂封一定厚度防止锈蚀的油层，以防止锈蚀。不同类型的防锈油要采用不同的方法进行涂复。

2）气相防锈包装技术

气相防锈包装技术就是用气相缓蚀剂，在密封包装容器中对金属制品进行防锈处理的技术。气相缓蚀剂是一种能减慢或完全停止金属在侵蚀性介质中的破坏过程的物质，在常温下具有挥发性，在密封包装容器中，它能在很短的时间内挥发或升华出的缓蚀气体能充满整个包装容器内的每个角落和缝隙，同时吸附在金属制品的表面上，从而起到抑制大气对金属锈蚀的作用。

6.4.4 防霉腐包装技术

最常用的防霉包装技术有冷冻包装法、真空包装法和高温杀菌法。

1)冷冻包装

冷冻包装的原理是减慢细菌活动和化学变化的过程以延长储存期,但不能完全消除食品的变质。

2)真空包装

真空包装法也称减压包装法或排气包装法。此包装可阻挡外界的水汽进入包装容器内,也可防止在密闭的防潮包装内部存有潮湿空气,在气温下降时结露。

3)高温杀菌

高温杀菌法可消灭引起食品腐烂的微生物,可在包装过程中用高温处理防霉。

此外,为了防止运输包装内货物发霉,可使用防霉剂。机电产品的大型封闭箱,可酌情开设通风孔或通风窗等相应的防霉措施。

6.4.5 防虫包装技术

防虫包装技术是在包装中放入有一定毒性和嗅味的药物,利用药物在包装中挥发气体杀灭和驱除各种害虫。常用的驱虫剂有萘、对位二氯化苯、樟脑精等。也可以采用真空包装、充气包装、脱氧包装等技术,使害虫无生存环境,从而防止虫害。

6.4.6 危险品包装技术

对危险品进行包装时需要在包装盒上注明危险品种类。交通运输及公安消防部门规定危险品分为十大类,即爆炸性物品、氧化剂、压缩气体和液化气体、自燃物品、遇水燃烧物品、易燃液体、易燃固体、毒害品、腐蚀性物品、放射性物品。

有毒物品的包装要明显地标明有毒的标志。防毒的主要措施是包装严密不漏、不透气。

有腐蚀性的物品，要注意物品和包装容器的材质发生化学变化。金属类的包装容器，要在容器壁涂上涂料，防止腐蚀性商品对容器的腐蚀。

易燃、易爆物品有效方法是采用塑料桶包装，然后将塑料桶装入铁桶或木箱中，每件净重不超过 50 kg，并应有自动放气的安全阀，当桶内达到一定气体压力时，能自动放气。

6.4.7　特种包装技术

1）充气包装

充气包装是采用二氧化碳或氮气等不活泼气体置换包装容器中空气的一种包装技术。这种包装方法是根据好氧性微生物需氧代谢的特性，在密封的包装容器中改变气体的组成成分，降低氧气的浓度，抑制微生物的繁殖，达到防霉、防腐和保鲜的目的。根据不同物品的要求，可以定量充入单一气体和按一定比例混合的气体。常用的气体有二氧化碳、氮气、氧气、乙醇、二氧化硫等。充气包装主要用于膨化食品，防止膨化食品被挤压、破碎。

2）真空包装

真空包装是将物品装入包装袋，在包装袋封口之前抽出袋内的空气，达到预定的真空度，使袋内基本没有空气的一种包装方法。真空包装的主要作用是除氧，使微生物失去“生存环境”不但可以抑制霉菌和细菌的生长，还可以减少脂肪氧化。一般肉类食品、谷物加工食品及容易氧化变质的商品都可以采用真空包装。

3）收缩包装

收缩包装就是用收缩薄膜裹包物品（或内包装件），然后对薄膜进行适当加热处理，使薄膜收缩而紧贴于物品的包装技术方法。收缩薄膜是一种经过特殊拉伸和冷却处理的聚乙烯薄膜，由于薄膜在定向拉伸时产生残余收缩应力，这种应力受到一定热量后便会消除，从而使其横向和纵向均发生急剧收缩，同时使薄膜的厚度增加，收缩率通常为 30% ~70%，收缩力在冷却阶段达到最大值，并能长期保持。

4）拉伸包装

拉伸包装始于 20 世纪 70 年代，由收缩包装发展而来。拉伸包装是依靠机械装置在常温下将弹性薄膜围绕被包装件拉伸、紧裹，并在其末端进行封合的一种包装方法。由于拉伸包装不需进行加热,所以消耗的能源只有收缩包装的1/20。拉伸包装可以捆包单件物品,也可用于托盘包装之类的集合包装。

5)脱氧包装

脱氧包装是继真空包装和充气包装之后出现的一种除氧包装方法。脱氧包装是在密封的包装容器中,使用能与氧气起化学作用的脱氧剂与之反应,除去包装容器中的氧气,以达到保护内装物的目的。脱氧包装适用于某些对氧气特别敏感的物品,即使有微量氧气也会使物品变坏的食品包装。

【案例分析】 日本SHARP公司绿色物流包装

SHARP公司通过其"Super Green Initiatives"计划,建立了一个环境可持续性的管理框架,制订了一系列绿色物流行动计划。

(1)包装材料的再生设计

SHARP公司调查发现,对于家用电器类商品,大多数的垃圾一般都来自于包装箱里的减震物。公司最初使用的也是普通的塑料减震材料,这类塑料降解过程需要很长的时间,对环境的影响较大。公司经过研发开发出用纸板制作的缓冲材料,取代了普通塑料。纸板更容易再生,废弃后对环境的影响较低。公司生产的液晶电视,除了特别大的型号之外,几乎全部使用纸板减震材料。

(2)包装材料的重复使用

SHARP公司投入了大量精力改进进口和出口的包装物。公司将可反复使用的安全气袋作为包装袋的减震衬垫,这一做法取得很好的效果,使日本的聚苯乙烯消耗量每月降低了216 m^3。另外,公司还积极采取措施,降低运输包装废弃物的产生,比如,在海运一些体积较小的产品时,采用可以反复使用的包装材料;对于那些木制包装物,一般是经修复后重复使用。

(3)设计易于重复使用的包装箱

为了便于使用后的包装箱再次重新使用,公司设计出了一种特殊结构的纸箱,可以轻松地折叠成体积较小、便于收藏和运输的块状。而且,纸箱靠自身结构实现固定,不需要用绳子或带子捆绑,再使用时非常容易。

公司的空调室内机新包装和环保的扬声器包装设计在2002年日本包装协会主办的"日本包装大赛"上获奖。新的空调室内机包装设计是通过一个能折叠成薄片的箱子来包装捆绑着的配件,从而节约了包装材料,主要部件缓冲材料是易于处理的。扬声器包装的材料完全使用非常环保的再生纸和再生纸板。

(4)包装材料的环境标识

从2003年4月起,SHARP公司积极响应政府的“促进资源有效利用”的政策法规,在所有产品包装材料上都贴上了相应的标识。比如在纸箱上使用由日本瓦楞板包装箱协会制定的“瓦楞状纸板再生循环标记”。

【讨论题】

1. 常用的包装材料有哪些?SHARP公司使用的绿色包装材料有哪些?
2. SHARP公司采取了哪些措施实现绿色物流包装?

技能实训　商品的流通加工与包装

一、技能实训目标

1. 能辨别常见的包装材料,为流通加工的商品选择包装材料和包装容器。
2. 学会手动和半自动打包机的使用,能正确完成打包工作。
3. 学会价格标签机的使用。

二、技能实训方式

学生以小组为单位,在校内实训室完成商品简单流通加工和打包作业。

三、技能实训内容

1. 学生以小组为单位,分成6~8人一组,明确实训目的和任务。
2. 准备不同类型的商品、纸箱、包装袋、打包机、价格标签机等,让学生模拟不同类型的简单流通加工操作,如制作价标、贴标签、装袋、定量化小包装、拴牌子、打包等。
3. 学生根据模拟的不同类型流通加工,自己选取不同的加工工具及材料。
4. 学生分组模拟练习对商品进行不同的流通加工。
5. 注意从各个角度观察练习的其他学生,思考不合理之处有哪些?如何改进?
6. 总结并完成实训报告。

四、技能实训成绩评定

指导老师为各小组进行考核评分,并进行总结评价。

习题 6

一、填空题

1. 加工是改变产品物质的形状和性质,形成一定产品的活动,流通则是改变物质的(　　　　)和(　　　　)状态。

2. 包装按其在流通中的作用分类可分为(　　　　)和(　　　　)。

3. 包装具有保护产品、(　　　　)和促进销售的功能。

4. 运输包装的标志一般由(　　　　)、(　　　　)、(　　　　)3 个部分组成。

5. 对易破碎、残损、变质的商品,应作出(　　　　)标志。

二、选择题(把正确的答案填在题后的括号内)

1. 物品在从生产地到使用地的过程中,根据需要施加包装、分割、计量、分拣、刷标志、拴标签、组装等简单作业的总称称为(　　)。

A. 流通加工　　B. 信息处理
C. 装卸搬运　　D. 配送

2. 流通加工量最多的是(　　)。

A. 木材加工　　B. 水泥加工
C. 食品的加工　　D. 钢铁的加工

3. 下列哪项不属于流通加工业务?(　　)

A. 食品的分装加工　　B. 大包装改为小包装
C. 粘贴商品标记或价格标签　　D. 改变商品化学性质

4. 在社会再生产过程中,包装处于(　　)。

A. 物流的终点　　B. 物流过程的开头
C. 产品的始点　　D. 生产过程的开头

5. 集装袋的盛装重量在(　　)。

A. 50 kg 以下　　B. 50 ~ 100 kg
C. 1 t 以下　　D. 1 t 以上

6. 应用范围十分广泛的,具有支柱性作用的包装材料是(　　)。

A. 塑料　　B. 纸
C. 金属　　D. 木材

三、判断题（正确的在题后的括号内打“√”，错误的打“×”）

1. 通过流通加工，原材料可以实行合理套裁、集中下料，这样能提高原材料利用率，减少浪费。（　　）

2. 分选加工是将商品运达销售地后，由大包装改成小包装、散装改成小包装、运输包装改成销售包装后，再投放到市场，以满足消费者对不同包装规格的需求。（　　）

3. 流通加工的目的在于创造产品的价值及使用价值。（　　）

4. 复合包装材料是将塑料和金属材料紧密复合在一起而制成的包装材料。（　　）

5. 运输标志是商品包装上的标志。（　　）

6. 运输标志、指示性和警告性标志，除刷在外包装上外，也应该在运输单据中表示出来。（　　）

四、简答题

1. 什么是流通加工？与生产加工相比，流通加工有何特点？

2. 流通加工的类型有哪些？

3. 举例说明几种典型的流通加工作业。

4. 简述包装的功能。

5. 包装的种类有哪些？

6. 常用的包装技术有哪些？

7. 如何实现包装的合理化？

项目 7
配送中心配送作业管理

【知识目标】

掌握配送的概念；

掌握配送调度的基本原则；

了解制订配送计划的步骤、依据以及配送计划的主要内容；

掌握配送中心的配送作业流程。

【能力目标】

掌握节约里程法，合理确定配送中心配送路线；

根据配送中心的实际情况和客户分布情况等因素合理制订配送计划。

【项目结构图】

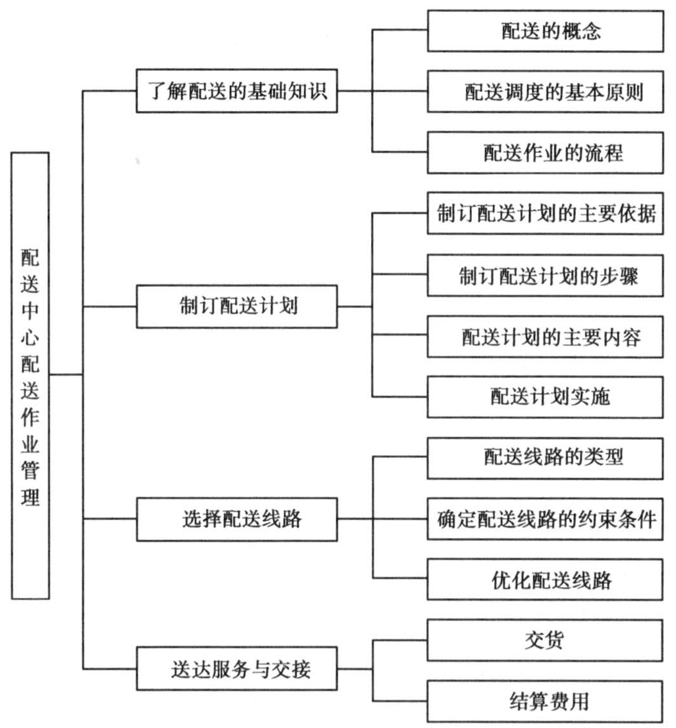

【案例引入】　沃尔玛公司的配送中心

沃尔玛公司是全球零售业务年销售收入居第一的著名企业，目前，沃尔玛已经在美国本土建立了70个由高科技支持的物流配送中心，并拥有自己的送货车队和仓库，可同时供应700多家商店，向每家分店送货频率通常是每天一次。配送中心每周作业量达120万箱，每个月自理的货物金额大约在5 000万美元。在配送运作时，大宗商品通常经由铁路送达自己的配送中心，再由公司卡车送达商店。每店一周收到1～3卡车货物。60%的卡车在返回自己的配送中心途中又捎回从沿途供应商处购买的商品。配送中心全部配送作业实现自动化，是当今公认最先进的配送中心，实现了高效率、低成本的目的。

【思考】

1. 沃尔玛公司配送中心凭借什么使其能达到高效率、低成本的目的？
2. 我们从中可得到哪些启示？

任务7.1　了解配送的基础知识

7.1.1　配送的概念

配送是物流中一种特殊的、综合的活动形式，是商流与物流的紧密结合，包含了商流活动和物流活动，也包含了物流中若干功能要素的一种形式。配送几乎包括了所有的物流功能要素，是物流的一个缩影或在某小范围中物流全部活动的体现。因此，经常有人把配送叫作物流配送。

虽然配送又叫物流配送，但配送和物流不是同一个概念，配送和物流不同之处在于：物流是商物分离的产物，而配送则是商物合一的产物，配送本身就是一种商业形式（所以有人把它叫商业配送），虽然配送具体实施时，也有以商物分离形式实现的，但从配送的发展趋势看，商流与物流越来越紧密地结合，是配送成功的重要保障。

配送的英语原词为 Delivery，是交货送货的意思，但不能将它简单地理解为交货、送货。

我国物流前辈王之泰教授从两个方面对配送进行了定义：

1）从经济学资源配置的角度定义

从经济学资源配置的角度，对配送在社会再生产过程中的位置和配送的本质行为予以表述："配送是以现代送货形式实现资源的最终配置的经济活动。"这个概念的内涵，概括了以下 4 点：

①配送是资源配置的一部分。

②配送的资源配置作用是"最终配置"，因而是接近顾客的配置。接近顾客是经营战略至关重要的内容。

③配送的主要经济活动是送货，这里面强调现代送货，表述了和我国旧式送货的区别，其区别以"现代"两字概括，即以现代生产力、劳动手段支撑的，依靠科技进步的，实现"配"和"送"有机结合的一种方式。

④配送在社会再生产过程中的位置，是处于接近用户的那一段流通领域，因而有其局限性，配送是一种重要的方式，有其战略价值，但是它并不能解决流通领域的所有问题。

2)从配送的实施形态角度定义

从配送的实施形态角度表述为:“配送是按用户定货要求,在配送中心或其他物流结点进行货物配备,并以最合理方式送交用户。”这个概念的内容概括了以下5点:

①配送实质是送货。配送是一种送货,但和一般送货有区别:一般送货可以是一种偶然的行为,而配送却是一种固定的形态,甚至是一种有确定组织、确定渠道,有一套装备和管理力量、技术力量,有一套制度的体制形式。因此,配送是高水平送货形式。

②配送是一种“中转”形式。配送是从物流结点至用户的一种特殊送货形式。从送货功能看,其特殊性表现为:从事送货的是专职流通企业,而不是生产企业;配送是“中转”型送货,而一般送货尤其从工厂至用户的送货往往是直达型;一般送货是生产什么有什么送什么,配送则是企业需要什么送什么。因此,要做到需要什么送什么,就必须在一定中转环节筹集这种需要,从而使配送必然以中转形式出现。

③配送是“配”和“送”有机结合的形式。配送与一般送货的重要区别在于:配送利用有效的分拣、配货等理货工作,使送货达到一定的规模,以利用规模优势取得较低的送货成本。如果不进行分拣、配货,有一件运一件,需要一点送一点,这就会大大增加动力的消耗,使送货并不优于取货。因此,追求整个配送的优势,分拣、配货等工作是必不可少的。

④配送以用户要求为出发点。在定义中强调“按用户的定货要求”明确了用户的主导地位。配送是从用户利益出发、按用户要求进行的一种活动,因此在观念上必须明确“用户第一”“质量第一”,配送企业的地位是服务地位而不是主导地位,因此不能从本企业利益出发,而应从用户利益出发,在满足用户利益基础上取得本企业的利益。更重要的是,不能利用配送损伤或控制用户,不能利用配送作为部门分割、行业分割、割据市场的手段。当然过分强调“按用户要求”是不妥的,用户要求受用户本身的局限,有时实际会损失自我或双方的利益。对于配送者讲,必须以“要求”为据,但是不能盲目,应该追求合理性,进而指导用户,实现共同受益的商业原则。这个问题近些年国外的研究著作也常提到。

在国家标准《物流术语》(GB/T 18354—2001)中将配送定义为:“在经济合理区域范围内,根据用户要求,对物品进行拣选、加工、包装、分割、组配等作业,并按时送达指定地点的物流活动。”

7.1.2　配送调度的基本原则

1)将相互临近的送货点的货物装在一辆车上配送

车辆的运行路线应将相互临近的送货点串起来,以使送货点之间的行驶距离最小化,并实现配送行驶距离的最小化。

2)将在一起的送货点安排在同一天送货

当以周为送货周期进行配送时,应将聚集在一起的送货点安排在同一天送货,这样有助于缩短车辆运行时间,实现距离最小化。

3)配送路线从离物流中心最远的送货点开始

合理的配送路线应从离配送中心最远的送货点开始,将积聚区的送货点串联起来,然后再返回配送中心。积聚区的送货点的数目以车辆满载为限。在第一辆车满载后,用另一辆车装载第二个最远送货点的货物,按此程序进行,直至所有送货点的货物都分配完毕。

4)同一辆车途经各个送货点的路线要成凸状

配送车辆顺序所经过的送货点不应交叉,但送货点的交货时间约束和回程提货往往导致配送路线的交叉。

5)最有效的配送路线是使用大载重量车辆的结果

在装卸条件允许的情况下,最好使用载重量和容积大的车辆将尽可能多的送货点的货物装载在一起,这样可以使送货点的总行驶距离和时间最小化。因此,应优先使用载重量大的车辆。

6)提货应在送货过程中进行,而不要在配送路线结束后再进行

零售商可以实施"回程提货",但提货应在送货过程中进行,可以减少交叉路程,在送货后提货经常会发生线路交叉。能否回程提货主要取决于车辆形状和提货量对后续送货的影响。

7)对偏离积聚送货点路线的单独送货点可用另一个送货方案

对偏离积聚区的送货点,特别是送货量较小的送货点,使用较小载重量的货车是比较经济的。偏离度越大,送货量越小,其经济效益越大。另外,租车送货也是可行的方案。

8）应尽量减少送货点工作时间过短的限制

送货点的收货时间太短会造成车辆调度的限制过多，造成配送路线的不合理。除特殊原因外，通常送货点收货时间约束并不是绝对的，如果送货点的工作时间确实影响合理的配送路线，调度应与送货点商量，调整其工作时间或放宽其工作时间约束。

7.1.3　配送作业的流程

配送作业流程图如图7.1所示。

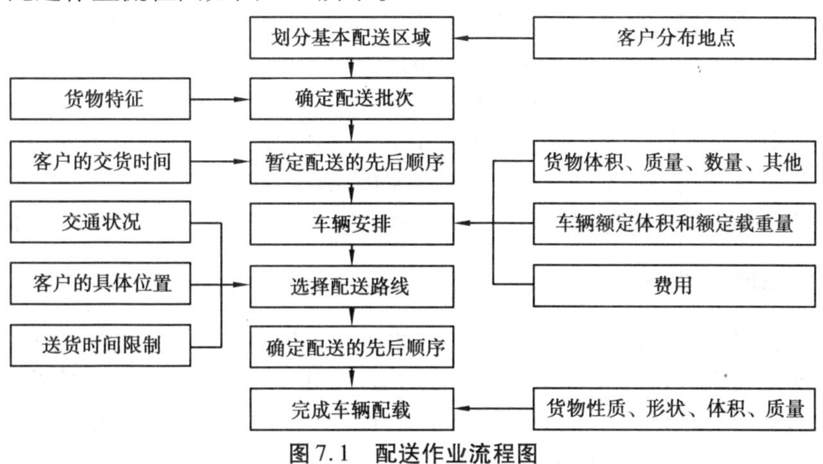

图7.1　配送作业流程图

1）划分基本配送区域

首先将客户做区域的整体划分，再将每一客户分配在不同的基本送货区域中，作为配送决策的基本参考。例如，按行政区域或按交通条件划分为不同的送货区域，然后在区域划分的基础上再做弹性调整来安排配送顺序。

2）确定配送批次

由于配送货物的品种、特性各异，为提高送货效率，确保货物质量，必须首先对特性差异大的货物进行分类。在接到订单后，将货物按特性进行分类，以便采取不同的送货方式和运输工具，如按冷冻食品、速冻食品、散装货物、箱装货物等货物类别进行分类配载。其次，货物也有轻重缓急之分，必须初步确定哪些货物可配于同一辆车上，哪些货物不能配于同一辆车上，以确定货物配送批次。

3)暂定配送先后顺序

在考虑其他影响因素,作出最终配送方案前,应先根据客户订单的送货时间将配送的先后顺序进行大致预定,为后面车辆配载做好准备工作。预先确定基本配送顺序可以有效地保证送货时间,提高运作效率。

4)车辆安排

要解决的问题是安排什么类型、吨位的配送车辆进行最后的送货。一般企业拥有的车型有限,车辆数量也有限,当本公司车辆无法满足要求时,可使用外雇车辆。在保证配送运输质量的前提下,是组建自营车队还是以外雇车为主,则须视经营成本而定。当运输量较小时,外雇车辆费用小于自有车辆费用,应选用外雇车辆;当运输量较大时,外雇车辆费用大于自有车辆费用,应选用自有车辆。但无论自有车辆还是外雇车辆,都必须事先掌握有哪些车辆可供调派并符合要求,即这些车辆的容量和额定载重是否满足要求。其次,安排车辆之前,还必须分析订单上货物的信息,如体积、重量、数量等对于装卸的特别要求等,综合考虑各方面因素的影响,作出最合适的车辆安排。

5)选择配送路线

知道了每辆车需负责的客户点后,如何以最快的速度完成这些客户点的配送,即如何选择配送距离短、配送时间短、配送成本低的路线,还需要根据用户的具体位置、沿途的交通情况等作出优先选择和判断。除此之外,还必须考虑有些客户或其所在地点环境对送货时间、车型等方面的特殊要求,如有客户一般不在上午或晚上收货,有些道路在某高峰期实行特别的交通管制等,都必须尽量在选择配送路径时避开。

6)确定最终送货顺序

做好车辆安排及选择好最佳的配送路线后,就可以确定每辆车的送货顺序,从而估出货物送到客户的大致时间,并通知客户。

7)完成车辆配载

决定了客户的配送顺序,接下来就是如何将货品装车,以什么次序上车的问题。原则上,知道了客户的配送顺序后,只要将货品依后送先上车的顺序装车即可,但有时为妥善利用空间,可能还要考虑货物的性质(怕震、怕撞、怕湿)、形状、容积及重量来作弹性置放。此外,对于这些出货品的装卸方式也有必要依货品的性质、形状等来决定。为了提高配送效率，降低配送成本和减少货损货差，车辆配载应遵循以下原则：

①装车顺序：先送后装。

②轻重搭配：重不压轻。

③大小搭配：大不压小。

④货物性质搭配。

⑤到达同一地点的适合配载的货物应尽可能一次配载。

⑥确定合理的堆码层次与方法。

⑦配载时不允许超过车辆所允许的最大载重量。

⑧配载时车厢内货物质量应分布均匀。

⑨应防止车厢内货物之间相互碰撞、玷污。

任务7.2　制订配送计划

7.2.1　制订配送计划的主要依据

1）客户订单

一般客户订单对配送商品的品种、规格、数量、送货时间、送达地点、收货方式等都有要求。因此，客户订单是拟订运送计划的最基本依据。

2）客户分布、运输路线、距离

客户分布是指客户的地理位置分布。客户位置离配送据点的距离长短、配送据点到达客户收货地点的路径选择，直接影响到输送成本。

3）配送的各种货物的体积、形状、重量、性能、运输要求

配送货物的体积、形状、重量、性能、运输要求是决定运输方式、车辆种类、载重、容积、装卸装备的制约因素。

4）运输、装卸条件

运输道路交通状况、运达地点及其作业地理环境、装卸货时间、天气气候等对输送作业的效率也起相当大的约束作用。

7.2.2 制订配送计划的步骤

1)确定配送计划的目的

物流业务的经营运作是以满足客户需求为导向的,并且需要与配送中心自身拥有的资源、运作能力相匹配。

2)收集相关数据资料

相关数据资料主要包括:产品需求量变化等相关统计数据,当年销售计划、生产计划,流通渠道的规模以及变化情况,配送中心的数量、规模、运输费用、仓储费用、管理费用等。

3)整理配送的七要素

(1)货物

货物是指配送标的物的种类、形状、重量、包装、材质、装运要求等。

(2)客户

客户是指委托人、收货人。

(3)车辆

车辆是指配送工具,需根据货物特征、数量、配送地点以及车辆容积、载重量等来决定选用什么样的车辆配送。

(4)人员

人员是指司机或者配送业务员。

(5)路线

路线是指配送路线。可以根据一定原则指定配送路线,也可以根据司机经验适当调整。

(6)地点

地点是指配送的起点和终点。

(7)时间

时间不仅仅指在途时间,还包括搬运装卸时间。

4)制订初步配送计划

初步配送计划应该包括:配送线路的确定原则、每日最大配送量、配送业务的起止时间、使用车辆的种类等,并且可以有针对性地解决客户现存的问题。

5)与客户协调沟通

在制订了初步的配送计划之后,一定要与客户进行沟通,请客户充分参与意见,共同完善配送计划。

6)确定配送计划

经过与客户几次协调沟通后,初步配送计划经过反复修改最终确定。

7.2.3　配送计划的主要内容

①按日期排定用户所需商品的品种、规格、数量、送达时间、送达地点、送货车辆与人员等。

②优化车辆行走路线与运送车辆趟次,并将送货地址和车辆行走路线在地图上标明或在表格中列出。

③按用户需要的时间结合运输距离确定启运提前期。

④按用户需求选择送达服务具体组织方式。配送计划确定之后,向各配送点下达配送任务。依据计划调度运输车辆、装卸机械及相关作业班组与人员,并指派专人将商品送达时间、品种、规格、数量通知客户,使客户按计划准备好接货工作。

7.2.4　配送计划实施

1)下达配送计划

下达配送计划即通知用户和配送点,以使用户按计划准备接货,使配送点按计划组织送货。

2)配送点配货

各配送点按配送计划落实货物和运力,对数量、种类不符要求的货物,组织进货。

3)下达配送任务

下达配送任务即配送点向运输部门、仓库、分货包装及财务部门下达配送任务,各部门组织落实任务。

4)发送

理货部门按要求将各用户所需的各种货物,进行分货、配货、配装,并将送货交接单交驾驶员或随车送货人。

5)配达

车辆按规定路线将货物送达用户,用户点接后在回执上签章。配送任务完成后,财务部门进行结算。

任务 7.3　选择配送路线

由于配送中心每次配送活动一般都面对多个非固定用户,并且这些用户坐落地点各不相同,配送时间和配送数量也不相同,如果配送中心不进行运输路线的合理规划,往往会出现不合理运输现象,如迂回运输、重复运输等。不合理运输不仅造成运输成本上升,而且导致配送服务水平难以提高,因此经常采取科学的方法对配送路线进行合理地规划调整是大多数配送中心与配送系统日常的一项重要工作。

7.3.1　配送线路类型

1)往复式行驶线路

往复式行驶线路是指在货物运送过程中,车辆在两个物流节点之间往返运行的线路形式。具体又根据汽车在行驶时的载运情况,可分为单程载往复式、回程载往复式和双程载往复式行驶线路。

2)环行式行驶线路

环行式行驶线路是指车辆在由若干个物流节点组成的封闭回程线路时作连续单向运行的行驶线路。具体有简单环行式、交叉或三角形式和复合环行式。

3)汇集式行驶线路

汇集式行驶线路是指车辆沿分布于运行路线上各物流节点依次完成相

应的装卸作业，且每次的货物装（卸）量均小于该车核定载货量，直到整个车辆装满（卸空）后返回出发点的行驶线路。一般情况下，汇集式行驶线路为封闭路线，具体有3种形式：分送式、收集式和分送—收集式。

7.3.2　确定配送线路的约束条件

1）路线允许通行的时间限制

某些路段在一定的时间范围内，不允许某种类型的车辆通行，因此确定配送路线时应考虑这一因素。以武汉长江大桥为例，过往的车辆应以牌号的末位号分单双号过桥。如果配送路线决定走这条路线，则应预计好通过的时间，安排相应的车辆送货。

2）运输工具载重的限制

运输工具载重的限制是指每辆车、船、飞机都有一定额定载重量，如果超重就会影响安全运输，所以在安排货物的配送路线时应保证同路线货物的重量不会超过所使用运输工具的载重量。比如货物由C至B，运送的货物总重10 t，配送中心有额定载重量为8 t的货车和额定载重量为10 t的货车，就应该选择后者。

3）配送中心的能力

配送中心的能力同时包括运输和服务这两个方面的能力。所谓运输能力，是指提供适当的专门化车辆的能力，用于温度控制、散装产品，以及侧面卸货等；对于服务能力而言，它包括利用EDI编制时间表和开发票，在线装运跟踪以及储存和整合。

4）自然因素的限制

自然因素主要包括气象条件、地形条件。尽管现代运输手段越来越发达，自然因素对于运输的影响已相对减少，但是自然因素仍是不可忽视的影响因素之一。如在决定采取航空运输时，就应考虑起运地和到货地是否有比较恶劣的气候，如有应考虑替代方案。

5）其他不可抗力因素的限制

其他不可抗力主要指法律的颁布、灾害的发生、战争的爆发等。这些因素有时会产生很严重的后果，为了规避风险，应当对其充分估计并购买相应保险。

7.3.3 优化配送线路

随着配送的复杂化,配送路线的优化一般要结合数学方法及计算机求解的方法来制订合理的配送方案,目前确定优化配送方案的一个较成熟的方法是节约法,也叫节约里程法。利用节约法确定配送路线的主要出发点是:根据配送中心的配送能力(包括车辆的多少和载重量)和配送中心到各个用户以及各个用户之间的距离来制订使总的车辆运输的吨公里数最小的配送方案。

1)节约里程法的核心思想

节约里程法核心思想是依次将运输问题中的两个回路合并为一个回路,每次使合并后的总运输距离减小的幅度最大,直到达到一辆车的装载限制时,再进行下一辆车的优化。

2)节约里程法的基本规定

利用节约里程法确定配送路线的主要出发点是:根据配送中心的运输能力和配送中心到各个用户以及各个用户之间的距离来制订使总的车辆运输的吨公里数最小的配送方案。另外,还需满足以下条件:

①方案能满足所有用户的要求。

②不使任何一辆车超载。

③每辆车每天的总运行时间或行驶里程不超过规定的上限。

④能满足用户到货时间的要求。

3)节约里程法的计算步骤

【例】设某配送中心(P)向 7 个客户进行配货,其配送路线网络如图 7.2 所示,图中括号内的数字表示客户的需求量(单位:t),线路上的数字表示两结点之间的距离(单位:km),现配送中心有两台 4 t卡车和两台 6 t卡车两种车辆可供使用。用节约里程法制订最优配送方案。

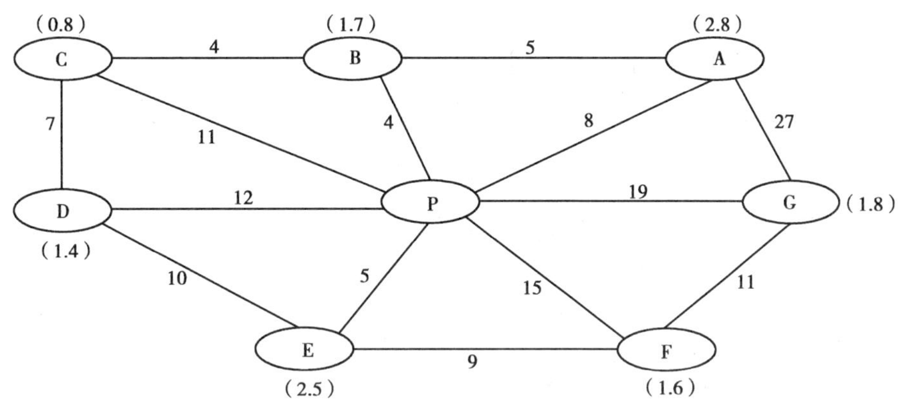

图7.2　配送路线网络

解　(1)根据配送路线网络图列出配送中心与客户之间以及各客户相互之间的配送距离(如表7.1所示)

表7.1　配送中心与客户以及客户之间配送距离

	P	A	B	C	D	E	F	G
P		8	4	11	12	5	15	19
A			5	9	16	13	23	27
B				4	11	9	19	23
C					7	16	26	30
D						10	19	30
E							9	20
F								11

(2)计算任意两个客户点相连节约的里程数(计算结果如表7.2所示)

表7.2　任意两个客户点相连节约里程数

	A	B	C	D	E	F
B	7					
C	8	11				
D	4	5	16			
E	0	0	0	7		
F	0	0	0	8	11	
G	0	0	0	1	4	23

(3)将节约里程数按从大到小的顺序排列(如表7.3所示)

表7.3　节约里程数排序

序　号	路　线	节约里程	序　号	路　线	节约里程
1	GF	23	7	AB	7
2	CD	16	8	DE	7
3	EF	11	9	BD	5
4	BC	11	10	AD	4
5	AC	8	11	EG	4
6	DF	8	12	DG	1

(4)按节约里程大小的顺序组成配送路线

节约里程数最大的是将F点和G点相连,因此应先连接F→G,接下来包含F点和G点且节约里程数较大的是EF,因此再连接E客户点,E、F、G点的需求量为2.5+1.6+1.8=5.9 t,如果再连接其他点就会超出车辆的最高载重量(6 t),因此可连接P→E→F→G→P形成一个闭合回路。

接下来不包含E、F、G点且节约里程最大的是CD,因此应连接C→D,包含C、D且节约里程数较大的是BC,因此再连接B→C,B、C、D点的需求量为1.7+0.8+1.4=3.9 t,如再连接A点,则配送量大于6 t,因此只可连接P→B→C→D→P形成一个闭合回路。

最后只剩下一个客户A点,可单独为其分配一辆4 t车进行配送。

综上所述,最终的配送路线如图7.3所示。

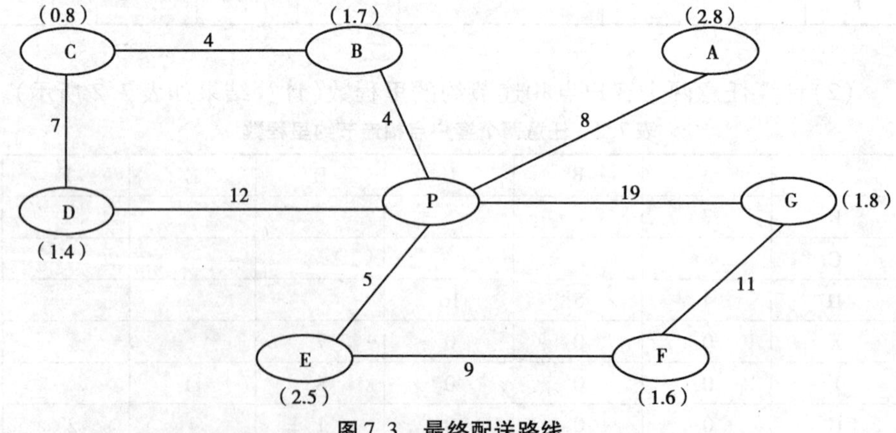

图7.3　最终配送路线

任务7.4　送达服务与交接

7.4.1　交货

当货物送达指定的交货地点后，送货人员应根据双方合同的约定，协助收货方将货物卸下车，放到指定位置，并与收货方一起清点货物，做好送货完成确认和送货单签回工作。同时，请收货方填写配送质量跟踪表（如表7.4所示）。如果收货方有退货、换货等要求，则应随车带回，并完成相关手续。

表7.4　某某配送质量跟踪表

配送时间：________年______月________日　____________________客户经营部

1. 送货汽车号	
2. 送货人员服务态度	好（　　）一般（　　）差（　　）
3. 送货汽车车况	好（　　）一般（　　）差（　　）
4. 装载是否合理	是（　　）　　否（　　）
5. 货物的品名、规格、数量是否与送货单相符	是（　　）　　否（　　）
6. 到货是否准时	是（　　）　　否（　　）
7. 货物污染、淋湿、破损情况及程度	
8. 在哪些方面还需改进，请提出宝贵意见	

填表人：　　　　　　　　填表时间：　　　年　　月　　日

7.4.2　结算费用

配送部门的车辆按指定计划完成配送工作后，应立即通知财务部门进行费用的结算。

【案例分析】　台湾物流配送第一品牌

台北东源储运股份有限公司，经过10个月的工作，使东源从一个附属性的企业，变成一独立的物流配送公司，而且成为独树一帜的台湾第一品牌的物流配送中心。

1990年,新上任不久的东源公司总经理苏隆德,出国考察回来便在台北林口地区购地,计划建立现代化大型物流中心。它是日本索尼和夏普两大家电公司为提高他们的家电产品的运输效率联合投资组建的。其运营状况逐年增长,公司不但有稳定的业务来源;而且由于运输的物品属于高运价的精细物资,所以企业的生存条件非常好。但是苏隆德是一位学有精专,锐意改革的企业家,他一直图谋更大的发展空间,寻找向物流配送业转型的机会,他买下大片土地就是为从货物运输向物流配送业发展做准备。

东源的职工认为,只要索尼和夏普两大公司长命百岁,他们就不愁没有货源。一些人不希望再去拓展其他的业务。苏隆德决心在发展综合配送事业上闯出一条新路。如何化解阻力,凝聚共识,调动东源公司全体员工积极参与,共同开拓辽阔的经营空间。苏隆德设想打破货运局限,把邮购、货运等物流组织起来,发展共同配送的综合物流业务,把东源公司变成台湾服务最完整的物流储运公司。他深知一般消费者对货物运送时间没保证、货物损伤很有意见。苏隆德认为市场(顾客)不满意的地方,就是事业发展的契机。

公司先从现代物流业——综合配送方向上,对传统物流方式作了一个分析比较,认为运输业面临激烈的竞争,谁能走出传统,占领制高点,实行综合配送,谁就是赢家,一味依赖母公司供食,存在潜在危机,只有开发自己的经营业务,创造顾客最大满意的服务方式,树立自己的优势,建立自己的企业形象,才能在竞争中取胜。就是说要在东源掀起一场全新的运输革命,从传统的时效慢的运输,转移到快捷配送。它不同于一般的货运,也不同于快递、专递,它是一种运输方式的大变革。便捷配送不仅要采用新的技术,运用新的设备、设施,还包括东源人与客户之间新的主客关系的建立,也包括东源内部新的劳资关系、人与人之间事业上的密切配合等。也就是说,这是一场涉及东源人、事、物的全面的变革,在变革中重新塑造东源的新形象,塑造物流配送业的第一品牌。

1)人人都要从爱心出发

针对东源中层干部经营观念淡薄的实际情况,把理念沟通的重点放在经营研讨上,在东源举办了经营研讨会,充分研讨了怎样做到最大程度地让顾客满意,在物流业的发展方向上达成了共识:以亲和力、信赖感、日夜服务作为满足顾客要求的经营使命和设计目标。物流业应向专业化、咨询化方向发展,才足以在市场上取得优势。职员艾肯建议东源加强专业人才的培训,积极提升公司形象,同时强化运营据点功能,健全电脑网络,以增强竞争优势,扩大市场占有率,并给客户提供更专业更完善的服务。

进而把东源物流配送的经营使命具体规定为:

①我们要成为大家亲近、信赖的企业。

②我们要使大众享受便利、舒适的生活。

③我们要发挥创造力和综合力不断追求优良的物流技术，以迈向世界。并在这个经营使命的基础上产生了《东源人宣言》和《服务信条》。

《东源人宣言》是：我们是一贯勤奋工作的人，这里充满了爱，互相帮助，彼此肯定，我们拥抱智慧，追求成长，共同携手创造美好未来。

《服务信条》是：便、捷、配、送。具体如下：

(1)便利服务、无微不至

东源一直本着服务、迅速、安全及确实的行动理念。目前整体物流服务系统趋于稳固，除硬件、人力素质逐步提升外，更积极建立运送事业、仓储事业以及配送到家等服务系统，以使客户享受最安全、便利的信赖服务。

(2)捷畅安全、适时完整

适时的运送服务一向是东源最高的经营原则。因此，东源对行车人员素质、车辆维护方面都有极严谨的要求，以确保客户商品的完整性与时效性。

(3)配合无间、敬业乐群

为使客户能享受到更完善的服务，在配送据点的设立及出货运送作业的安排上，均以客户的立场为主要考虑因素。

(4)送达问好、礼貌周到

东源公司全体人员随时怀着最诚挚的服务热忱，使客户在享受到高品质服务之余，亦能真正领受到东源人最人性化的企业经营特点。

这个服务信条正是东源企业文化的基石。在经营共识研讨过程中，东源职工自动成立了《员工经营促进会》。他们积极提出各种建议，参与经营；企业也建立健全了公平、公正和公开的升迁办法、奖惩条例；管理层面则强调从爱心出发，关怀部属，加强沟通协调，在达成共识的基础上开展工作。以忠义精神为股东服务，获得股东支持，以诚信之心面对客户，致力提升服务品质，取得客户信赖，以谋求稳定的货源。强化企业素质和形象，不仅仅是加强对员工的行为规范，同时也要有企业改革的配合，特别要注意给员工提供一个内部创业的机会。针对东源的实际，一面增强职工的自强教育，一面一项项地具体落实职工的生活福利制度，改进管理制度，并给职工创造一个内部创业机会，比如让员工在周会上介绍自己的经验，说出自己的想法和建议；把员工的收入与企业效益挂起钩来，开展“GOGO 360”(走，走，走，一年 360 d不停地运送，为顾客服务)日越薪成(每天都能有超额的好成绩，大家的薪金增加自然有了可靠保证)活动。

2)配送到家的服务系统

东源的三大市场经营系统迅速建立起来，它们实行配送到家服务、仓储保管服务和共同配送服务。这种服务方式，比起传统的货物运输方式(制造业—储运—连锁店—消费者)，无疑省去了许多中间环节，是一场物流业的革命。

东源职工的创业性在台北独树一帜，在台北运输业的形象脱颖而出。他们有一个高效搬迁宣言，宣言规定：只要客户打一个电话，公司就立即派人前往洽谈，按照客户家庭或机关的意愿，制好房间布置、家具摆放等搬迁画册，顾客认可后，用特制系列包装箱分别将电视、音响等需要特别保护的用品，加以特别保护，按设计流程，准确到位做好安排，请你外出旅游 3 d，回来进入新家，一切家具按设计要求各就各位，让你如回旧家一样的熟悉、方便和舒适。这一套业务极大地显示了东源人的创造精神、差异化服务和无微不至，一下子就在台北叫响了。

东源的社会形象透过一系列的社会活动树立起来：热心筹办物流联演会，苏隆德做专题报告；协助货运工会举办“货运业经营管理研讨会”，向业内传统货运业者传播新的物流观念；为学术单位提供赞助，促进物流技术开发和物流人才培养。如此，东源在货运物流业的知名度大为提高。东源还以定期捐助慈济功德会，捐助育幼聋哑机构等方式回馈社会，塑造了企业的良好形象。东源曾两次获台北“热心社会福利事业，捐款物济助低收人民众仁爱之风”奖状。

东源完成企业转型之后，最显著的效果表现在 3 方面：一是业务范围扩大，从转型前专为索尼、夏普做运输，发展到多家家电企业纷纷将产品交付东源来保管配送，到 1993 年已达 41 家。东源开启了新的业务领域——生活物流业正式启动。1992 年 11 月与台北农产运销公司结盟，提供共同配送服务，负责 300 家厂商的产品配送到 18 家超市；提供配送到家服务系统，每日将货品送到 150 个家庭。1993 年又与德记实业合作，将该公司代理的商品配送到 200 户人家。二是经济效益快速成长，1993 年东源的营业额比转型前增长 2 倍，利润以 12% 的速度稳定增长。同时，引进了先进设备，成为台湾第一家电脑化的物流公司。三是知名度、美誉度大大提升，受到社会大众及媒体的广泛好评。

3) 别具创意的黑白两条狗

东源储运股份有限公司企业识别系统的基本设计要素由企业标志、中英文标准字、服务标志、服务标准字、企业标准色、象征图形及企业造型所构成，基本设计要素是以东源储运的经营理念及应用需求为规划原则。为了启发东源人对企业标志设计的思考，举出一组相关企业的形象标志，给东源人参考，力求让东源标志更能体现它的经营使命，符合企业精神。这一组共 4 个标志，第一个是日本大和货运公司，它用一只大猫口衔小黑猫，表现一种亲和力。服务口号为宅急便。第二个是美国的UP5,用一辆黑色汽车,给人以稳重可靠感,表现运输者的珍惜所托和绝对可靠,它的追求重点在安全运输。第三个是美国的DHL货邮商综合物流中心,是一家有20万员工、遍及181个国家的特大型物流中心,它强调的是时效,以电脑为形象标志。第四个是日本的新弥道货运,它以便捷特点为服务信条,以大袋鼠在袋里背着小袋鼠飞跑的形象表示快捷递送。

公司发动员工对这些相关案例进行比较研讨。他并不急于创作,是希望更多地听取职工的意见。他认为,一个企业的标志肩负的是整个企业的象征、生命、理想、希望与目标,而不是一个简单图形就可以的,也不是在短时间内可以完成的作品,它肩负企业使命,企业精神,对外传达沟通企业形象。他寻着这条思路设计了黑白两条奔跑的狗。台湾与内地人一样认为,狗是非常忠实的动物,特别忠于他的主人,灵敏、机智又负责任,黑白奔跑表示昼夜服务从不懈怠的敬业精神。

如果把这黑白两只狗的标志与GO结合在一起用,就有了"走狗"的谐音。不想,职工们非常认同,有的说,为客户当走狗,认真服务,有什么不好。企业标准色在整体识别系统中,具有强烈的识别效应,是企业经营管理及视觉传达的最佳工具。标准色是根据企业经营理念、行销策略及制作执行技术等要素而制成,绝不可随意更改。在专业运输车辆上使用代表安全、警示的黄色,主要是加强一般大众及相关厂商的信赖。黄、蓝本身在色彩视觉上属于对比色,除了具有索尼、夏普的集团色彩个性外,黄色在运输车辆上应用更具高度警示性及安全性。精致的蓝色,再搭配黄色以后形成强烈的对比,并产生明朗、活泼的意味,象征企业朝气蓬勃持续成长与服务热诚。

试想,东源400辆蓝黄相间、色彩亮丽的运货车,每天在台湾岛上南北穿行,又会产生多大的视觉冲击力!是一分钱都不花的实体广告。公司尽可能地用企业实物实体作蓝黄相间的建筑物既有建筑品位风格,又是形象宣传,而且经久耐看,收到一石三鸟的功效。

东源储运的服务标志是以英文草写"GO"加惊叹号,既是取狗的谐音,又易联想,且对从业人员有激励勇往直前的行动号召力。这种由内而外的统一规划和设计,统一制服、公司设备等,塑造了东源人和东源企业文化。

4)树立了良好企业形象的东源公司

东源荣获台湾交通部门汽车货运调查活动的优良单位奖。东源负责人陈茂炮当选优良商人。东源公司苏隆德总经理当选台北县汽车货运商业同业公会第13届选台湾第11届杰出企业经理人,并应邀作专题演讲。苏隆德总经理说,东源储运在发展中遇到极大挑战,在其蜕变过程中,如果不是有一种锐意改革、不断革新的精神,恐怕东源储运然依附于索尼、夏普两大家电的羽翼之下,更无缘成为物流示范体系。将东源定位于“物流业”之角色,落实于经营层面,以追求顾客最大满意为己任,开拓新的业绩,给东源注入了新的活力。

【讨论题】

1. 东源公司怎样成为台湾物流配送第一品牌?
2. 东源公司内部是怎样运作的?
3. 东源公司的“便、捷、配、送”给我们什么启示?

技能实训　模拟配送中心配送作业

一、技能实训目标

1. 检查学生对配送中心配送作业掌握情况。
2. 提高学生分析问题、解决问题的能力,以及学生实际操作技能。
3. 培养学生的团队精神。

二、技能实训的方式

分角色模拟配送中心配送作业。

三、技能实训的内容

1. 分组:6~8 个人一组。模拟配送中心的配货与送货作业过程。每组学生分配 5 个角色,分别是:

①分货员,任务是:对项目四技能实训 3 所拣出的货物进行分类与集中,指出作业方式,以及分类与集中的依据,并兼任简单配货任务(即尽量将可装同一辆车的货分在一起)。

②包装员,任务是:针对不同的货物,确定选择用何种包装材料及包装技术,并简述包装流程。

③车辆调度员,任务是:根据货物分类情况,选择派不同的车辆,并说明理由。

④积载员,任务是:根据货物情况进行合理积载。

⑤路线规划员,任务是:查阅相关资料,根据客户的分布情况,运用节约里程法合理确定配送线路。

2. 模拟完成后,小组成员进行总结,撰写实训报告。

3. 小组进行交流,并评定各组实训成绩。

习题7

一、名词解释

1. 配送

2. 货物的交货时间

二、填空题

1. 配送是(　　　　　)和(　　　　　)有机结合的形式。

2. 同一辆车途经各个送货点的路线要成(　　　　　)。

3. 配送功能要素中的人员是指(　　　　　)或配送业务员。

4. 配送线路的类型主要有(　　　　　)、环行式行驶线路和汇集式行驶线路。

三、选择题(把正确的答案填在题后的括号内)

1. 有关配送下面说法错误的是(　　　)。

A. 配送的实质是送货

B. 配送是中转形式的送货

C. 配送必须以用户的需求为出发点

D. 配送等同于传统的送货

2. 拟订配送计划应该考虑哪些因素？(　　　)

A. 配送对象　　　　B. 配送的货物种类

C. 物品配送数量和库存量　　　　D. 物流的交货时间

3. 拟订配送计划的最基本的依据是(　　　)。

A. 客户订单

B. 客户的分布、运输路线和距离

C. 配送的各种货物的体积、形状、重量、性能、运输要求

D. 运输装卸条件

4. 配送中心在确定配送路线应考虑的约束条件主要有(　　　)。

A. 路线允许通行的时间限制　　　　B. 运输工具载重的限制

C. 配送中心的能力　　　　D. 自然因素的限制

5. 在制订配送计划时要对配送的功能要素进行整理,这些功能要素包括(　　　)。

A. 货物与客户　　　　B. 配送路线、车辆与人员

C. 配送费用及成本　　　　D. 配送地点与时间

6. 配送计划的实施主要包括以下内容(　　)。

A. 制订配送计划　　B. 按计划给配送点进行配货

C. 下达配送计划　　D. 装车发运

7. 在车辆配装的原则中,凭经验配装时应注意(　　)。

A. 把外观相近的货物分开装载

B. 将渗水货物与易受潮货物一同存放

C. 包装不同的货物可以不分开装载

D. 装载易滚动的卷状货物要垂直摆放

8. 利用节约里程法制订出的配送方案除了使配送总吨公里数最小外,还应满足以下条件(　　)。

A. 满足用户运费最低的要求

B. 满足所有用户的要求

C. 不使任何一辆车超载

D. 每辆车每天的总运行时间或行驶里程不超过规定的上限

四、判断题(正确的在题后的括号内打"√",错误的打"×")

1. 配送中心在拟订配送计划时不需要考虑配送货物的价值。　　(　　)

2. 运输比配送的活动范围要大。　　(　　)

3. 车辆的一般装载方式是先送先上车,后送的后上车。　　(　　)

4. 物流服务水平与物流成本成正比。　　(　　)

5. 配送中心在制订物流服务水准时,应该越高越好,越有竞争力。　　(　　)

6. 生鲜食品和一般的食品一般同时配送。　　(　　)

7. 配送功能要素中的"时间"是指配送的在途时间,不包括装卸搬运时间。　　(　　)

五、简答题

1. 简述配送调度的基本原则。

2. 简述拟订配送计划应考虑的因素。

3. 简述配送计划的主要内容。

4. 简述配送的基本作业流程。

六、综合分析题

设某配送中心P向5个客户(A、B、C、D、E)配送货物,其配送路线网络如图7.4所示,图中括号内的数字表示客户的需求量(单位:t),线路上的数字表示两结点之间的距离(单位:km),现配送中心有3台2 t的卡车和两台6 t卡车两种车辆可供使用。试用节约里程法制订最优配送方案。

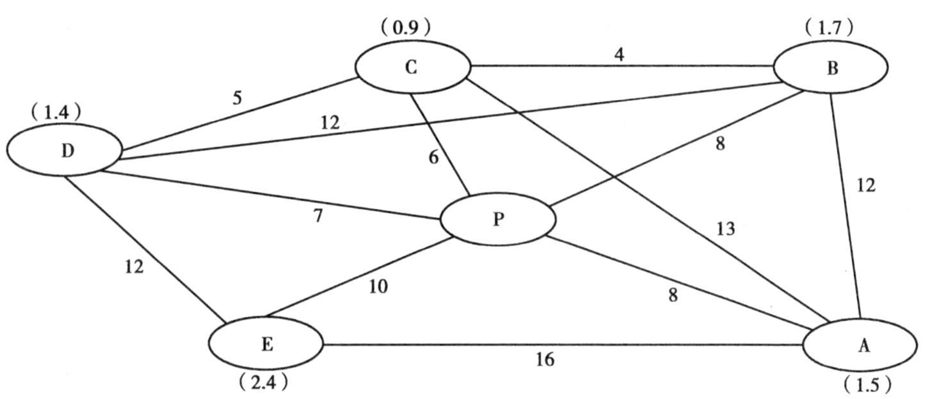

图7.4　配送路线网络

项目 8
配送中心的绩效评价

【知识目标】

了解配送中心绩效评价的原则和意义；

了解配送中心绩效评价的内容；

掌握配送中心经济效益指标的评价内容；

掌握配送中心运作绩效指标的评价内容；

掌握配送中心作业绩效指标的评价内容和做法；

掌握配送中心顾客份额指标的评价内容和做法。

【能力目标】

能计算和分析配送中心绩效评价的各级指标；

能够撰写配送中心的绩效评价报告。

【项目结构图】

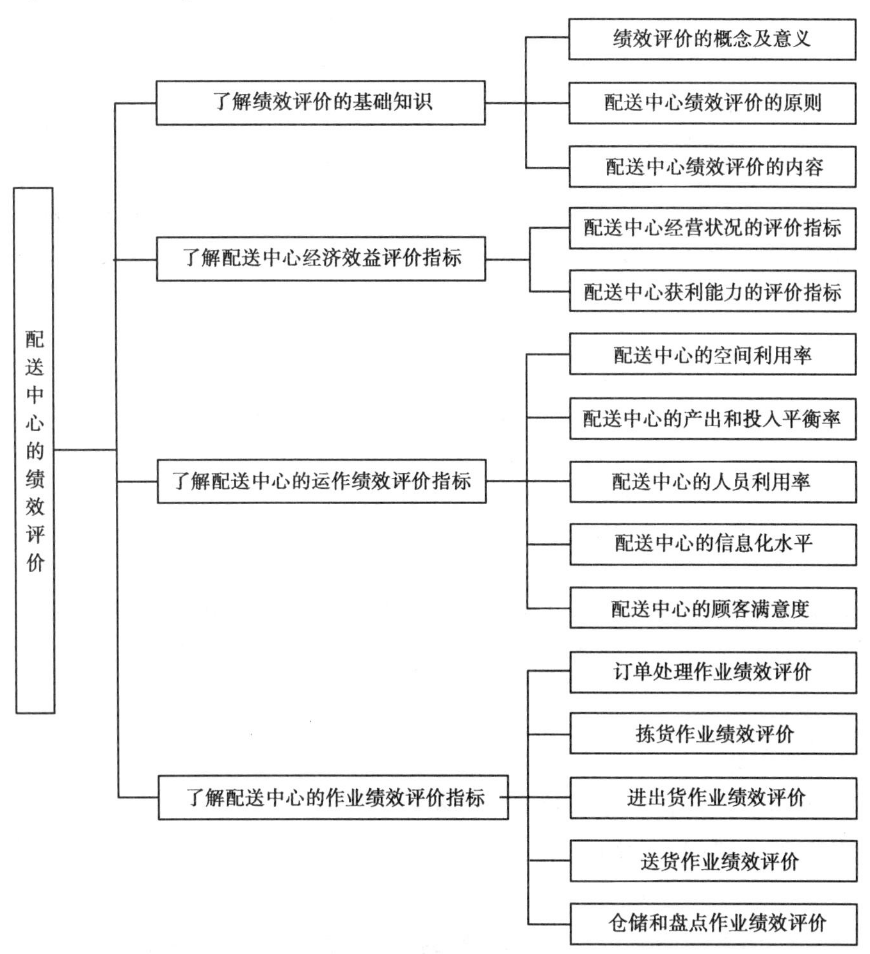

【案例引入】　吉列公司的自我修复基因

总部设于波士顿的美国吉列(Gillette)公司成立于1901年,目前有雇员3万人,主要生产剃须产品、电池和口腔清洁卫生产品。提到"吉列",人们就会想到世界上最好的剃具。"掌握全世界男人的胡子"的吉列剃刀产品,在美国市场占有率高达90%,全球市场的份额竟达到70%以上。据估计,如今在北美每3个男性中就有1个使用吉列速锋Ⅲ剃须刀。2005年在《商业周刊》评出的世界品牌100强中位列第15位,品牌价值175.3亿美元。在其100多年的发展过程中,吉列也经历了不少曲折,其中较大的几次发生在1930年、1980年以及

1990年末至21世纪初。1998—2001年,该公司的剃刀、电池和牙刷市场份额均有不同程度的下降。1999—2000年吉列的市值减少了55%,即大约350亿美元。接下来的问题更贴近主旨——为什么吉列能活下来?詹姆斯·基尔茨(James Kilts)——吉列70年来第一位空降的CEO,一语道破天机。刚上任时,基尔茨曾表示,吉列是一家"异常强大"同时又存在"严重而可修复问题"的公司。在保持基本模式的前提下不断自我修复,吉列的秘密其实不过如此,只是很多公司都没有做到,而它做到了。所以这也是为什么当1970年的500强企业到1983年已有1/3因并购、破产或拆分而不复存在,而吉列公司迄今仍傲立在商业浪尖上的特别之处。而这种自我修复基因,其实也是源自于吉列公司的绩效评估管理。以其配送部门的作业效率评估为例。

吉列公司在拉美地区的业务网点包括设在墨西哥、智力、巴西、哥伦比亚、阿根廷、委内瑞拉、厄瓜多尔及秘鲁的产品制造中心和配送中心。在每一年,各个网点工作人员都需要进行物流业绩考核。其考核主要是采用12项物流绩效指标测评的:装运准确性、库存准确性、库存周转率、订单周转时间、供应率、配送中心效率、配送中心储存密度及订单执行绩效等。吉列公司为每个指标设置年度个人奖和集体奖。在颁奖时,每个获奖个人或单位必须向其他人讲授自己怎样经过一年来的努力而获得成功。这样一来,每个配送中心的配送管理水平都得到了提高。

【思考】

1. 吉列公司自我修复的基因是什么?
2. 吉列公司物流业绩考核指标有哪些?

任务8.1 了解绩效评价的基础知识

8.1.1 配送中心绩效评价的概念及其意义

1)相关概念

绩效,从管理学角度讲,是指一个组织在一定时期内的投入产出情况,投入指的是人力、物力、时间等物质资源,产出指的是工作任务在数量、质量及效率方面的完成情况。

由此我们可以认为，配送中心绩效指的就是配送中心依据客户订单在组织配送运作过程中的劳动消耗和劳动占用与所创造的物流价值的对比关系，或者是配送运作过程中配送中心投入的配送资源与创造的物流价值的对比。

所谓绩效评价，则是指运用一定的评价方法、量化指标及评价标准，对一个组织的绩效目标的实现程度，及为实现这一目标所安排的人力、物力、时间等物资资源的投入情况和执行结果所进行的综合性评价。

对配送中心的绩效评价，就是指采用特定的指标体系，对照统一的评价标准，运用科学、规范的评价方法，通过定量、定性的分析，对配送中心在一定经营期间内的经营效益和经营者的业绩，作出客观、公正和准确的综合判断。

2）配送中心绩效评价的意义

开展绩效评价可以正确判断配送中心的实际经营水平，提高经营能力和管理水平，从而提高配送中心的整体效益。具体来说，对配送中心进行绩效评价的意义主要有：

（1）帮助配送中心达成其经营目标

绩效评价本质上是一种过程管理，而不是仅仅对结果的评估。它是对配送中心所提出的经营目标进行阶段追踪，根据其目标不同阶段的完成情况，分析和评价其可行性，通过不断调整配送中心的经营运作，帮助配送中心完成其最终的经营目标。

（2）帮助配送中心挖掘其问题所在

通过评价配送中心作业绩效，我们可以了解配送中心空间、人员、设施、物品、订单、时间、成本、品质、作业规划等各个要素的状况，从而获得对整个配送中心的运营状况了解，并找出配送中心运作方面的不足，以便及时作出改进的措施。同时，正确分析和评估配送中心资源素质与能力，也可以为配送中心在市场中的生存、运行、重组和撤并提供客观依据。

（3）是企业内部监控的有效工具和方法

评价配送中心各业务部门和人员的工作绩效，可以方便配送中心决策层及时调整奖惩、激励政策，正确引导企业文化的发展方向。

8.1.2　配送中心绩效评价的原则

1）客观公正的评价原则

配送中心绩效评价必须采用科学的方法和手段，坚持定量与定性相结合、静态与动态相结合，建立科学、适用的评价指标体系及标准，避免主观臆断。以客观立场评价优劣，公平的态度评价得失，合理的方法评价业绩，严密的计算评价效益。

2）全面系统的评价原则

配送中心绩效评价的主要对象虽然是配送活动的经营成果，但配送活动的经营成果的产生和形成涉及企业经营活动的全过程，是一个复杂的系统活动。因此，配送中心绩效分析要将经营结果与经营过程、内部系统与外部系统相结合，多方收集信息，实行多层次、多渠道、全方位评价。

3）经常化、制度化的评价原则

绩效评价是对现有能力、效率与效益的评价，也是对未来经营结果的一种预测。因此，对配送中心的绩效评价必须在制定科学合理的绩效评价制度的基础上，将正式评价与非正式评价相结合，形成经常化、制度化，才能充分了解配送系统的现实能力和潜能，才能发现组织中存在的问题，从而在改进中实施修正的管理。

4）反馈与修改的评价原则

绩效评价的结果必须及时进行反馈，将反馈的两种结果区分开来，即把正确的行为、程序、步骤、措施坚持下去并发扬光大，不足之处必须加以纠正和弥补。

5）目标与激励的评价原则

对配送中心绩效的管理可以采用目标管理的方法，通过目标与激励相结合来有效实现预期绩效评价体系的设计目标。

8.1.3　配送中心绩效评价的内容

1）确定指标评价体系

确定指标评价体系是配送中心进行绩效评价工作的基础，各类材料的收集整理、计算分析都是围绕指标体系进行的。目前比较常见的配送中心绩效评价指标体系有两类：一类是按照作业流程提出的评价指标，包括进出货、储存、盘点、订单处理、拣货、配送运输、采购作业与整体衡量；另一类则是按照经营效果进行绩效评价，主要考虑送货时间、送货可靠性、送货灵活性与库存水平4个指标。目前的评价指标往往只注重对配送活动某一作业评价。没有考虑整个配送活动整体效果，注重经济方面而忽略服务方面评价。因此，本书从经济效益、企业运作、作业效果、顾客份额4个方面来构建探讨配送中心绩效评价指标体系。各指标体系具体内容会在后面章节详细阐述。

2)收集并整理基础资料和数据

根据之前建立的评价指标体系，确定各指标具体的评分标准，根据评分需要和指标要求收集和整理基础资料和数据。主要内容包括:评价方法、评价标准、连续三年来的会计决算报表，以及有关统计数据和定性评价的基础资料，制作各种调查表，分发给调查对象，并提出填写要求，然后及时收回，并对数据进行分类、登记。

3)进行计算分析、评价计分

此项内容是评价过程的关键步骤，总体来说，这就是一个定性转化成定量的过程。首先，我们需要将所有的评价指标中涉及定性的内容都转换成定量的内容，如对优、良、中、差这4种定性描述赋值，转换成定量内容，如表8.1所示。

表8.1　绩效评价等级表

指标评价等级	对应指标值
优	3
良	2
中	1
差	0

本身可以进行定量分析的指标，则根据相应公式计算出指标值。然后，各配送中心可以根据自己的经营方向侧重对各项指标赋予相应的权重值。最后根据下列计算公式，可以得出该配送中心的综合评价值，从而形成最终的综合评价结果。

$$\text{综合评价值} = \sum_{i=1}^{n} X_i \ (n\text{为二级评价指标个数}) \tag{8.1}$$

$$X_i = \text{二级指标值} \times \text{对应权重值}(i\text{为各二级指标序号}) \tag{8.2}$$

4)形成评价结论

这个过程也可以看成是对配送中心的各项绩效评估指标和综合评价结

果的分析。一般常用的主要有竞争比较、趋势比较和目标比较这 3 种评估分析方法。

竞争比较是将本配送中心的综合评价结果与规模相当的其他配送中心绩效评价进行比较分析;趋势比较则是将这次的绩效评价结果与自身的历史绩效评价结果进行比较分析;而目标比较,则是根据配送中心所要达成的目标来评估目前的水平状况。

通过这几种方法对配送绩效进行深入细致地分析判断,才能最终形成一份能够客观、准确、全面地反映配送中心实际情况的综合评价结论。

5)撰写评价报告

评价结论形成以后,需要撰写绩效评价报告,其主要内容包括:评价结果、评价分析、评价结论及相关附件等。

任务 8.2　了解配送中心经济效益评价指标

企业经营管理中,将企业的经济效益要素定为投资、收入、成本和税金,我们结合配送中心经营运作的相关特点,将配送中心的经济效益绩效评价指标分为配送中心经营状况评价指标和配送中心获利能力评价指标。对于此项指标的评价,其所需要的数据来源主要是会计决算报表。

8.2.1　配送中心经营状况的评价指标

我们通过对市场占有率、资产负债率以及固定资产周转率的分析,可以判断出配送中心目前的经营状况,并将其与原定的经营目标进行对比,随时进行修正和调整。

1)配送市场占有率

该指标直接反映了配送中心所提供的配送这项劳务对消费者和用户的满足程度,也表明了一个配送中心在当地物流配送市场上的竞争地位。同时,该指标也很大程度上反映了配送中心的盈利能力。

$$\text{配送市场占有率} = \frac{\text{报告期内企业商品流转额}}{\text{同期本地区商品流转总额}} \tag{8.3}$$

2)资产负债率

该指标反映了在总资产中有多大比例是通过借债来筹集的,反映了企业长期偿债能力。

$$资产负债率 = \frac{负债总额}{资产总额} \tag{8.4}$$

3)固定资产周转率

该指标是用来衡量配送中心固定资产的运行绩效,评估所投资的资产是否充分发挥效用。

$$固定资产周转率 = \frac{产值}{固定资产总额} \tag{8.5}$$

8.2.2　配送中心获利能力的评价指标

配送中心获利能力的评价指标包括了资产收益率、成本费用利润率等指标。通过对以上指标的计算,将其与配送中心财务预算中制订的应达到的标准对比,对达标或超标的相关部门或人员进行激励,对未达标的相关部门或人员监督其找出问题所在,并进行整改。

1)净资产收益率

净资产收益率是物流配送中心一定时期内的利润额与平均净资产额的比率,是评价物流配送中心资本的获利能力的一个重要指标。

$$净资产收益率 = \frac{报告期净利润}{平均净资产额} \tag{8.6}$$

$$平均净资产额 = \frac{报告期初净资产额 + 报告期末净资产额}{2} \tag{8.7}$$

$$净资产额 = 资产总额 - 负债总额 \tag{8.8}$$

该指标是一个动态的指标,它是一个说明经营者利用单位净资产创造利润能力的大小的平均指标,强调的是经营期间净资产赚取利润的结果。该指标有助于公司相关利益人对公司未来的盈利能力作出正确判断。

2)配送成本费用利润率

该指标反映了物流配送中心在一定时期内为取得利润而付出的代价,从企业支出方面补充评价其收益能力,也是为了反映配送中心的成本费用是否合理。

$$配送成本费用利润率 = \frac{报告期配送利润总额}{同期配送成本费用总额} \quad (8.9)$$

配送成本费用 = 装卸搬运费 + 仓储费 + 流通加工费 + 拣选费 + 配送费 + 其他费用 (8.10)

（注:各项成本支出项目可以根据不同配送中心的经营业务进行删除、添加等调整）

3)商品配送利润率

该指标主要是为了表明每单位商品配送额能带来的利润额,反映了配送中心主营业务的获利能力。

$$配送利润率 = \frac{报告期内配送利润额}{配送总额} \quad (8.11)$$

4)净利润增长率

该项指标主要说明了配送中心净利润额的动态变化,它代表的是配送中心当期净利润比上期净利润的增长幅度,指标值越大代表配送中心的盈利能力越强。

$$净利润增长率 = \frac{当期净利润 - 上期净利润}{上期净利润} \quad (8.12)$$

$$净利润 = 利润总额 - 所得税 \quad (8.13)$$

任务 8.3　了解配送中心的运作绩效评价指标

关于配送中心的运作绩效,我们可以从一个配送中心的经营规模、人员数量、信息化水平等方面,结合该配送中心的经营收入进行综合分析、评价。

8.3.1　配送中心的空间利用率

该指标主要是计算配送中心单位面积(m^2)的营业收入是多少。一方面,可以用来衡量配送中心的规模是否和其经营收入相匹配;另一方面,也避免让企业陷入扩大配送中心规模等于提高营业额的思想误区。

$$配送中心平效 = \frac{营业额(产值)}{建筑物总建筑面积} \quad (8.14)$$

8.3.2 配送中心的产出和投入平衡率

产出与投入平衡率是指进出货件数比率。此项指标是用来判断该配送中心是否维持在低库存量水平，与零库存的差距多大。

$$产出与投入平衡率 = \frac{出货量}{进货量} \tag{8.15}$$

如果想以低库存作为最终目标，且不会发生缺货现象，则产出与投入平衡比率最好控制在1左右，而实现整改目标的关键是要切实做好销售预测。

8.3.3 配送中心的人员利用率

该指标需要从配送中心工作人员的作业量、作业能力以及作业人员与管理人员的人数比率等方面进行分析，以求让一个配送中心的员工数量安排达到最为合理的地步。具体各指标的计算如下：

$$人员作业量 = \frac{出货量}{配送中心总人数} \tag{8.16}$$

$$人员作业能力 = \frac{营业额}{配送中心总人数} \tag{8.17}$$

$$直间接比率 = \frac{一线作业人数}{配送中心总人数 - 一线作业人数} \tag{8.18}$$

上述指标中，人员作业量是衡量配送中心的人数是否安排合理，人员作业能力是衡量配送中心的单个工作人员能够带来的收益水平；而直间接比率则是衡量配送中心作业人员及管理人员的比率是否合理。一般来说，如果人员作业量指标值偏高，而人员作业能力值偏低，一方面，配送中心需要考虑有效地利用自动化、半自动化机械设备；另一方面，配送中心需要考虑减少从业人员，尤其是要结合直间接比率考虑削减哪一类从业人员。如果直间接比率不高，则首先考虑削减非生产性人员。

8.3.4 配送中心的信息化水平

信息，作为整合物流各环节的桥梁，其作用和地位越来越被人们所重视，没有信息，现代物流活动将无法展开。因此，信息化水平在现代物流配送中心占有越来越重要的地位。正确分析评价配送中心的信息化水平并不断提高其水平，也成为了现代物流配送中心获得竞争优势的必要条件。

一般,信息化水平评价指标由信息化水平成本、信息化水平效率和信息化水平质量组成。各项指标的具体内容如下:

1)信息化水平成本

该项指标主要是计算一个配送中心的信息技术投入占固定资产投资比重,以此来衡量一个配送中心的信息化水平高低。

$$信息化水平成本 = \frac{当年软硬件和网络建设费用}{当年固定资产投资总额} \tag{8.19}$$

2)信息化水平效率

该项指标主要是通过信息活动是否及时来表现的。由于物流信息的时效性非常强,所以评价一个配送中心的信息化水平,不光需要看其对软硬件的资金投入,还需要看其能否及时传达各类信息,以此来了解配送中心的信息化水平效率高低。

$$信息及时率 = \frac{信息活动及时次数}{信息活动次数} \tag{8.20}$$

需要注意,该项指标不仅要单独进行分析,还需要联系配送作业的相关绩效评价指标共同进行分析。配送作业工作出错率高或订单处理不够合理,有时也是因为信息及时率太低造成的。

3)信息化水平质量

一般的信息化水平质量评价指标,包括了信息准确率和信息共享水平两块内容。对于信息共享水平指标的评价,我们可以运用标杆对比法和填写调查表等方式给出一个定性的评价,而信息准确率则可以利用下列公式进行计算。

$$信息准确率 = \frac{信息活动准确次数}{信息活动次数} \tag{8.21}$$

信息化水平质量的高低,不能只针对配送中心的信息化指标本身进行分析,和上述的信息化水平效率指标一样,它也是与配送作业绩效评价指标联系紧密的。如果信息化水平质量低下,一般就意味着该配送中心的信息会出现错误、不及时、不全面等问题,这些都会造成配送作业环节的损失,所以不能仅作单独分析。

8.3.5 顾客满意度

顾客满意度是指对一个产品可感知的效果(或结果)与期望值相比较

后,顾客形成的愉悦或失望的感觉状态。对配送中心而言,顾客满意度主要集中在客户是否对配送中心提供的配送服务及其他相关客户服务感到满意。其顾客满意度评价,可以通过计算客户投诉率来分析。

$$顾客投诉率 = \frac{客户投诉次数}{订单数量} \tag{8.22}$$

$$顾客满意度 = 1 - 顾客投诉率 \tag{8.23}$$

由上述计算公式可以看出,顾客投诉率越低,顾客满意度就越高。另外,通过此类指标进行顾客满意度的分析还不够全面,比如对于顾客投诉和取消订单的原因,通过此指标就无法分析计算得出,所以我们还需要统计顾客投诉的原因和内容,以此了解配送中心存在有哪些问题并积极找寻解决措施。

任务 8.4　了解配送中心的作业绩效评价指标

我们可以按照配送中心的作业流程,结合相关的指标计算公式,对配送中心的作业进行绩效评价分析。具体可以分为订单处理作业、拣货作业、进出货作业、送货作业和仓储作业 5 个方面来进行。

8.4.1　订单处理作业绩效评价

1)订单分析指标

该项指标主要是用来观察每天订单变化情形,并据此分析结果拟订客户管理策略及业务发展方向制订。对订单指标的分析,一般通过以下 3 个指标来进行:

$$日均受理订单数 = \frac{订单总量}{工作天数} \tag{8.24}$$

$$平均每订单包含货物数 = \frac{出货量}{订单数量} \tag{8.25}$$

$$平均客户订单价值 = \frac{营业额}{订单数量} \tag{8.26}$$

如果此 3 个指标数值皆不高,则表明配送中心的业务有待拓展。配送中心可以从下面几个方面进行改善:

①若因同业竞争激烈导致业务量减少,则应调整经营方式,如降低配送服务价格等。

②若原因出在如今的配送路线或配送货品已较无市场,则需引进或更换新客户及新商品,开拓新的配送路线。

③提高配送质量,增加一些客户需求的配套服务措施,以稳定客户和谋求增加价值。

2)订单延迟率与订单货件延迟率

(1)订单延迟率

公司营运的最终目的是要有能力继续吸收更多的客户与订单,而影响订单多寡的两个主要因素不外乎价格与交运能力。交运能力即指交货期管理能力,若能确实掌握交货的准确度,则能提升公司的信誉以吸收更多的客户。订单延迟率指标主要用于评价交货情况,特别是反映交货延迟状况的重要指标。该指标的计算方式如下:

$$\text{订单延迟率} = \frac{\text{延迟交货订单数}}{\text{订单数量}} \tag{8.27}$$

若此比率过高,表示配送中心无法确实做到按计划日期交货,对顾客的交运能力尚待加强。配送中心可以考虑从以下几个方面来降低订单延迟率:

①仔细分析订单处理流程,找出瓶颈作业加以解决。

②考虑物流系统的前后作业能否互相支援或同时进行,以谋求出货时间的缩短。

③掌握库存情况,防止缺货发送。

④合理安排配送时间。

(2)订单货件延迟率

我们不能单纯地通过一个订单延迟率指标来判断一个配送中心的订单处理作业绩效。因为在订单较多时,订单处理人员为了降低订单延迟率,可能会先处理比较简单的订单,而对订单数量多处理手续较繁杂的大客户反而容易忽略。此种"小户驱逐大户"的现象,对配送中心的经营绩效影响甚大。因此,当因为客户众多而导致订单数量繁多时,配送中心为了降低订单延迟率同时稳定客户,最有效的做法应该是对客户做重点管理,使有限的人力、物力做最有效的运用。评估一个配送中心是否应实施客户重点管理的指标,就是订单货件延迟率。该指标的计算方式如下:

$$\text{订单货件延迟率} = \frac{\text{延迟交货量}}{\text{出货量}} \tag{8.28}$$

该指标需要结合订单延迟率指标共同分析。如果订单延迟率低,但订单货件延迟率偏高,则表示该配送中心确实未实施客户重点管理,需要考虑实施顾客 ABC 分析法来确定客户重要性程度，对重点客户采取重点管理。例如，我们可以按照各客户的购买量占营业额的百分比再加以考虑各客户与公司的其他关系来建立订单受理程序及出货顺序。一般而言，对 A 类客户应尽量减少延迟交货的次数，以用来有效降低延迟率。

3）紧急订单响应率

该指标是用来分析配送中心快速订单的处理能力，及紧急插单业务的需求情况。这是反映配送中心服务质量的一个重要指标。

$$紧急订单响应率 = \frac{未超过12\ h出货的订单}{订单数量} \tag{8.29}$$

对于所有的配送中心而言，提高紧急订单响应率，将有助于增加中心营利，提高客户满意度，特别是如今能做到大多数订单皆能在 12 h出货的配送中心仍属少数，若能提升公司作业效率而达此程度必能独得先机。但如何提高该指标比率，则需分两种情况讨论：

①配送中心要求大多数订单能在 12 h内出货。这需要作业者有计划地缩短接单至交货时间。建议可以由制订快速作业处理流程与规范和拟订快速送货计费基础这两个方面做起。

②紧急订单响应率偏低的原因来自于紧急插单的需求。紧急插单很容易影响原本正常流畅的计划作业，且一旦处理不当，可能引起作业员的反感而造成公司整体的损失，所以建议配送中心减少紧急插单的机率，并确实规划一个完善的紧急插单处理系统。比如，对紧急插单可以采取与一般订单合并处理或者个别专车配送的处理方式，选择最适当的方式，以达最佳效率及服务品质。

4）缺货率

缺货率主要反映了客户下订单时，配送中心在查寻库存发现缺货以至无法接单或无法按时出货的状况。计算该指标是为了分析配送中心的存货控制决策是否得宜，应否调整订货点与订货量的基准。

$$缺货率 = \frac{接单缺货量}{出货量} \tag{8.30}$$

一旦缺货状况发生太频繁，缺货率偏高，很容易让客户失去信心而导致流失客户，因此务必将缺货率降到越低越好。降低缺货率的措施主要有：

①加强存货管理，并将存货异动即时登录。

②制订更为合理的采购、补货时机。

③确实要求供应商准时送货，并予以催促监督。

5)出货短缺率

出货短缺率不同于缺货率,它是指在出货前或交货后才发现货品短少的比率,用来反映配送中心出货作业精确度的高低。

$$出货短缺率 = \frac{出货短缺数}{出货量} \tag{8.31}$$

出货短缺率过高,必导致客户经常抱怨及反感,很容易影响公司营运,因此需尽快挖掘原因以降低出货短缺率。

(1)造成短缺率的原因

①单据错误,比如接单时登录出错或列印拣货单时出错。

②拣货员拣货时造成的短少。

③打包装箱过程造成的误差。

④检查作业的疏失。

⑤搬运装车时的损耗。

(2)改善的对策

①配送中心制订统一标准化的表单。

②减少传票数,以降低转记所产生的错误。

③注重每一阶段的作业质量。

④注重每一步骤的检查工作或是加强复核动作。

⑤注重加强装卸人员和司机的相关培训,以降低搬运、配送时造成的损失。

8.4.2 拣货作业绩效评价

由于拣货作业多数是通过人工配合简单机械化设备,将客户订单上不同种类数量的货物从配送中心取出集中在一起来完成的,因而拣货作业是属于劳动密集型的作业。对拣货作业绩效的评价,必须注重对拣货人员的负担和效率的评估。常用的拣货作业绩效评价指标主要有以下几项:

1)人均作业能力

人均作业能力指标是用来衡量配送中心拣货的作业效率,它实际上是指人均每小时拣货数量。分析该指标以便我们找出配送中心在作业方法管理方式上存在的问题。

$$人均每小时拣货品项数 = \frac{订单总数}{拣货人员数 \times 每天拣货时数 \times 工作天数} \tag{8.32}$$

提高人均作业能力的方法主要有：

①合理规划拣货路径。

②合理配置货物的储存位置。

③确定高效的拣货方式。

④合理安排拣货人员的数量和拣货区域。

⑤拣货作业的机械化、电子化。

2）批量拣货时间

批量拣货时间指标是用来衡量每批次平均拣货所需的时间，分析该指标是为了日后制订拣货批次策略提供参考依据。

$$批量拣货时间 = \frac{每日拣货时间 \times 工作天数}{拣货分批次数} \tag{8.33}$$

该指标计算值大小，表明了批量拣货时间的长短。如果批量时间短，表示配送中心拣货日的反应时间很快，将有利于处理紧急订单和临时插单。

3）每订单/每件货投入拣货成本

一般来说，拣货作业是配送中心最复杂的作业，其耗费的成本占总成本的比例较大，因此拣货成本也是管理人员关心的重点。其指标计算公式如下：

$$每订单投入拣货成本 = \frac{拣货投入成本}{订单数量} \tag{8.34}$$

$$每件货物投入拣货成本 = \frac{拣货投入成本}{拣货单位累计件数} \tag{8.35}$$

计算公式当中的拣货投入成本，一般包括人工成本、拣货设备的折旧费、信息处理成本等。因此，如果每订单/每件货投入拣货成本指标偏高，需要想办法降低拣货投入成本，比如合理使用和保养拣货设备，以减少其折旧成本费用。

4）拣货差错率

拣货差错率，有些地方也称为捡误率，是衡量配送中心拣货作业质量的指标。

$$拣货差错率 = \frac{捡取错误订单数}{订单总数} \tag{8.36}$$

降低拣货差错率的主要方法有：

①选择最合理的拣货方式。

②注重对拣货人员的培训。

③引进条形码、拣货标签或计算机辅助拣货系统等自动化技术，以提高拣货精确度。

④改善现场照明条件。

8.4.3 进出货作业绩效评价

进出货作业正处在配送中心整个作业流程的两端，其作业效率将直接影响配送活动的质量好坏。由于进出货作业主要是组织相关人员借助机械设备在理货区完成的，因此衡量进出货作业效率的指标主要包括站台（理货区）的使用率、人力组织的合理性、机械设备的利用率等。

1）站台使用指标

该项指标主要用于考核配送中心的站台使用情况，判断配送中心是否因为站台数量不足或规划不佳而出现拥挤、低效等状况。其计算公式为：

$$\text{站台使用率} = \frac{\text{进出货车次装卸停留总时间}}{\text{站台泊位} \times \text{工作人数} \times \text{每日工作时数}} \quad (8.37)$$

如果配送中心的进出货站台是分开使用的，则其站台利用率需要分开进行计算：

$$\text{进货站台使用率} = \frac{\text{进货车次装卸停留总时间}}{\text{站台泊位} \times \text{工作人数} \times \text{每日工作时数}} \quad (8.38)$$

$$\text{出货站台使用率} = \frac{\text{出货车次装卸停留总时间}}{\text{站台泊位} \times \text{工作人数} \times \text{每日工作时数}} \quad (8.39)$$

此外，我们还需要考核配送中心的站台在进出货高峰时间段的使用情况。

$$\text{站台高峰率} = \frac{\text{高峰时的车次}}{\text{站台泊位数}} \quad (8.40)$$

在分析上述指标时，需分为以下两种情况进行讨论：

（1）站台使用率偏高

这一情况表示配送中心的站台泊位数可能不足，容易造成交通拥堵。一般可采取下列措施进行改进：

①增加站台泊位数。

②做好时段管理，让进出配送中心的车辆能有序地行驶、停靠并进行装卸作业。

③增加进出货工作人员，加快作业速度，减少车辆的装卸停留时间。

(2)站台使用率偏低,站台高峰率高

这一数值表示配送中心的站台在应对平时进出货作业时泊位数量有余,车辆停靠站台的平均时间也不长,但在高峰时段仍容易出现进出货车辆拥堵的情况。这主要是因为没有控制好进出货时间段引起的,解决的关键点是要将进出车辆到达作业面的时间错开。可以采取下列措施:

①要求供应商按照计划准时送货,规划对客户交货的出车时间,尽量降低高峰时间的作业量。

②若无法分散高峰期流量,则应在高峰时间安排额外人力以保证货物快速装卸搬运和站台的作业效率。

2)人员负担和时间耗用指标

该项指标主要考核配送中心的进出货人员工作分配、作业速度,以及目前的进出货作业时间是否合理。主要衡量下面几个指标:

$$\text{每人每小时处理进货量} = \frac{\text{进货量}}{\text{进货人员数} \times \text{每日进货时间} \times \text{工作天数}} \tag{8.41}$$

$$\text{每人每小时处理出货量} = \frac{\text{出货量}}{\text{出货人员数} \times \text{每日出货时间} \times \text{工作天数}} \tag{8.42}$$

$$\text{进货时间率} = \frac{\text{每日进货时间}}{\text{每日工作时数}} \tag{8.43}$$

$$\text{出货时间率} = \frac{\text{每日出货时间}}{\text{每日工作时数}} \tag{8.44}$$

如果小型配送中心的进出货工作人员为共用,则以上指标应针对进出货量时间进行合并:

$$\text{每人每小时处理进出货量} = \frac{\text{进货量} + \text{出货量}}{\text{进出货人员数} \times \text{每日进出货时间} \times \text{工作天数}} \tag{8.45}$$

$$\text{进出货时间率} = \frac{\text{每日进货时间} + \text{每日出货时间}}{\text{每日工作时数}} \tag{8.46}$$

分析上述指标时,一般会出现以下3种情况:

(1)每人每小时处理进出货量偏高,且进出货时间率也偏高

造成这一情况的主要原因是配送中心目前业务量过大,导致进出货人员负担过重。可考虑增加进出货人员数量,以减轻每人每日工作负担。

(2)每人每小时处理进出货量偏低,但进出货时间率偏高

这类数值分布表示配送中心一日的进出货时间较长,且每位进出货人员

的工作负担较轻。一般来说,配送中心的进出货作业人员过多、货物进出货处理比较繁杂,以及进出货人员作业效率极低等都会造成上述状况的出现。可考虑采取以下方法进行解决:

①减少进出货人员。

②对工作效率低下的人员,应随时督促、培训和采取激励机制,以提高其工作效率。

③想办法减少劳力和装卸次数,如尽量实现托盘化、机械化作业等。

(3)每人每小时处理进出货量偏高,但进出货时间率偏低

此种情况表示配送中心的上游进货作业时间和下游出货作业时间被安排在了同一时间段内,以致进出货人员需要在某一时间段内承受较高的作业负担。可采取分散进出货作业时间的措施,以平衡人员的劳动强度,并避免因车辆太多导致出现的站台拥堵状况。

3)设备利用指标

该指标是计算配送中心的每台进出货设备的装卸货量,用来评估各台设备承担的工作量和工作效率。

$$\text{每台进出货设备每天装卸量} = \frac{\text{进货量} + \text{出货量}}{\text{装卸设备总数} \times \text{工作天数}} \tag{8.47}$$

如果该指标数值偏低,表示配送中心的设备利用率较差,资产过于闲置,应积极开拓业务,增加进出货量;如果业务工作量不可能扩大,则应考虑将部分闲置设备进行出租或变卖。

8.4.4 送货作业绩效评价

在配送管理人员眼中,有效的送货作业应该是将适当的配送人员、适合的配送车辆以及最佳的运行路线结合起来,以达到配送量大、装载率高、配送成本费用低的目标。因此,我们在对配送中心的送货作业绩效进行评价时,可以从资源(比如人和车辆)使用情况、送货成本费用和作业质量高低 3 个方面进行:

1)资源使用情况

(1)人均配送量

该指标主要是评估配送人员工作能力及作业绩效。

$$\text{人均配送量} = \frac{\text{出货量}}{\text{配送人员数}} \tag{8.48}$$

对此指标，应当设定一个合理值作为评价标准，高于此数值或低于此数值，都证明配送中心的送货人员安排有一定的问题。比如，人均作业量偏高，则表示配送中心的出货量大而配备的送货人员少，人员工作负担较重。配送中心应根据此数值，合理分配各工作人员的工作任务。

(2) 车辆平均作业量

该指标是用来计算车辆的载货率。

$$平均每辆车的配送量 = \frac{配送总件数}{自有车数量 + 外雇车数量} \tag{8.49}$$

如果平均每辆车的配送量数值偏低，需结合出货作业绩效的相关评价指标共同进行分析。如果是因为总载货量不足造成的每辆车平均配送量偏低，应考虑加大配送中心的业务量或减少配送中心的自有车数量。如果配送业务量不低，则该指标偏低是因为存在车辆空驶现象严重导致的，这需要合理规划安排每批送货的货量，尽量保证满载。

(3) 空驶率

该指标主要衡量车辆的空间利用率。

$$空驶率 = \frac{空车行驶距离}{配送总距离} \tag{8.50}$$

要想降低空驶率，关键是要做好回程顺载工作，比如顺带接回客户的退货或进行外包装等容器的回收。

(4) 车辆运行状况

该指标是从车辆的利用率以及每辆车的送货吨公里数两方面进行分析的。

$$送货车辆利用率 = \frac{配送总车次}{(自有车辆 + 外雇车辆) \times 工作天数} \tag{8.51}$$

$$平均每车次配送吨公里数 = \frac{配送总距离 \times 配送总重量}{配送总车次} \tag{8.52}$$

结合上述两个指标的计算结果，可以判断配送中心的送货车辆是否有闲置的情况出现。比如送货车辆利用率偏低，则表明配送中心可能存在车辆闲置情况，应考虑采取相应措施予以改善。将平均每车次配送吨公里数与配送中心的某一辆车在同一时段的实际配送吨公里数进行对比，则能判断出该车是否存在闲置。结合这些数值，配送中心可以合理调配车辆，避免出现车辆忙闲不均的情况。

(5) 外雇车比率

该指标是分析配送中心的外雇车使用数量是否合理。

$$外雇车比率 = \frac{外雇车数量}{自有车数量 + 外雇车数量} \tag{8.53}$$

注意,此指标值不能作单独分析,需要联合季节品比率指标共同进行分析。因为配送中心使用外雇车辆主要是为了应付季节性商品在某一时间段内大批量的送货作业。因此,在评价外雇车辆的数量是否合理时,需要结合季节品比率综合进行考虑。

$$季节品比率 = \frac{本月季节品库存量}{平均库存量} \tag{8.54}$$

如果季节品比率过高,则表明配送中心淡旺季的出货量差别很大,这时应尽量考虑增加外雇车辆,减少自有车数量,所以此时外雇车比率偏高是正常的;如果季节品比率较低,则表明配送中心的淡旺季出货量差异不大,应考虑使用自有车辆来提高送货效率而不是增加外雇车辆,所以这时的外雇车比率应该是偏低的。

2)送货成本分析

该指标主要是分析配送中心送货时的支出费用是否合理。其主要内容包括:

$$每件货物送货成本 = \frac{自由车辆送货成本 + 外雇车辆送货成本}{出货总量} \tag{8.55}$$

$$每车次送货成本 = \frac{自有车辆送货成本 + 外雇车辆送货成本}{送货总车次} \tag{8.56}$$

如果上述公式计算的数值都偏高,则说明配送中心的送货成本费用偏高,需要加以改善。可以考虑通过实施联营来降低成本费用。比如和别家配送中心推行"共同配送"经营策略,以降低较远距离、较少出货量造成的过高送货成本。

3)送货延迟率

这是一个用来评估配送中心的送货作业质量高低的指标。其计算公式如下:

$$送货延迟率 = \frac{配送延迟车次}{配送总车次} \tag{8.57}$$

如果送货延迟率偏高,则会让客户对配送中心产生不好的印象,从而影响配送中心的客户数量和稳定性。一般导致送货延迟发生的原因有:

①车辆、设备故障。

②运送途中货物发生损坏或丢失。

③路况不佳。

④供应商供货延迟、库存缺货或拣货作业延迟等。

配送中心应对上述原因,可采取定期检修车辆、掌握实时路况、督促供应商准时送货、建立针对货车司机送货质量的奖惩制度等手段来改善其送货延迟率高的状况。

8.4.5　仓储和盘点作业绩效评价

配送中心拥有相应的库存是用来缓解供需矛盾,使企业均衡、连续运转,但配送中心在进行存储作业,会被占用大量资金。因此,配送中心一方面需要有效地利用配送中心每一平方米的存储面积,以维持一定量的库存水平,降低缺货风险;另一方面,配送中心也要加强对库存存货的管理,提高存货绩效。因此,评价一个配送中心的仓储作业质量如何是十分必要的。

对于配送中心的仓储作业绩效,我们主要通过仓库的空间利用程度、仓储效率、仓储活动的成本以及仓储质量4个指标进行分析、评价。

1)配送中心的仓库空间利用率

该指标主要是分析配送中心的仓库空间是否得到了充分利用。一般是通过以下几个指标计算分析得出的:

(1)储区面积率

$$储区面积率 = \frac{储区面积}{配送中心建筑面积} \tag{8.58}$$

配送中心的面积除去站台外,主要包括储区及理货区,而储区是配送中心不可或缺的部分。掌握储区面积率,可检测配送中心的空间利用是否合理。一般而言,储区面积率应达到50% ~70%才是合理的。如果该指标值偏小,则应检讨整个配送中心的布置规划,是否空间未得到充分利用或各个作业区的配置是否恰当。应对此类情况,可以考虑采取作业组合的方式。比如将加工、检查两项作业同处同时进行,一方面减少了必要的空间,另一方面也能取消部分搬运动作,对整个营运作业更有帮助。

(2)可供保管面积率

$$可供保管面积率 = \frac{可保管面积}{储区面积} \tag{8.59}$$

此指标计算的是扣除通道后的货品保管区面积占整个储区面积的比例大小。其值主要是衡量、判断储区内的通道规划是否合理。其值过大,可能会减少货物存放空间;其值过小,可能会导致进货、出货作业的不便利。因此,应当按照流量经济、空间经济的原则来规划设计储区内的通道。

(3)仓库空间利用率

该指标主要是判断储位的空间,特别是高度空间,是否得到了有效利用。其计算公式如下:

$$\text{储位容积使用率}=\frac{\text{存货总体积}}{\text{储位总容积}} \tag{8.60}$$

$$\text{单位面积保管量}=\frac{\text{平均库存量}}{\text{可保管面积}} \tag{8.61}$$

储位容积率主要用来判断储位规划以及货架的使用是否适当,而单位面积保管量则计算的是每平方米存放货物数量,以判断仓库的高度空间利用率如何。如果这两个指标的数值不在合理范围内,则需要考虑向上发展或采用自动化仓库,以提高仓库的高度空间利用率。

(4)货品所占储位率

该指标主要是通过计算每储位保管品项数的多寡来判断储位管理策略是否应用得当。其具体计算如下:

$$\text{平均每品项所占储位数}=\frac{\text{货架储位数}}{\text{总品项数}} \tag{8.62}$$

该指标也应处于一个合理范围内,这样既保证货物有足够的储位,又不会造成储位的浪费。一般来说,平均每品项所占储位数在0.5~2.0,即使无明确的储位编码,也能迅速存取货物,不至于造成储存、拣货作业人员的工作负担过重,也不会产生同一品项库存过多的问题。

2)库存周转率

库存周转率是用于考核配送中心的货物库存量及经营绩效的一个指标,也是考核配送中心仓储效率的一个指标。其计算如下:

$$\text{库存周转率}=\frac{\text{出货量}}{\text{平均库存量}}=\frac{\text{营业额}}{\text{平均库存金额}} \tag{8.63}$$

对于该指标的分析,需要从货物的数量和价值两方面进行。但不论是哪一种,库存周转率都是越高越好。库存周转率高,意味着配送中心能用较少的库存完成配送工作,因此被占压的资金也就越少。通常,可以采取以下方式来提高配送中心的库存周转率:

①利用 JIT 控制库存,尽量减少库存量。

②建立预测系统。

③扩大业务量以增加出货量。

3)仓储活动成本

该指标主要是通过衡量配送中心每单位存货的管理费用支出高低以及评价配送中心的货物损耗情况,来判断该配送中心的仓储活动成本是否合理。

(1)库存管理费率

$$库存管理费率 = \frac{库存管理费用}{平均库存量} \tag{8.64}$$

如果此数值偏高,则需要对库存管理费用的内容逐一检查分析,寻找问题予以改进。

(2)呆废料率

$$呆废料率 = \frac{呆废料数量}{平均库存量} = \frac{呆废料金额}{平均库存金额} \tag{8.65}$$

此指标计算的是配送中心的货物损耗情况及其影响资金积压的情况。

一般来说,呆废料的产生主要是由于验收疏忽、货物变质、存货长期积压、订单取消或客户退货、市场需求变化等因素引起的。因此,配送中心可以采取下列措施来降低呆废料率:

①验收时严格把关,防止不合格品进入。

②采用合理的储存方法,提供合适的养护条件,防止货物变质。

③注重对货物的存放期限管理。

④随时掌握库存水平,特别是滞销品的库存水平,以免呆废料占用库存和资金。

4)配送中心的仓储管理质量

盘点的目的在于通过定期或不定期的盘点库存,可以及早发现配送中心仓储管理的问题,也可以通过此来评价配送中心的仓储管理质量。在盘点作业中,我们将盘点过程中所发现的存货数量、品项不符这一情况称为是盘差,盘差率越低证明配送中心的仓储管理质量越高。因此,我们要将盘差作为对配送中心的仓储管理质量评估的重点内容。对于盘差指标的计算分析,一般包括以下几个内容:

(1)盘点误差率

$$盘点误差率 = \frac{盘点数量误差}{盘点总量} = \frac{实际库存数 - 账面库存数}{盘点总量} \tag{8.66}$$

$$盘点品种误差率 = \frac{盘点误差品种数}{盘点实施品种数} \tag{8.67}$$

该指标一般是联合货物数量和品种两方面共同进行分析的。

①当盘点数量误差率高而盘点品种误差率低时。这表示虽然发生误差的货物品种数少,但发生误差的货物数量却有增加的趋势。此时,应检查负责这些货物的检验人员是否尽职尽责,同时思考这些货物的储存区域是否合理,是否有必要进行调整或加强管理等。

②当盘点数量误差率低而盘点品种误差率高时。这表示虽然整个盘点误差率有下降趋势,但发生误差的货物品种类数却增多,误差品种太多将使后续的更新修改工作更为麻烦,且可能影响出货作业,因此也需要注意并加强管理。

(2)平均盘差品金额

$$\text{平均盘差品金额} = \frac{\text{盘差误差金额}}{\text{盘点误差量}} \tag{8.68}$$

该指标偏高,则表示高价位的货物盘点误差率较大。主要是因为配送中心没有对贵重物品实行重点管理所造成的,因而最好的改善办法就是在仓储过程中严格实行 ABC 分类管理。

(3)盘差次数比率

$$\text{盘差次数比率} = \frac{\text{盘点误差次数}}{\text{盘点执行次数}} \tag{8.69}$$

$$\text{平均每种货物盘差次数率} = \frac{\text{盘差次数}}{\text{盘点品种数}} \tag{8.70}$$

当盘差次数比率逐渐降低时,表明配送中心的货物出入库精确度以及平时库存管理的方式都有较大进步;而当平均每种货物盘差次数率偏高时,则表明盘点误差大多集中在相同品种的货物上,此时应特别重视这些品种的货物,深入查找原因并想办法改进其仓储管理方式。

【案例分析】 某配送中心的绩效评价

某配送中心专为汽车制造公司提供仓储、配送服务,因此仓库内主要存放的都是装配汽车所需要的各种零配件。这些零配件主要由相关的汽车协作单位生产,然后运至配送中心。

供应商在运送这些零配件时,往往需要先将其运至分拣中心的整理室,由配送中心的专门人员负责将包装规格不符合托盘或标准货箱的货物重新进行整理。由于没有实行零配件包装的标准化,所以整理工作量非常大。另外,配送中心的建筑面积约为 1 000 m^2,其中仓库面积约为 600 m^2,除开作业通道等面积外,剩下的可保管面积只有 550 m^2。而仓库的平均库存量为

2 500件，库里的货架多为传统货架，仅有4层。另外，仓库位于配送中心的东南角，离分拣中心较远，同时，配送中心也发现目前的仓库容量有时会出现储位不够的情况。

3—5月，该配送中心配送出去的货物为900件，而接到供应商的货物为1 000件。进货作业人员数为20人，基本每天工作时间为8 h，工作天数在这3个月内为80 d，每天处理进货作业时间均在4 h左右。在这3个月内，配送中心接到的客户投诉次数偏多。3—5月，共计接到出库配送订单80单，而遭到客户投诉的订单多达50次。客户投诉的内容主要集中在两方面：一是总是接到配送中心缺货，要求延迟送货的电话；二是无法在网上查询到货物的运送状况。

配送中心准备在下半年拿出120万元，用以解决公司目前存在的一些问题。这些钱，配送中心打算拿来建设新的仓库以及购置一些自动化的装卸搬运设备，另外还准备从这当中拿出5万元维护自己的网站建设等。

【讨论题】

1. 结合案例中的相关数据及内容，计算下列指标：

①该配送中心的信息化水平。

②该配送中心的顾客满意度。

③该配送中心的仓库空间利用率（如储区面积率、单位面积保管量）。

④该配送中心的作业人员负担（如每人每小时处理的进货量、进货时间率）。

⑤该配送中心的库存周转率。

2. 结合上述指标值，分析该配送中心的运作存在哪些问题？

3. 结合上述分析出来的问题，尝试对该配送中心提出相应解决措施。

技能实训　模拟配送中心绩效评价

一、技能实训目标

1. 增进学生对配送中心绩效评价内容的了解。

2. 激发学生的学习兴趣。

3. 培养学生的实际操作能力、分析能力及团队合作意识。

4. 培养学生了解、适应社会的能力。

二、实训内容与要求

1. 学生需要认真回顾本章节内容，弄清楚各指标分析时所需的数据及其他相关依据。

2. 学生分组，组内各成员需负责 1 ~ 2 项指标的绩效评价分析。

3. 有条件的学校可以组织各组学生到当地的配送中心进行数据采集。若无此条件可由任课教师先行收集或编撰相关数据，以提供给学生使用。

4. 每小组需完成一份配送中心绩效评估报告，要求内容详细、有条理、有依据，避免空泛。

习题 8

一、判断题

1. 配送中心的站台使用率偏低，表示站台停车泊位数可能不足。（　）

2. 造成送货延迟率过高的原因有车辆、设备故障，路况不佳，供应商供货延迟、缺货，以及拣货作业延迟等。（　）

3. 用于评价配送中心的货物损耗情况及其影响资金占压情况的指标是库存周转率。（　）

4. 评价配送中心外雇车辆的数量是否合理时，仅需要考虑外雇车比率这一项指标，无须考虑其他指标。（　）

二、选择题（可多选）

1.（　）偏高，则表示高价位的货物误差发生率较大，最好的改善方式是严格执行 ABC 管理。

A. 盘点品种误差率　　B. 盘点次数比率

C. 盘点数量误差率　　D. 平均盘差品金额

2. 如果以低库存作为最终目标，且不会发生缺货现象，则最好将（　）控制在 1 左右。

A. 配送中心坪效　　B. 固定资产周转率储存功能

C. 产出与投入平衡率　　D. 直间工比率

3.（　）用于衡量设备有无发挥最大产能。

A. 设施空间利用率　　B. 设备利用率

C. 作业规划管理能力　　D. 订单处理效率

4. 属于订单处理作业绩效评价指标的，主要有（　）。

A. 出货短缺率　　B. 客户投诉率

C. 缺货率　　　　　　　　　D. 紧急订单响应率

5. 下列属于储存空间利用率的指标是(　　)。

A. 库存周转率　　　　　　　B. 可供保管面积率

C. 平均每品项所占储位数　　D. 单位面积保管量

三、简答题

1. 如果拣货差错率指标数值较高,说明什么？分析原因及措施。

2. 如果配送延迟率高的原因是什么？采取什么措施？

参考文献

[1] 李长江. 物流中心设计与运作[M]. 北京:中国物质出版社,2002.
[2] 陈修齐. 物流配送管理[M]. 北京:电子工业出版社,2004.
[3] 郝渊晓. 现代物流配送管理[M]. 广州:中山大学出版社,2001.
[4] 姚城. 物流配送中心规划与运作管理[M]. 广州:广东经济出版社,2004.
[5] 吕军伟. 物流配送业务管理模板与岗位操作流程[M]. 北京:中国经济出版社,2005.
[6] 徐天亮. 运输与配送[M]. 北京:中国物质出版社,2002.
[7] 刘联军. 配送实务[M]. 北京:中国物质出版社,2004.
[8] 倪凤琴,谢万键. 配送成本管理[M]. 北京:电子工业出版社,2005.
[9] 连桂兰. 如何进行配送成本管理[M]. 北京:北京大学出版社,2004.
[10] 张远昌. 配送运输与配送管理[M]. 北京:中国纺织出版社,2004.
[11] 陆岚,李克娜. 配送管理基本理论[M]. 北京:机械工业出版社,2004.
[12] 骆温平. 配送与供应链管理[M]. 北京:电子工业出版社,2002.
[13] 汝宜红,田源,徐杰. 配送中心规划[M]. 北京:北方交通大学出版社,2007.
[14] 沈文,邓爱民. 国内外物流经典案例[M]. 北京:人民交通出版社,2001.
[15] 李万秋. 物流中心运作与管理[M]. 北京. 清华大学出版社,2003.
[16] 朱华. 配送中心管理与运作[M]. 2 版. 北京. 高等教育出版社,2008.
[17] 刘俐. 现代仓储运作与管理[M]. 北京:北京大学出版社,2004.
[18] 肖旭. 物流管理基础[M]. 北京:机械工业出版社,2004.
[19] 王霄涵. 物流仓储业务管理模块与岗位操作流程[M]. 北京:中国经济出版社,2005.
[20] 冯耕中. 物流配送中心规划与设计[M]. 西安:西安交通大学出版社,2004.
[21] 王丰. 现代物流概论[M]. 北京:人民交通出版社,2002.
[22] 张晓焱,张建华. 配送中心运营管理[M]. 北京:航空工业出版社,2011.
[23] 李红军,李坤. 配送中心运营管理实务[M]. 西安:西北工业大学出版社,2012.
[24] 朱华. 配送中心管理与运作[M]. 北京:高等教育出版社,2008.
[25] 黄安心. 配送中运作与运行管理实务[M]. 武汉:华中科技大学出版社,2009.